KB271793

교육목회를 통한
교회성장의
이론과 실제

교육목회를 통한
교회성장의
이론과 실제

박기윤 지음

현대 교육목회는 단순히 가르치는데서 끝나고 있다.
그러나 초대교회는 가르침과 신앙의 결단 그리고 나아가
교육의 체험을 통한 현장 교육을 통해 더욱 더 분명한
신앙의 삶에 대한 모델을 제시해줌으로
오늘날의 교육목회의 새로운 방향을 알려주고 있다.

한국학술정보(주)

요 약

　　본 연구는 현대목회 패러다임을 교육목회 패러다임으로 전환하여 교육목회를 통한 교회성장 방안을 위해 연구하였다.

　　오늘날의 한국교회의 성장 둔화와 감소의 원인을 분석해 볼 때 시급히 해결되어야 할 것이 목회 패러다임이다. 즉 지속적이고 건강한 교회성장을 위한 목회 패러다임을 교육목회 패러다임으로 전환해야만 한다. 그 이유는 지금까지의 한국교회 목회자들의 패러다임이 양적(수적) 성장, 개체교회 중심적인 목회 패러다임이었다면, 이제는 교육목회를 통해 양적, 질적, 영적 성장, 즉 전인적(全人的)인 성장 (에베소서 4장 13절)이 진정한 교회성장이다. 그러므로 교회성장에서 교육목회의 패러다임을 갖추어야 하는 이유는 다음과 같다.

　　첫째, 교회성장과 교육목회는 성경적, 신학적 의미에서 볼 때 본질적으로 같은 의미를 가지고 있다. 교회성장이 예수그리스도와 아직 아무런 개인적인 관계를 가지고 있지 않은 사람들로 하여금 그와 더불어 교제를 가지도록 해 주고, 책임 있는 교인이 되도록 만들어 주는데 관련한 모든 사항을 말한다면, 교육목회는 총체적인 목회로서 목회 전 영역을 통해 개개인의 신자들을 말씀으로 양육하고 훈련시켜 그리스도의 장성한 분량까지 자라게 하며, 헌신과 봉사를 통해 그리스도의 몸을 세우는 것이다.

　　둘째, 교회성장과 교육목회는 역사적으로 깊은 연관성을 가지고 있다. 초대교회가 바로 교육목회를 통해 성장하였으며, 종교개혁시대에 개혁주의자들의 교육목회를 통해 개인 신앙성장과 바른 교회 관을 강조하였고, 근세에 영국과 미국을 비롯하여 여러 나라들이 주일학교운동 등 교육목회를 통해 교회가 성장하였다. 특히 한국교회 초기 역사 역시 교육목회를 통해 교회성장을 이루었고, 한국 국민들의 시민 의식교육을 통해 문맹을 퇴치, 바른 시민 의식을 함양 등 기독교의 대 사회적인 활동들로 통해 많은 사람들을 교회로 몰려오게 하였다. 이런 역사적인 사실들을 살펴볼 때, 교육목회를 통해 교회성장이 이루어졌음을 알 수 있다.

한국교회가 교회성장을 하기 위해 목회 패러다임을 교육목회 패러다임으로 전환하기 위해서는 첫째, 성경적인 근거에 의한 패러다임이 전환 되어야 한다.

둘째, 현대적인 대안으로서 지속적이고 건강한 교회성장이 되어야 한다.

셋째, 신앙의 전통성과 올바른 교회성장에 근거한 패러다임이 되어야 한다.

넷째, 교회 내에 κοινωνία(fellowship), λειτουργία(liturgy−worship), διδακή(teaching), κήρυγμα(evangelism), διακονία(service)이 목회 사역에서 항상 복합적으로 공존할 수 있도록 해야 한다.

이렇게 함으로 교회는 양적, 질적, 영적으로 균형 있게 성장하고, 성도들 개개인은 전인적인 성장을 통해 그리스도의 몸된 교회의 지체로 건강하게 성장할 수 있을 것이다.

오늘날의 한국교회에 적합한 목회 패러다임으로서 교육목회를 통한 교회성장을 이룰 수 있는 실질적인 방안을 살펴보면 다음과 같다.

첫째, 주일중심의 목회 패러다임을 매일교육목회로 전환하여야 한다. 사도행전 2장 46절 등에서 초대교회는 날마다 모이기를 힘쓰는 교회였다. 오늘날의 한국교회도 매일교육목회를 통해 교회성장을 이룰 수 있을 것이다.

둘째, 특정 연령층 중심의 목회 패러다임을 전 연령층으로 확대한 교육목회로 전환해야 한다. 사도행전 5장 14절~17절 등에서 초대교회는 믿고 주께로 나오는 많은 남녀의 무리들을 통해 교회가 성장하였다. 오늘날의 한국교회는 전 연령층을 대상으로 한 교육목회를 통해 교회가 성장할 수 있다.

셋째, 성경공부중심의 목회 패러다임을 전인교육목회 패러다임으로 전환해야 한다. 사도행전 4장 32절~35절 등에서 초대교회는 말씀을 듣는 것뿐만 아니라 말씀의 실천과 헌신 봉사가 겸하여 이루어졌으며, 이런 일들을 통해서 더 많은 무리가 함께하게 되었다는 것이다. 이 같은 역사들을 볼 때, 오늘날의 한국교회 교육목회는 성경공부뿐만 아니라 구제, 헌신, 봉사, 교제 등 다양한 교육목회를 통해서 교회성장을 이룰 수가 있게 된다.

넷째, 교회중심의 목회 패러다임을 사회공공기관 연계한 교육목회로 전환해야 한다. 사도행전에 초대교회는 예루살렘, 마가다락방에서만 목회를 하지 않았다. 어느 때 어느 곳에서든지 말씀을 전파하며, 구원의 역사를 이루었다.

오늘날의 한국교회의 교회중심의 목회 패러다임을 전환하여 교회뿐만 아니라 사회공공기관, 학교, 문화센터, 복지센터 등을 통해 지역사회와 연계한 교육목회를 통해 교회성장을 이룰 수가 있다.

그러므로 교육목회를 통해 교회성장을 이룰 수 있다는 것은 매우 바람직한 목회 패러다임이며, 교육목회에 대한 올바른 이해와 적용이 전제되지 않고서는 올바른 교회성장을 이룰 수가 없다.

따라서 본 연구에서 제시한 교육목회가 이루어지기 위해서 먼저 성경적, 개혁주의 신학적 원리에 입각한 교육목회가 시행되어야 하며, 교회의 특성과 요건에 맞는 교육목회가 시행되어야 하고, 지속적인 교육목회 패러다임이 형성되기 위한 중장기적인 목회 트렌드(trend)가 개발되어야 한다. 그러나 이보다 더 중요한 것은 전적인 하나님의 역사를 기대할 때, 진정한 교회성장을 이룰 수 있을 것이다.

"주께서 구원 받는 사람을 날마다 더하게 하시니라"
(사도행전 2장 47절)

목 차

제3장　교육목회로의 패러다임전환 / 99

제5장　교육목회 적용사례와 결과 / 297

제6장　결　론 / 357

참고문헌 / 371

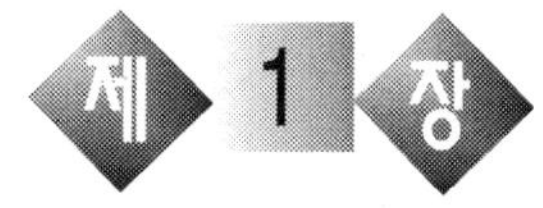

서 론

　본 장에서는 본 연구를 진행함에 따라 연구배경과 연구 목적을 비롯하여 연구 방법 및 논문구성과 연구의 한계점 및 연구의 제 한점 등을 언급하므로 본 연구의 진행 방향을 제시하고자 한다.

제1절 연구배경과 연구목적

본 절에서는 먼저 연구배경과 논하면서 진정한 교회성장을 위한 연구목적이 무엇인가를 논하고자 한다.

1. 연구배경

현대사회는 농업혁명, 산업혁명, 정보화시대를 거쳐 유비쿼터스(Ubiqu-itous)[1]시대에 살고 있다. 특별히 한국은 정보통신(Information Techno-logy)강국으로서 전 세계에 앞서가는 문화를 만들어 가고 있는 급변하는 시대적, 사회적 환경 속에서 지금 한국교회는 교회성장이라는 현대 이슈(issue)를 해결해야 할 절실한 시점에 와 있다.

지난 1907년 평양대부흥운동 이후 100년이 지난 지금의 한국교회

---

1) 유비쿼터스 연구학회(http://www.kubia.org/view) "언제어디서나 동시에 존재한다는 라틴어에서 유래됨, 인터넷 네트워크로 연결되어 상호관계를 맺는 가운데 서로서로를 도와주는 생활(비전을 서로 공유하며, 제공자와 받는 자가 언제 어디서나 지식, 문헌, 정보 등 기타 필요한 모든 것을 공유하며, 삶의 질을 높이는 것을 목표로 하고 있다.)이 환경과 공간적 개념이 자유롭게 공유될 수 있다"

는 그 당시의 부흥의 불길을 다시 재현하고자 하는 제2의 한국교회 부흥의 시대를 맞이할 수 있도록 하기 위한 연구와 활동이 활발하게 진행되고 있으나 오늘날에 한국교회의 가장 시급한 문제는 교회에 대한 정체성회복과 교회성장에 대한 성장의 트렌드(trend)를 수정하지 않으면 안 되는 위기에 직면해 있다.

그 이유는 다음의 3가지로 정리해 볼 수 있다.

첫째, 한국교회 성장에 대한 위기가 닥쳐왔다. 이 땅에 복음이 들어온지 20여 년 만에 평양을 중심으로 한국에 복음의 불길이 전국을 강타하는 부흥의 역사가 일어났으며, 그 후 120여 년이 흐른 지금 세계가 놀랄 만한 교회 부흥의 성장을 이루어 왔다. 1910년 약 20만 명이었던 기독교인이, 1960년에 110만 명, 1970년에는 230만 명, 1980년엔 700만 명으로 급성장하였고, 1987년을 기점으로 1,000만 명의 신자로 성장하여 지금의 한국교회를 이루고 있다.[2] 그러나 지난 2006년 5월 25일 중앙일보[3] 등에 의하면 개신교 교인 수가 861만 6천 명으로 지난 1995년 이후 10년 만에 14만 명이나 줄었다는 발표이었다. 이제 한국교회는 교회성장에 근본적인 대책이 시급함[4]을 나타내주는 자료가 아닐 수 없다.

---

2) 안재은, 「한국교회의 교회성장과 선교론」(서울: 총신대학교선교대학원 강의안, 2004), p.6.

3) http://www.nso.go.kr/, 2006년 5월 26일자 p.6 기사내용, 국민일보 2006년 5월 27일 p.22 등 일간지 기사.

4) 이광순, "한국교회의 성장과 저성장", 「장신논단 1999년12월」(서울: 장로교신학대학교 출판부, 1999), pp.508-525.

주요 개신교 단체의 교세현황을 보면 장로교단은 1984년에는 약 390만 명(55.7%)에서 1994년에는 약 870만 명(60.2%), 2002년에는 약 1,149만 명(61.4%)으로 나타났고 감리교단은 1984년 약 81만 명(11.4%), 1994년에는 약 123만 명(8.5%), 2002년에는 약 159만 명(약 8.5%)이고, 성결교단은 1984년에 약 45만 명(6.3%), 1994년에 약 80만 명(5.6%), 2002년에 약 76만 명(4.1%)이다. 이 통계자료[5]에서 한국교회는 성장 추세는 확연히 둔화되고 오히려 마이너스 성장을 한 것으로 나타나고 있다.

또한 지난 2004년 10월 2일(토) KBS1 TV 저녁8시 60분(한국사회를 말한다)에서 선교 120주년을 맞아 한국교회의 위기에 대하여 방영하였다.

그 내용을 보면 한국교회는 세계에 그 유례가 없는 성장을 하였으나 근자에 들어 교회의 위기를 우려하는 목소리가 교회 안팎에 나오고 있으며, 성장제일주의 대형화 경쟁은 '이웃사랑'을 소홀히 하게 만들고 있다는 지적을 받고 있을 뿐만 아니라 제왕적 목사를 중심으로 한 불투명한 제정운영은 신자들 간에 극심한 충돌을 낳고 있다. 이 와중에서도 교인 수와 헌금 액수는 급속히 감소하는 현상을 보이고 있다. 제작팀이 여론조사기관에 의뢰한 조사결과를 보면 '한국교회가 바람직한 방향으로 가고 있다'(31.3%)보다는 '바람직한 방향으

---

5) 문공부 한국총람. 1984년 자료, 문체부 한국종교편람, 1994년, 문화관광부, 개신교주요교단별현황 2002년 자료집. p.5. 이 자료는 문화관광부에 제출된 자료를 중심으로 정리된 통계 수치이지만 신뢰성보다는 비율적인 면에서만 기록하였다.
(http://www.mct.go.kr/open_content/administrative/administrative/statistics)

로 가지 못하고 있다'(59.3%)는 응답이 높게 나왔다고 방영하였다.6)

이런 통계청의 결과와 사회적인 비평을 보면 지금까지 한국교회가 한국사회에 남긴 공헌에도 불구하고, 오히려 한국교회의 반성과 변화를 촉구하고 새로운 목회 패러다임을 요구하고 있음을 알 수 있다. 이런 변화에 대한 시대적, 사회적 요구는 더욱더 강력하게 다가오고 있다.

둘째, 지금까지의 한국교회 목회 패러다임을 전환해야 한다는 것이다. 그 이유론 한국교회의 성장 둔화현상은 일부 교단이나 일부 교회에서만 일어나는 현상이 아니라 전반적인 현상으로 타나나고 있는데, 지난 1991년 통계 결과7) 이후 벌써 10년 전부터 지적되고 있다. 지금 개체교회의 목사들은 교회성장을 위하여 다양한 프로그램을 자신의 교회에 도입하고 교회성장을 위한 끊임없는 목회활동을 실시하고 있다. 그러나 이렇게 도입된 성장 프로그램을 통한 목회활동은 그 교회의 성장을 가져오기도 하지만 오히려 그 프로그램 도입으로 인해 많은 문제를 야기하기도 하고 심지어는 이로 인해 교회내의 충돌과 위기를 초래하고, 결국 교회성장에 치명적인 실패를 안

---

6) 시사교양프로그램인 "한국사회를 말한다."에서 방영한 프로그램(2004년 10월 2일 토요일 저녁8시 방영한 내용) * 취재진은 전국 20세 이상 성인 남녀 1200명을 대상으로 <한국교회>에 관한 여론조사결과.
7) 기독교대연감편찬위원회, 「기독교대연감」(서울: 기독교교문사, 1991), pp.215－216 참고자료 "지난 1991년 기독교 대연감에서는 한국교회 교인의 수가 12,090,000명이고 목회자의 수가 56,000명이며, 교회의 수가 36,000개로 나타났다"

겨주는 결과를 가져왔다.

　이러한 결과야말로 한국교회 목회자의 목회 패러다임이 얼마나 잘못되었나 하는 것을 반증해 주는 것이기도 하며 무분별한 프로그램의 도입으로 인해 결코 지속적인 교회성장이 될 수 없음을 확연히 알 수 있다. 그러므로 이제 한국교회는 이러한 프로그램 도입에 의한 특정한 성장요인에만 매달릴 것이 아니라 지속적이고 건강한 교회성장을 위한 새로운 목회 패러다임의 전환이 지금은 절실히 필요한 때이다.

　셋째, 한국교회의 교회성장은 양적 성장에만 있는 것이 아니라 양적, 질적, 영적 성장을 이루어야 한다. 즉 전인적(全人的)인 성장[8]을 해야 지속적이고 건강한 교회성장을 이룰 수 있다. 왜냐하면 단순히 교회 출석교인의 숫자만으로는 진정한 교회성장을 이루었다고 볼 수 없기 때문이다.
　오늘날 한국교회의 진정한 의미에서 그리스도인으로 양육되고 훈련되며 헌신 봉사에 참여하고 있는가? 믿음에 실천이 있는가? 이런 질문에 대한 한 통계에 의하면[9] 기독교인의 교회 출석이 매주 1회 참석이 33.0%, 모든 공식 예배에 참석하는 교인이 약 36.7%, 매일

---

8) 안재은, 「소그룹과 교회성장」(서울: 총신대학교목회신학전문대학원 강의안, 2004), p.1.
9) 교회리서치연구소, "영감 있는 교회의 예배특성 연구", 「월간 프리칭」(서울: 월간 프리칭, 2005,2), p.84. 교회리서치연구소 조사: 2003년 9월 1일~10월 31일까지 60일간 서울, 부산, 대구, 대전, 광주, 울산 6대 도시에서 19세~60세 남녀 320명을 대상으로 실시한 '한국 개신교인 예배행동의식'에 대한 설문조사 결과.(95% 신뢰구간 ± 4.7)

새벽기도회 참석이 약 6.3%로 나타나고, 주일만 참여하는 비율이 63.2%로 나타났다. 이는 모든 신앙 활동이 주일 중심으로만 나타난 결과이다.

또 다른 통계자료를 보면[10] 예배만 드린다는 응답이 20.1% 그리고 성경공부모임은 14.4%, 기타 교회봉사활동이 12.1%, 구역모임이 9.0% 순으로 나타나고 있고 교인 양육 후의 반응으로서 교회학교 교사봉사가 30.0%, 찬양활동 24.0%, 기타 교회 봉사활동 14.0%, 교회 밖 선교활동 11.4%, 기도모임 8.9% 순으로 나타내고 있다.

위의 결과를 볼 때에 교인들이 예배에만 출석하는 것 외에 사역활동에 직접 참여 정도가 기대에 미치지 못하고 있음을 말해 주는 것이다. 이런 결과를 볼 때 앞으로 한국교회의 지속적이고 건강한 성장을 기대할 수 있겠는가 하는 점이다. 지금은 근본적인 문제부터 다시 점검해 보아야 할 것이다. 이런 관점에서 본 연구에서는 연구를 위한 몇 가지 문제제기와 관련하여 연구의 방향을 정하였다.

첫째, 앞에서 지적한 3가지, 즉 양적(수적) 감소로 인한 침체, 한국교회 목회 패러다임의 정체성 문제, 한국교회성장의 양적 성장에 대한 이해의 문제에 대한 구체적인 방안은 없는가?

---

10) 교회리서치연구소, "교회성장과 교회양육 연구", 「월간 프리칭」(서울: 월간 프리칭, 2005, 7), p.84에서 "교회리서치연구소 조사: 2004년 12월 1일~2005년 1월 31일까지 60일간 서울, 부산, 대구, 대전, 광주, 울산 6대 도시에서 19세~60세 남녀 2,000명을 대상으로 실시한 '한국 개신교인 예배 행동의식'에 대한 설문조사 결과(95% 신뢰구간 ± 2.2)"

둘째, 교육목회가 무엇이며, 성경적, 신학적, 역사적으로 교회성장에 어떤 영향을 주는지, 과연 교회성장과 연관성이 있는지에 대한 성경적, 신학적, 역사적인 근거가 있는가?

셋째, 한국교회의 지속적이고 건강한 교회성장을 위한 목회 패러다임을 교육목회로 적용 가능한 교육목회 모델이 있는가?

넷째, 실제 적용 가능한 교육목회를 실시하고 있는 교회들을 분석하고 그 결과 한국교회성장에 영향을 줄 수 있는 적용 가능한 것이 무엇인지 살펴보도록 하겠다.

그렇다면 오늘날의 목회 패러다임을 교육목회로 정하여 시행한다면 결국 교육목회로 통해 성도들을 가르치고, 양육하여, 평신도 사역자들로서의 그들의 신앙과 생활 실천의 결과로 믿음의 열매가 있고, 교회성장에 일정한 역할을 감당함으로 나타나는 헌신이 성도 개개인의 영육 간의 성장뿐만 아니라 교회성장과 더불어 성도의 교제가 활성화되고, 목회가 회복됨으로 한국교회는 양적 성장뿐만 아니라 질적, 영적인 성장을 기대할 수가 있을 것으로 예상된다.

그동안에 한국교회가 숫자적인 양적 성장에만 관심을 가졌었다면 이제는 양적 성장과 함께 질적, 영적 성장, 즉 전인적(全人的)인 한국교회의 성장을 이룰 수 있도록 노력하여야 할 것이다.

교육목회[11])에 대한 이해와 정의는 본론에서 다루겠지만 본 연구자가 생각하는 교육목회는 단순히 질적 성장만을 위한 것이 아니라. 양적, 질적, 영적 성장을 통해 전인적인 성장으로 목회 패러다임을 이해하고 접근해야 한다. 그 이유는 교회성장의 대표적인 말씀인 에베소서 4장 13절[12]과 마태복음 28장 19~20절[13] 그리고 사도행전 2장 46~47절[14] 등은 모두 교회성장이 양적인 의미에만 있는 것이 아니라 양적, 질적, 영적 모든 면에서의 전인적인 성장을 말해 주고 있기 때문이다.

2. 연구목적

오늘날의 한국교회는 성장 프로그램이 봇물을 이루며 급속도로 성

---

11) Education Ministry 목회를 교육적인 개념을 가지고 목회하는 것으로서 교육이 목회의 한 영역(설교, 심방, 전도, 양육, 행정 등)으로 보지 않고 목회전반의 사고를 교육적인 개념으로 이해하는 총체적인 목회를 말한다. 즉 기독교교육 사역과 교육목회는 다르다. 교육목회는 전정한 목회의 의미를 회복하는 것이며, 목회 전 영역에 목양적인 의미가 내포된다. 따라서 교육목회는 목회와 교육을 분리한 이원론적인 사고를 배제한다. 오히려 목회의 전인적(全人的)인 사역으로서의 교육목회를 말한다.
12) 에베소서 4장 13절 "우리가 다 하나님의 아들을 믿는 것과 아는 일에 하나가 되어 온전한 사람을 이루어 그리스도의 장성한 분량이 충만 한 데까지 이르리니"
13) 마태복음 28장 19절, 20절 "그러므로 너희는 가서 모든 족속으로 제자를 삼아 아버지와 아들과 성령의 이름으로 세례를 주고 내가 너희에게 분부한 모든 것을 가르쳐 지키게 하라 볼지어다. 내가 세상 끝 날까지 너희와 항상 함께 있으리라 하시니라"
14) 사도행전 2장 46절, 47절 "날마다 마음을 같이하여 성전에 모이기를 힘쓰고 집에서 떡을 떼며 기쁨과 순전한 마음으로 음식을 먹고. 하나님을 찬미하며 또 온 백성에게 칭송을 받으니. 주께서 구원 받는 사람을 날마다 더하게 하시니라"

장한 과거의 역사를 제현하기를 원한다. 그러나 이것은 대단히 위험한 생각이다. 각종 성장프로그램을 도입한 개체교회들은 지금 성장의 딜레마(dilemma)에 빠져 있다. 왜냐하면, 무분별하게 도입한 프로그램의 적용이 성장하는 교회들과 같이 교회 성장이 이루어지지 않기 때문이다. 또한 일시적으로 성장이 이루어졌다 할지라도 그것이 지속적이지 못할 뿐만 아니라 곧 정체되거나 오히려 교회 내분을 일으키는 원인이 되기도 하기 때문이다.

이러한 현상이 일어나는 원인은 개체교회의 교회성장을 위한 전문적인 지식과 전문적인 계획, 적용을 위한 연구, 신학적 검증과 분석이 없이 도입한 결과이다. 단번에 눈에 보이는 단기간의 양적인 성장이나 개체교회 중심의 교회성장은 진정한 의미에서의 교회성장이라고 말할 수 없다. 왜냐하면 이는 교인들의 수평이동으로 나타나는 현상일 뿐, 한국교회 전체 성장에는 아무런 영향을 미치지 못하기 때문이다.

한국교회의 현재 목회 패러다임으로는 교회성장을 지속적이고 건강한 교회성장을 할 수 없다는 판단에 따라 교육목회를 통하여 지속적이고 건강한 교회성장을 이룰 수 있도록 하기 위해서 그 원리를 찾아서, 목회 패러다임을 교육목회 패러다임으로 전환하며, 실천 가능한 교회성장 프로그램이 있는지 살펴보고, 교육목회 패러다임으로의 전환을 통한 한국교회 성장의 새로운 기틀을 마련하고자 하는 데 그 중요한 목적이 있다.

본 연구에서는 다음 3가지의 연구 목적을 정하였다.
첫째, 교회성장의 진정한 원리가 무엇인가? 한국교회 성장 둔화의 원인이 교회성장의 진정한 원리에 입각한 교회성장을 위한 목회 패러다임을 가지지 못한 데 있다고 보고 본 목회패러다임을 교육목회 패러다임으로 전환하기 위해 교육목회에 대한 바른 이해가 전제되어야 하며, 교육목회의 원리를 분석하고 이것이 교회성장과 어떤 상관관계가 있는지를 살펴보도록 하겠다.

둘째, 지속적이고 건강한 교회성장이 되도록 하기 위한 방안은 무엇인가? 이는 단순한 양적인 성장이 아닌 전인적인 교회성장을 위해 교육목회 패러다임으로 목회 패러다임을 전환해야 하는 이유, 즉 패러다임 전환의 필요성과 전환 방법을 찾아보고, 교회성장의 원리와 교육목회의 원리에 따른 성경적인 성장모델을 찾아보도록 하겠다.

셋째, 교회성장 원리와 교육목회의 원리에 따라 개발된 교회성장을 현대교회에 적용 가능한 방안이 무엇인지 살펴보도록 하겠다.

제2절 연구방법과 논문구성

본 절에서는 본 연구를 서술함에 있어서 우선적으로 한 세기에 역사를 가진 한국교회 성장에 관한 연구방법과 논문구성에 대하여 논하고자 한다.

1. 연구방법

먼저 본 연구는 철저한 성경원리와 개혁주의 신학을 바탕으로 한 교회성장의 이론적 근거에서 출발하고자 한다. 또한 초대교회가 보여준 교회성장의 모델을 토대로 하여 현대교회에 적용 가능한 교회성장 방안으로 실제 현대사회 문제와 교회성장 본질을 회복할 수 있는 교육목회 프로그램을 연구하고자 한다. 연구방법으로는 첫째, 지속적이고 건강한 교회성장에 대한 연구의 필요성을 인식하기 위해 통계자료와 성경적인 근거를 찾아보고 이에 따른 교회성장과 교육목회의 이론의 전제적인 이해를 얻기 위해 교회성장과 교육목회에 관련 문헌을 중심으로 살펴보도록 하겠다.

둘째, 현대 목회의 패러다임으로써 교육목회를 제시하고 교육목회로 패러다임으로 전환해야 할 필요성을 제시하기 위해 다양한 사회적 반응과 통계 그리고 문헌들을 중심으로 살펴보도록 하겠다.

셋째, 교육목회를 통해 교회성장 방안을 초대교회를 모델로 하여 살펴보고, 현대 교육목회 관련 학술자료와 각종 연구자료 등을 분석하고 대안을 찾아보겠다.15)

2. 논문구성

본 연구는 크게 6장으로 구성되어 있다.

제1장 서론에서는 본 연구의 연구배경과 연구 목적을 비롯하여 연구방법과 논문구성 그리고 연구의 의의 및 제한점, 연구에 사용된 자료 소개 및 용어 정의 등을 언급함으로 본 연구의 진행 방향을 제시하고 있다.

제2장에서는 교회성장과 교육목회에 대한 전제적인 이해를 이론적 관점에서 살펴보면서 서로의 상관관계를 역사적 관점에서 살펴보았다.

제3장에서는 지속적이고 건강한 교회성장을 위한 목회 패러다임을 교육목회 패러다임으로 전환해야 할 필요성에 대해 살펴보고 교육목회 패러다임으로의 전환의 실제방법과 교회성장과 교육목회의 기본

---

15) 다른 성장 프로그램과 비교할 때 새로울 것이 없다고 치부할 수 있겠으나 모든 성장 프로그램이 그렇듯이 성경에서 출발하여 개발하지만 상황에 따라 적용할 수 있는 것도 있고, 없는 것도 있다. 그러나 본 프로그램의 목적은 목회 패러다임에 전환에 초점을 맞추어 연구한 것이며 교육목회 패러다임으로 만들어진 것임으로 상황적용이 용이하며 한국교회는 모두가 당연히 교육목회적인 패러다임으로 교회성장 프로그램을 도입하거나 창작하여 적용할 수 있다는 것을 모델로 제시하는 것을 목적으로 하고 있다.

원리에 입각한 교회성장 프로그램을 개발하기 위해 성경에서 그 모델을 찾아보고, 현대 한국교회에 적용 가능한 교회성장 방안을 소개하였다.

제4장에서는 교육목회 패러다임을 통한 교회성장 프로그램을 현대 한국교회에 실제 적용할 수 있는 방법을 제시하였다.

제5장에서는 교회성장 프로그램을 실제로 실시한 교회들의 사례를 소개하고 그 결과를 분석하여 정리하였다.

마지막 제6장에서는 결론에서 연구 내용을 요약하고 교육목회 패러다임 전환을 위한 제언을 통해 결론을 내리도록 하겠다.

제3절 연구의의와 연구범위

1. 연구의의

본 연구에서 찾고자 하는 의의는 한국교회가 지금까지 양적 성장 일변도로 나아갔다면 앞으로 한국교회는 양적, 질적, 영적 성장, 즉 전인적인 성장을 통해 지속적이고 건강한 교회성장을 이룰 수 있도록 하기 위해서 교육목회 패러다임으로 전환하여 구체적으로 적용 가능한 방안을 찾는 데 그 의의가 있다.

연구 배경에서 밝힌 3가지 이유를 종합해 보면 지속적이고 건강한 교회성장을 위해 성경적, 신학적, 역사적인 근거가 있는 대안을 통해 목회 패러다임으로 전환해야 한다는 것이다. 이는 단순하게 성장 프로그램만을 도입하여 소개하는 것이 아니라 근본적인 목회 패러다임을 교육목회 패러다임으로 전환하고, 지속적이고도 건강한 교회성장이 되도록 실제 도입 가능한 교회성장 프로그램이 되어야 한다. 하지만 이런 주장이 다른 교회성장 프로그램에 대해 문제가 있다는 것을 주장하자는 것이 아니라 원론적인 측면에서 가장 기본적인 성경과 개혁주의 신학 원리에 입각한 교회성장 원리와 목회원리에 따라, 즉 지속적이고 건강한 교회성장을 이루기 위한 기반을 구축하자는 데 그 의미를 두고 있음을 밝혀 둔다.

본 연구에 앞서 이와 관련하여 지금까지 선행 연구된 것이 있는가에 대해 살펴본 결과 교회성장과 교육목회에 관련한 여러 신학자들의 연구가 지속적으로 이루어지고 있다. 본 연구자도 이런 학문적 기반 위에 연구를 시작하고자 한다. 하지만 교회성장과 관련하여 교육목회를 직접적으로 학문적, 실제적 연구한 자료는 찾지 못하였다. 그동안 교회성장의 연구도 최근 50여 년부터 학문적인 연구가 본격적으로 시작되었고, 교육목회도 최근 10년 전부터 한국교회는 본격적으로 거론되고 있는 것으로 파악된다. 그리고 실제로 교회성장과 교육목회와 관련한 연구에 대한 적용 가능한 프로그램 개발이나 연구는 현재 구체적으로 이루어지지 못하고 있으며, 교육목회를 목회 현장에서 적용 가능한 프로그램으로 임상 평가가 되거나 실제 시행한 결과물에 대하여는 연구가 없다고 판단한 본 연구자는 이론적인 부분과 실제 교육목회 프로그램의 성경적, 개혁주의 신학적 입장에서 역사적으로 교회성장의 결과가 있는 교육목회 프로그램을 제시하게 된다면 상당한 학문적 가치가 있다고 판단되었다.

따라서 본 연구자가 교육목회 패러다임을 통한 교회성장 프로그램이 한국교회와 신학적인 분야에서 학문적인 기여도, 즉 가치가 있는가를 살펴볼 때, 당연히 가치가 있을 것으로 확신한다.

그리고 지금까지 한국교회에서의 교회성장에 대한 오해와 부작용, 즉 교회성장의 이해부족과 목회의 고정관념이 전환되지 못하고 목회 방향성을 잊어버리는 시점에서 지속적이고 건강한 교회성장을 위해 교육목회는 새로운 대안이라기보다 한국교회 목회자들이 반듯이 갖추어야 할 목회적 개념(소양)이며, 목회 방향을 세우는 데 도움이 될 것으로 확신한다.

　모든 목회자들이 목회 패러다임을 교육목회로 전환하여 지속적으로 시행한다면 반드시 다시는 무너지지 않는 교회성장이 이루어질 것이다. 다시는 부정적인 침체가 없는 지속적이고 건강한 한국교회의 교회성장을 이루는 데 상당한 기여가 있을 것으로 확신한다. 이 교육목회는 중소형교회들이나 대형교회 목회자들이 반드시 시행하여야 하는 아니 시행할 수 있는 교육목회를 적용 가능한 프로그램으로 제시하였다는 것이 무엇보다 가치가 있으며, 앞으로 지속적인 연구와 함께 목회에 적용 가능한 프로그램으로 정착할 수 있을 것이다.

2. 연구범위

　현대 한국교회에 고민하는 양적 성장의 대안으로서 질적 성장을 부르짖고 있다. 그러나 양적 성장도 질적 성장도 영적 성장도 모두 필요하다고 본다. 따라서 본 연구자는 개개인의 전인적인 성장뿐만 아니라 한국교회 전체가 함께 성장하게 하기 위한 것이며 모두교회에 적용 가능한 성장 프로그램을 초대교회 성장모델을 중심으로 살필 것이며, 그러기엔 자료의 한계성과 내용의 방대해질 수 있음으로 인해 연구의 목적과 의의가 산만해질 수 있음으로 다음과 같이 각 장에 따라 몇 가지 제한하였다.
　제2장에서는 교회성장과 교육목회의 이론적인 근거를 살피면서 동시에 교회성장과 교육목회의 상관관계를 역사적인 관점에서 분석하면

서 교회성장과 교육목회의 밀접한 관련성을 찾는 것으로 제한하였다.

　제3장에서는 목회 패러다임을 교육목회 패러다임으로 전환해야 할 필요성을 살펴볼 때 현재의 목회 패러다임의 문제점을 찾는 데 집중하도록 하고, 교육목회로의 패러다임전환을 통한 대안을 모색해 보고, 교회성장의 기본 원리와 교육목회 패러다임의 기본 원리에 따라 성경에 나타난 초대교회 성장 모델을 찾는 범위는 성경(사도행전)의 범위 내에서 한정하였다. 그 이유는 초대교회로 한정한 것은 당시 시대적 특수성에도 불구하고 교회가 성장하게 되었다는 것과 초대교회 상황에 따른 교육목회의 모델로서 현대 한국교회 교육목회에 접목 가능한 부분만을 집중적으로 연구하기 위해서이다.

　제4장에서는 교육목회 패러다임을 통한 교회성장 모델을 현대교회가 실천 가능하도록 하기 위해 무엇보다 기본적인 목회 패러다임의 다양한 영역16)들을 다 소개할 수 없으므로, 교육 영역을 중심으로17) 하여 성경에서 발취한 초대교회성장 모델을 통해 제시한 방안을 중심으로 현대 한국교회에 적용 가능한 방법을 제시하는 것으로 그 한계를 두었다.

---

16) 허순길, 「개혁교회의 목회와 생활」(서울: 총회교육부, 1994), p.1, pp.18－24. "예배, 기도, 전도, 성경교육, 교리교육, 상담, 구역, 평신도 훈련, 선교, 행정 등"
17) 개혁주의 교회들은 하나님이 주신 영역의 주권을 발견하고 교육을 중요시하며, 교회교육뿐만 아니라 일반 교육조차도 개혁주의 교회들은 중요시 여긴다. 따라서 본 연구에서 교육 영역을 중심으로 하여 교육목회의 현대적 접근을 통해 교회교육의 새로운 성장형 교회 프로그램을 개발하여 소개하고자 한다.

제5장에서는 교육목회를 실시하고 있는 교회들의 사례들을 소개하고, 그 결과를 분석하여 정리하는 것으로 한계를 두었다.

제4절 연구자료와 용어정의

본 연구에서는 연구의 기본 자료에 대하여 간략히 소개하고 용어들을 다음과 같은 의미로 사용했음을 밝혀둔다. 또, 본 연구에서 사용하는 성경구절은 약어로 표시한다.

1. 연구자료

연구를 위해 사용된 기본 자료는 교회성장 관련된 문헌과 기독교 교육 관련 문헌 그리고 각종 통계자료와 사전류를 참고하였고 교회성장 모델을 연구하기 위하여 성경을 바탕으로 하여 신약신학 전문사적과 관련 자료들을 참고로 독창적인 프로그램을 개발하였다. 그리고 각종 인터넷 자료와 연구들을 참고로 하여 연구가 개인의 생각에만 그치지 않고 성경적 신학적 역사적 바탕을 중심으로 하여 개혁주의적인 입장에서 이론과 근거를 제시하여 교육목회 교회성장 프로그램을 개발하고 각 교회에 실제 적용한 결과물들을 정리하여 본고의 자료로 사용하였다.

2. 용어정의

본 연구에서 사용하는 용어들을 일반적인 의미에서 정의함으로 본 고의 이해를 돕고 용어로 인해 오는 오해와 혼란을 방지하기 위해 몇 가지 용어를 정의하도록 하겠다.

1) 기독교, 개신교교회, 한국교회: 기독교, 개신교교회, 한국교회라 함은 일반적으로 천주교도 포함하여 기독교로 이해하지만 본서에서 는 개혁교회(Protestant), 즉 개신교 교인들을 말하고 있으며, 통칭적 으로 한국교회라고 할 때, 개혁주의 신앙을 바탕으로 하며, 공통된 신앙고백을 함께하는 교회들을 말한다.

2) 종교교육, 기독교교육, 교회교육: 이 용어에서 종교교육은 일반 적으로 타종파의 교육을 다 포함한 광의적 의미이지만 편의상 기독 교 교육을 말하며 기독교 교육이라고 할 때에 기독교 교육은 편의상 교회교육을 포함하는 말로 사용하였다. 즉 교회교육은 교회에서 이 루어지는 교육의 모든 것을 포함한 것으로 사용한다. 참고로 주일학 교 교육과 교회교육의 의미는 지금까지 병행하여 함께 사용되기도 하였으나 본 연구에서는 주일학교 교육과 교회교육을 구분하여 사용 하였다. 즉 과거에는 주일학교 교육을 교회교육과 구분하지 않았지 만 본 연구에서는 주일학교교육(Sunday School Education)과 교회학 교교육(Church School Education)으로 구분하고 교회교육은 교회에서 일어난 모든 교육의 통칭으로 사용하였다.

3) 주일학교(Sunday School): 주일학교는 말 그대로 주일 교회교육이 열리는 주일교회학교를 편의상 주일학교라고 정의한다.

4) 매일교회학교(Everyday Church school): 매일교회학교는 매일 이루어지는 교회교육으로서 편의상 매일학교라고 정의한다. 참고로 주일학교라는 말을 사용할 때 보통은 어린이들이나 중고생만을 말하지만 여기서는 모든 연령층을 다 포함하여 사용하도록 하겠다. 물론 매일학교도 전 연령층을 다 포함한다.

5) 패러다임(paradigm): 패러다임이란 용어는 미국의 과학사학자이자 철학자인 토마스 쿤(Thomas Khun)이 그의 저서 「과학혁명의 구조」"The Structure of Scientific Revolution"(1962)에서 처음 제시한 개념이다. '패러다임'은 '사례·예제·실례' 등을 뜻하는 그리스어(語)에서 유래한 것으로 언어학에서 빌려온 개념이다. 즉 으뜸꼴·표준꼴을 뜻하는데, 이는 하나의 기본 동사에서 활용에 따라 파생형이 생기는 것과 마찬가지다. 이런 의미에서 쿤은 패러다임을 한 시대를 지배하는 과학적 인식·이론·관습·사고·관념·가치관 등이 결합된 총체적인 틀[18] 또는 개념의 집합체로 정의하였다.

6) 패러다임전환(paradigm shift): 패러다임전환이란(방법론·철학

---

18) paradigm이란 용어는 본래 헬라어 paradeigma에서 파생된 말인데 이 헬라어는 단지 pattern을 의미할 뿐이다. 명사형으로는 신약성경에 나타나지 않지만 마태복음 1장 19절에는 동사형이 사용되고 있다. 즉 요셉과 마리아가 결혼하기 전에 요셉이 마리아가 잉태된 것을 알았을 때, 요셉은 "저를 드러내지 아니하고" 혼인 계획을 조용히 끝내려고 하였다.

등의) 근본적 변화, 즉 근본적인 사고의 틀을 변화하는 것이다. 리더 앤더슨(Leith Anderson)의 말처럼 "사회의 구조적 변화의 시기에 효과적으로 대처할 수 있는 유일한 방법은 우리가 교회와 세상을 보는 방식을 바꾸는 것이다. 그것은 모든 것을 새로운 방식으로 바라보는 것이다. 그러한 우리의 변화는 세계를 새로운 안목으로 바라보게 만드는 것"이라고 말하였다.[19] 여기서 한 가지 주의할 신학적인 문제가 발생할 수 있는데 본 연구는 신학적인 문제를 논하는 것이 초점이 아님을 밝혀둔다. 즉 개혁주의 신학을 기본 바탕[20]으로 시대의 변화에 따라 신학자체를 바꿔야 한다는 뜻이 아닌 이상 오히려 본질(성경적인 사고와 개혁주의 신학 입장)을 회복하고 신학의 바른 전통성을 세울 수 있는 개혁주의 입장에서 패러다임을 전환(개혁해가는 교회로의 지속적이고 건강한 교회성장)하자는 것이다. 즉 목회 패러다임의 본질을 되찾아 교회성장을 이룰 수 있는 교육목회로의 패러다임을 전환하여 교육목회를 함으로 개혁주의 신학에 입각한 개혁교회의 성장을 이루기 위한 패러다임 전환, 즉 개혁해가는 교회의 본질을 회복하고자 하는 의미에서 이 단어를 사용한다.

7) 목회 패러다임(Ministry paradigm): 목회에서 목회 패러다임이라

---

19) Leith Anderson, 「21세기를 위한 교회」 황성철 역(서울: 도서출판 솔로몬, 1998), pp.34－39.
20) John Hesselink, 「개혁주의 전통」 최덕성 역(경기도: 본문과 현장 사이, 1995), pp.130－154, "하나님 중심, 성경중심, 교회중심 그리고 교리와 삶의 일치, 인생관과 세계관에 하나님의 주권과 예수 그리스도의 주되심에 관한 비전, 시간과 공간을 초월하는 하나님 나라의 신학을 바탕으로 한다"

는 말은 자주 사용된 단어는 아니지만 본 연구에서는 목회에서 이해하는 그 시대에 이해, 즉 목회적 신학적 철학적 개념(생각, 인식, 가치관)의 틀(pattern)이라고 규정한다.

8) 교육목회 패러다임(Education Ministry paradigm): 본 연구에서 처음 사용하는 용어일 수 있다. 자주 사용되지 않는 단어인데 본 연구에서는 교육목회 패러다임을 본론에서 다루겠지만 간단히 정리하면 교육적인 인식과 원리가 목회를 통제하는 개념이다. 즉 목회의 본질이 개개인의 교인들을 성경말씀을 통해 양육하며 훈련시켜 그리스도의 장성한 분량에 충만한 데 이르게 하여 그리스도인으로서의 인성, 지성, 영성을 자라게 하며 동시에 섬김과 봉사의 일로 그리스도의 몸 된 교회를 세워가게 하는 목양적인 의미, 즉 목회 패러다임의 진정한 의미가 바로 교육목회 패러다임(Education Ministry paradigm)이라는 말로 정의 한다.

교회성장과 교육목회의 전제적 이해

교회성장을 위해서는 목회 패러다임을 교육목회 패러다임으로
전환해야 할 중요한 사실을 이해하기 위해 먼저 선행되어야 할
교회성장과 교육목회의 전제적 이해가 필요하다. 따라서 본 장
에서는 교회성장에 대한 바른 이해를 얻기 위해 신학자들의 견
해와 성경적인 근거를 바탕으로 한 교회성장의 개념과 교회성장
의 기본 유형 그리고 성장원리를 살펴보고, 교육목회에서는 본
질적 의미와 역할 그리고 나아가 신학자들의 견해를 중심한 교
육목회의 성경적 신학적 원리를 살펴보고, 마지막으로 교회사적
관점에서 교육목회가 교회성장에 얼마나 큰 영향을 주고 있는지
를 살펴봄으로 교회성장과 교육목회의 상관관계를 살펴보겠다.

제1절 교회성장에 대한 이해

1. 교회성장의 개념

교회성장이란 용어를 구체적으로 사용하면서 교회성장 운동을 시작한 사람은 도날드 맥가브란(Donald A. McGavran)이다.[1] 그는 20여 년간의 선교활동에서 연구한 신학이론의 집약된 책을 1955년에 「하나님의 교량」"The Bridges of God"[2]를 출판하게 되었는데 이것이 교회성장학의 효시가 되었다. 그 후 도날드 맥가브란(Donald A. McGavran)은 「어떻게 성장하는가?」"How Church Growth"[3]라는 저서에서 교회성장이란 용어를 사용하기 시작했다. 그러나 교회 성장 운동의 개념과 원리를 체계화한 것은 1960년에서 1970년이며, 이때 출판된 「교회성장 이해」"Understanding Church Growth"[4]가 있다.

---

1) 안재은, 「제자훈련과 교회성장」(서울: 총신대학교목회신학전문대학원 강의안, 2004), p.11.
2) Donald A. McGavran, *The Bridges for God.*(New York: Friendship Press, 1955)
3) Donald A. McGavran, *How Church Growth.*(London: Word DoMinion Press, 1965)
4) Donald A. McGavran, *Understanding Church Growth.*(Grand Rapids: Wm. B. Eerdmans Publishing Company, 1970)

도날드 맥가브란(Donald A. McGavran)의 교회성장운동은 그가 인도에서 선교한 경험을 연구하여 미국을 제외한 5대주에 적용에 관한 연구5)를 하였고 1972년부터는 피터 와그너(C. Peter. Wagner) 등과 함께 그의 이론을 미국교회에 적용하기 시작하였다. 그는 또 1961년 현대교회성장을 위해 노스웨스트 크리스천대학(Northwest Christian College)에 교회성장 연구소를 설립하여 「교회성장회보」 "Global Church Growth Bulletin"을 발간하였고,6) 그 후 그는 1965년 풀러신학교(Fuller Theological Seminary)에 세계선교대학원에서 그의 동료들과 함께 교회성장독서회(Church Growth Book Club)를 창설하여 교회성장운동을 미국을 비롯하여 전 세계에 확산시켰다.

도날드 맥가브란(Donald A. McGavran)은 "진정한 교회성장이란 잃은 양을 찾아내어 우리 안에서 잘 목양함으로 말미암아 그들로 그리스도의 훌륭한 제자가 되게 하고 또한 교인들이 그 사회에서 건실하게 살 뿐 아니라 하나님께 기쁨을 돌리는 구별되는 거룩한 생활을 함으로써 교회들을 발전시키는 가운데 하나님께 대한 신실한 순종을 의미한 것7)으로 교회성장은 곧 하나님께 대한 충성심인 동시에 하나님께서 열망하시는 것이며8) 신학과 충실한 성경적 근거 가운데서 발생한다"고 말하고 있다.9) 이와 같이 교회성장은 성경과 신학적 배

---

5) Donald A. McGavran & George G. Hunter Ⅲ, *Church Growth Strategies That Work*(Nashville; Abingdon), p.18.
6) Donald A. McGavran & George G. Hunter, 「교회 성장학」 박은규 역(서울: 대한기독교서회, 1982), p.14.
7) Donald A. McGavran, *Understanding Church Growth, op. cit.*, p.6.
8) Ibid., p.5.

경을 가지고 있으며, 하나님께 대한 충성도를 평가받는 척도로 규정
되고 있다.

도날드 맥가브란(Donald A. McGavran)의 동료이자 제자인 피터
와그너(C. Peter. Wagner)는 도날드 맥가브란(Donald A. McGavran)
의 말을 인용하여 말하기를 교회성장이란 용어의 진정한 의미는 예
수 그리스도와 아직 아무런 개인적인 관계를 가지고 있지 않은 사람
들로 하여금 그와 더불어 교제를 가지도록 해 주며 책임 있는 교인
이 되도록 만들어 주는 데 관련된 모든 사항을 의미한다.[10] 이는 만
민에게 복음을 전파하고 듣는 사람들을 설득하여 그리스도를 영접게
하며 그의 충실한 제자로 삼아 그들로 그리스도의 몸 된 교회에 연
합시켜 책임적이고 생산적인 회중이 되게 할 때에 교회성장이 일어
난다는 말이 것이다.

한스 킹(Hans Kung)은 그의 저서 "교회란 무엇인가"에서 그리스
도의 몸인 교회는 성장해야 하고 하나님의 계획대로 자라나야 한
다[11]고 주장하였다. 즉 교회는 그리스도의 몸으로서 살아 계신 그리
스도의 유기체이기 때문에 성장하는 것이 정상적이라는 것이다.

풀러신학교 출신이면서 침례교신학대학 선교학 교수인 에비 스미

---

9) Ibid., p.8.
10) C. Peter. Wagner, 「교회성장의 원리」 권달천 역(서울: 생명의말씀사, 1983),
    p.10.
11) Hans Kung, 「교회란 무엇인가」 이홍근 역(왜관: 분도출판사, 1978), p.152.

스(Ebbie C. Smith)는 교회성장을 "전도와 제자 훈련 그리고 계속 발전하는 사역에 대한 평가를 통해 성취되는 교회와 신자의 증가 및 영적인 발달과 연관된 것으로, 성경에 기초하면서 성경적으로 적당하고 또 목회 현장에서 발견된 원리들의 집합체"[12]라고 정의하고 있다.

남미의 복음주의 선교신학자인 올란도 크스타스(Orlando E. Costas)는 수적인 성장인 넓이의 성장, 신앙적 성숙을 뜻하는 깊이의 성장, 그리고 그리스도인들의 생활 방식과 연관된 높이의 성장이라는 세 가지 차원의 통합적인 성장을 교회성장의 모습[13]으로 제시하였다.

이 외에도 교회성장에 대해 한국 신학자들 중에 은준관 교수는 교회성장을 수나 양의 성장이 아닌 예수 그리스도와의 관계에 있어서의 성장으로 이해했으며, 그리스도를 향한 신앙적 복종과 충성을 뜻하는 것[14]이라고 주장하였다.

최덕성 교수는 "교회다니는 사람(church-goers) 수를 많이 확보할 것이 아니라, 영적 자각을 갖고 하나님을 신뢰하고 자율적으로 하나님의 말씀을 따라 살아가는 신앙인으로 양육하는 것이 교회의 사명이다."[15]

---

12) Ebbie C. Smith, 「균형 잡힌 교회성장」 이명희 역(대전: 침례신학대학출판부, 1997), p.25.
13) Orlando E. Costas, *The Integrity of Mission*(New York: Harper & Row, 1979), pp.40-42.
14) 은준관, "새로운 교회론의 등장", 「신학사상 31집」(서울: 한국신학연구소, 1980) p.793.

안재은 교수는 교회성장은 어린아이가 성장할 때처럼 신체적 성장뿐 아니라 정신적, 지적으로 성장하는 전인적인 성장이라고 말하였다.[16)]

그러므로 교회성장의 진정한 의미를 찾는다면 교회가 양적 성장뿐만 아니라 질적, 영적 모든 삶의 영역이 교인들의 개개인의 전인격이 성장하며, 교회공동체에 참여하여 함께 공유되고, 그로 인해 그리스도의 몸된 교회가 지속적이고 건강하게 성장하는 것이 진정한 교회성장이다.

2. 교회성장의 근거

교회성장은 철저한 성경에 바탕을 두고 있다. 성경에서는 교회 성장과 관련된 말씀들은 많이 나타나고 있다. 구약성경에 보면 첫째, 하나님은 모든 인류에게 성장하도록 복을 주셨다. 하나님께서 사람을 창조하시고 성장에 복을 주신 말씀이 창세기 1장 28절에서 "하나님이 그들에게 복을 주시며 그들에게 이르시되 생육하고 번성하여 땅에 충만하라, 땅을 정복하라, 바다의 고기와 공중의 새와 땅에 움직이는 모든 생물을 다스리라 하시니라"고 말씀하셨다. 여기서 생육과 번성, 충만, 정복 등의 단어들은 모두 성장의 필수요소이다.[17)]

---

15) 최덕성, "신앙교육과 교회성장", 「개혁주주의 전통과 교회성장 제11집」 (부산: 총회출판국, 1996), p.106.
16) 안재은, 「소그룹과 교회성장」 *op. cit.*, p.1.
17) Johannes Bavinck, 「선교의 성경적 기초」 김명혁 역(서울: 성광문화사, 1983), p.10.

둘째, 하나님은 개인에게도 성장하도록 하셨다. 믿음의 조상 아브라함을 택하시고 그에게 복주시며 땅의 복과 자손의 복을 주시면서 그에게 믿음의 조상이 되게 하신 하나님의 축복의 말씀이 창세기 13장 14~18절에 나타난다. "네 눈에 보이는 땅을 내가 너와 네 자손에게 주리니 영원히 이르리라 내가 네 자손으로 땅의 티끌 같게 하리니"라고 말씀하셨다.

셋째, 하나님은 한 나라에게도 성장하도록 하셨다. 하나님은 이스라엘의 구별이 만민에 대한 배제가 아니라 하나님의 구원의 계획이며 하나님의 뜻에 따라 모든 나라와 모든 민족이 이스라엘을 통해 구원의 복[18]을 받을 수 있는 복의 길을 여셨다.

하나님의 구원 역사에서 잘 알 수 있듯이 한 개인 아브라함을 통해 그리고 이스라엘을 통해 구원의 도구로 쓰임을 받기[19] 위해서뿐만 아니라 모든 만민이 하나님을 향하며 이스라엘을 구원의 통로로 삼아 땅의 모든 끝이 여호와를 기억하고 돌아오며 열방의 모든 족속이 주의 앞에 경배(시22:27)하도록 하시는 하나님의 구원의 역사를 통한 성장과 관련한 내용이 구약 전체에 가득하다.

---

18) R. P. Kuiper, God—Centered Evangelism: *A Presentation of Scriptural Theology of Evangelism*(Grand Rapids, Mich.: Baker Book House, 1961), p.53.
19) Robert Martin—Achard, *A Light to the Nation*(Edinburgh: Oliver and Boyd, 1962), p.35, Harvie M. Conn ed., 「교회성장신학」 김남식 역(서울: 성광문화사, 1986), p.27.에서 재인용.

신약성경에서도 성장에 관한 성경적 근거가 여러 곳에 나타난다. 첫째, 교회성장에 있어서 최종 목적은 구원받지 못한 세상 사람들을 구원시키는데, 그 기초를 두고 있다.[20] "인자의 온 것은 잃어버린 자를 찾아 구원하려 함이니라"(눅19:10) "주의 약속은 어떤 이의 더디다고 생각하는 것 같이 더딘 것이 아니라 오직 너희를 대하여 오래 참으사 아무도 멸망치 않고 다 회개하기에 이르기를 원하시느니라"(벧후3:9) 이렇듯 하나님은 잃어버린 자들을 찾아 구원하시는 궁극적인 뜻이 있으며 이것이 바로 교회성장의 중요 목표이다.(막1:9 롬 10:13, 14; 살전1:9 ets)

둘째, 신약성경에서 교회성장은 양적인 성장과 아울러 질적인 성장을 말하고 있다. 양적인 성장은 외적, 수적 성장을 말하며, 질적인 성장은 내적이고 영적인 성장을 말하고 있다. 예수님의 교훈에서는 함축적인 다양한 성장의 뜻을 내포하고 있다.[21] 천국비유의 말씀 중에 "또 천국은 마치 바다에 치고 각종 물고기를 모는 그물과 같으니 그물에 가득하매 물가로 끌어내고 앉아서 좋은 것은 그릇에 담고 못된 것은 내어 버리느니라"(마13:47~48) 또 예수님의 포도나무 비유에서 "나는 포도나무요 너희는 가지니 저가 내 안에 내가 저 안에 있으면 이 사람은 과실을 많이 맺나니……(요15:5~8 마13:33 눅10:2)

셋째, 사도행전과 서신서에 사도들의 증언에 나타난 예수님의 명령인 복음전파와 사도들의 증인의 삶은 하나님 나라 확장에 교회성

---

20) C. Peter Wagner, *Your Church Can Grow*, *op. cit.*, p.39.
21) 안재은, 「제자훈련과 교회성장」, *op. cit.*, p.13.

장의 본이 된 사건이다. 특히 사도행전 1장 8절 "오직 성령이 너희에게 임하시면 너희가 권능을 받고 예루살렘과 온 유대와 사마리아와 땅 끝까지 이르러 내 증인이 되리라 하시니라"에서 능력과 증인이라는 두 단어가 나오는데 오순절의 성령임재 이후 나타난 초대교회 성장 역사는 타 종교까지도 넘어서서 모든 이들이 복음에 복종하는 놀라운 역사가 기록되어 있다.[22]

넷째, 초대교회의 역사는 교회성장의 전형적인 모습을 보면 양적, 질적, 영적 성장을 이루고 있다. 예수님의 승천 이후 처음 예루살렘 마가의 다락방에서 모인 수가 120명(행1:5), 날마다 증가하여(행2:47) 아이와 여자 외 남자만 5000명(행4:4), 그 이후 점점 더 많은 사람들이 예수님의 제자가 되었는데 특별히 유대인의 제사장들도 초대교회의 역사에 함께한 것을 볼 수 있다.(행6:1, 7)

이것은 눈에 보이는 양적 성장과 함께 질적 성장도 같이 나타났는데[23] 사도행전 6장 7절 "하나님의 말씀이 점점 왕성하여 예루살렘에 있는 제자의 수가 더 심히 많아지고 허다한 제사장의 무리도 이 도에 복종 하니라"에서 하나님의 말씀이 점점 더 왕성해졌다는 것은

---

22) J. Herbert Kane, 「선교의 성서적 기초」 김명혁 역(서울: 성광문화사, 1983), pp.94-95.

23) Alan R. Tippett, *Church Growth and the Word of God: The Bible Basis of Church Grow Viewpoint*(Grand Rapied, Michgan: Wrn. B. Eerdmans Publishing Co., 1970), p.12. Alan R. Tippett은 그의 책에서 사도행전은 교회의 외형적인 수적 성장과 내적인 영적 성장을 보여주는 생동적인 성장의 모형을 보여주는 것이다.

질적(영적) 성장을 말하는 것이다. 다시 말하면 "이에 여러 교회가 믿음이 더 굳어지고"(행:16:5)의 질적 성장과 "수가 날마다 더하니라"의 양적 성장 외에 오순절 날에 성령의 역사(행2:1~4)는 초대교회의 영적인 성장의 기폭제가 되어 베드로의 성령 충만한 설교(행 2:14~36)는 당시 많은 사람들을 회개하고 예수님께로 돌아오게 하는 놀라운 역사였다.

이렇듯 성경은 교회성장을 말하고 있다. 교회가 성장한다는 것은 하나님의 뜻이며, 하나님께서는 교회가 성장하기를 원하신다.[24] 성경에서 교회가 성장한다는 것이 단순한 양적 성장에 있는 것이 아님을 분명히 알 수 있다. 또한 질적 성장만을 강조하지도 않는다. 따라서 질적, 양적, 영적 성장, 즉 전인적인 성장(엡4:13)을 추구하고 있음을 강조하고 있다. 또한 교회성장은 세상에서 그리스도를 들어보지 못한 이들에게 복음을 전파하여 구원받을 백성으로 나아가 복음전파자로 자라나는 것과 하나님 나라 확장이 궁극적인 목표라고 볼 때에 한국교회의 교회성장은 단순히 양적 성장에만 초점이 맞추어진 것에서 이제는 양적, 질적, 영적 성장을 이룰 수 있도록 목회의 패러다임을 전환하여 교육목회로의 패러다임을 구축할 때, 비로소 교회성장의 본질적인 문제를 회복되고 지속적이고 건강한 교회성장을 이룰 수 있을 것이다. 그러므로 교회성장이 이루어질 수 있도록 하기 위해서는 교육목회를 해야 한다.

---

24) Donald A. McGavran, & George G. Hunter Ⅲ, *Church Growth, op. cit.,* p.16.

3. 교회성장의 유형

교회성장은 기본적으로 성경과 신학의 바탕을 둔 원리에서 출발하고 있다. 교회성장의 유형과 원리도 역시 성경과 신학을 바탕으로 한 가장 고전적이면서 바람직한 교회성장의 유형은[25] 크게 네 가지가 있다. 이는 질적 성장을 뜻하는 내적 성장(Internal Growth)과 양적인 성장과 연관된 팽창성장(Expansion Growth) 및 교회개척에 의한 성장을 의미하는 확장성장(Extension Growth) 그리고 선교를 통한 가교성장(Bridge Growth)으로 나누어 볼 수 있다.

첫째, 내적 성장(Internal Growth)이다. 내적(질적) 성장이란 이미 그리스도의 몸의 지체가 된 그리스도인들의 영적 성장을 말한다.[26] 이것은 회중들의 신앙적인 면에서의 깊이와 질적 발전을 뜻하는 것으로서 다른 측면에서는 교회성장의 기반이 된다.[27] 특히 초대교회에서는 사랑의 친교를 가지므로 질적으로 성장하였다. 이 사랑의 친교는 예수님께서 주신 새 계명이며 교회는 구속적인 사랑의 공동체의 역할을 한다.[28]

---

25) C. Peter Wagner, 「성령의 은사와 교회성장」 권달천 역(서울: 생명의말씀사, 1982), pp.211-213.
26) C. Peter Wagner, *Your Spiritual Gifts Can Help Your Church Grow, op. cit.*, p.12.
27) Donald A. McGavran, & George G. HunterⅢ, *Church Growth, op. cit.*, p.45.
28) Alvin J. Lindgren, *Foundatins for Purposeful Church Administratin*(Nashville: Abing-don Press, 1965), p.53.

둘째, 팽창성장(Expansion Growth)이다. 팽창(양적, 수적) 성장은 개체 교회 성도의 수가 성장하였다는 의미로서[29] 이것은 교인들이 점점 그리스도를 닮아 가고 가족이나 이웃에게 증명하려는 뜨거운 마음을 가짐에 따라 새로운 교인들이 늘어나는 것이다.[30] 이런 성장은 세 가지 중요한 요인을 가지고 있는데, 그 첫 번째, 중요한 요인은 생물학적 성장(Biological Growth)이다. 이는 교인들의 자녀가 출생하면서부터 교회학교에 출석하고 세례를 받으며 기독교교육에 참여하여 교인으로 성장하는 것을 말한다.[31] 두 번째, 중요한 요인은 전입성장(Transfer Growth)이다. 이는 타 교회에 속해 있던 기성 교인이 이거해 옴으로써 이루어지는 성장을 말한다.[32] 세 번째, 중요한 요인은 회심성장(Conversion Growth)으로서 과거에 믿지 않던 사람이 처음으로 믿기로 작정하고 예수 그리스도를 구주로 그 신앙을 고백하고 교회에 출석할 때 이루어지는 성장을 말한다.[33]

셋째, 확장성장(Extension Growth)이다. 이는 새로운 교회를 개척함으로써 이루어지는 성장을 말한다.[34] 즉 동일한 문화권에 있으면서 교회가 없는 경우 적합한 목회를 할 수 있는지 교회를 설립함으로써 이루어지는 성장을 말한다.[35] 확장성장의 경우는 지 교회를 개척하려

---

29) C. Peter Wagner, *Your Spiritual Gifts Can Help Your Church Grow, op. cit.*, p.212.
30) Donald A. McGavran, & George G. HunterⅢ, *Church Growth, op. cit.*, p.45.
31) *Ibid.*, p.45.
32) *Ibid.*, p.45.
33) *Ibid.*, p.45.
34) C. Peter Wagner, *Your Spiritual Gifts Can Help Your Church Grow, op. cit.*, p.212.

는 의욕적인 선교열의 때문에 본 교회의 성장은 가속화되며 전체적으로 볼 때에 교회수의 증가로 같은 종족의 경우 민족 복음화의 지름길이 되기도 한다.

넷째, 가교성장(Bridge Growth)이다. 가교(선교)성장은 역시 새 교회를 개척할 때 나타나는 성장이기는 하지만 같은 문화권이 아닌 다른 문화권에서 새 교회가 개척되어 성장하는 것을 말한다.[36]

타 문화권의 가교(선교)전략은 예수님의 지상명령(The Great Commission)을 온전히 성취하는 것이며,[37] 세계 선교 활동은 세계 복음화의 과업을 성취하는 것으로서 최우선 순위에 놓아야 하며[38] 이것에 사명을 가진 선교사의 역할이 가교(선교)성장에 중요한 위치를 차지한다.

4. 교회성장의 원리

교회가 성장한다는 것은 그 교회의 특징 환경 시대적인 상황 그리고 목회 패러다임에 의해 결정된다. 교회가 성장하기 위해 목회자가 자신의 패러다임과 교회의 상황을 잘 분석한다면 적절한 성장 패

---

35) Donald A. McGavran, & George G. HunterⅢ, *Church Growth, op. cit.*, pp.45－46.
36) C. Peter Wagner, *Your Spiritual Gifts Can Help Your Church Grow, op. cit.*, p.212.
37) Ibid., p.214.
38) Ibid., p.212.

턴을 마련할 수 있는데 여기서 교회성장의 기본 원리를 적용한다면 참으로 놀라운 효과를 나타낼 수 있다. 특히 한국사회에 대한 교회성장의 원인들을 분석하면 교회성장학자들의 교회성장 원리가 일정 부분 적용되는 것을 볼 수 있다. 그러므로 한국교회성장에 영향을 미칠 만한 성장원리들을 살펴보도록 하겠다.

교회성장의 원리가 일률적으로 일정할 수는 없지만 몇몇 교회성장학자들이 제시하는 원리를 정리해 보면 한국교회성장의 기본적인 교회성장원리를 발견하게 되는데, 교회성장학의 창시자인 도날드 맥가브란(Donald A. McGavran)은 4대 성장원리를 제시하고 있다.

첫째, 동질구성단위(Homogeneous Unit)원리이다.[39] 이 원리는 문화적인 동질성을 가진 사람들의 집단으로 구성된 단위 원리이다. 즉 언어, 문화, 인종, 계급 등 끼리끼리 모이는 것을 말한다.[40] 이는 사람들이 인종 언어 계급의 장벽을 넘지 않고 신자가 되길 원하고 있기 때문인데[41] 동질 집단 내에서 집단 상호 간에 의사소통이 용이하며 이해와 전달 교육이 가능한 장점이 있으나 반면에 지방색이나 분파의 원인이 되기도 한다.

둘째, 집단개종(대중운동: People Movement)의 원리이다. 이 원리는 동일단위의 사람들이 한꺼번에 개종하는 일종의 연쇄반응으로 동

---

39) C. Peter. Wagner, *Your Church Can Grow, op. cit.*, p.39.
40) *Ibid.*, p.171.
41) Donald A. McGavran, *Understanding Church Growth, op. cit.*, p.198.

질 집단 원리의 결과로 주어진다. 여기서 집단이란 부족, 씨족, 혈통을 말하는데[42] 이 집단개종은 대중전환운동(mass movement)은 아니지만 사회적인 이탈 없이 비기독교인이 친척들과 충분한 접촉을 하며 그리하여 그 집단의 그룹들이 적당한 훈련과 교훈을 받은 뒤 신앙의 결단으로 기독교인이 되게 하는 데 있다.[43]

셋째, 수용성(Receptivity)원리이다. 이 원리는 새로운 정착민이 사는 사회, 교통 왕래가 심한 곳, 다른 나라에 의해 정복당한 경험이 있는 나라, 민족주의가 강한 나라 그리고 문화변용(acculturation)이 심한 사회는 일반적으로 수용성이 강하다.[44] 이는 어느 사회나 문화권이든지 예수 그리스도의 복음에 관심이 많은 사람들이 있기 마련이며 이렇게 복음에 열려진 사람들에게 먼저 복음을 전하는 것이 효과적이라는 것이 수용성의 원리이다.

넷째, 토착화(Indigenization)원리이다. 도날드 맥가브란(D. A. McGavran)은 모든 나라에 있는 교회는 그 나라와 그 문화 속에서의 교회로 형성되어야 하며[45] 한 나라에서 온 선교사들을 다른 나라에서 복음을 전하기 위해 주님이 사용하신다. 따라서 복음을 효과적으로 전하기 위해서는 토착화가 용의하다. 왜냐하면 이 토착화는 집단 개종을 용이하게 해 준다.[46]

---

42) *Ibid.*, pp.296－298.
43) *Ibid.*, pp.297－298.
44) *Ibid.*, p.218.
45) Donald A. McGavran, *Between Christianity and Cultures*(Psadena: William Carey Library 1979), pp.16－17.

다섯째, 앞에서 살펴본 기본 원리 외에 도날드 맥가브란(D. A. McGavran)은 안(W. Arn)과의 공저 「교회성장 10단계」"The Stepes for Church Growth"47)에서 평신도들을 동원하여 그들의 은사를 개발하고 활용할 때 교회성장이 이루어질 수 있다는 전략을 열 가지의 단계로 설명하고 있다. ① 교회성장에 대한 인식을 가져라. ② 필요와 기회를 포착하라. ③ 목표를 설정하라. ④ 평신도들을 동원하고 훈련하라. ⑤ 몸을 분별하라. ⑥ 공동체를 바로 파악하라. ⑦ 효과적인 전략을 개발하라. ⑧ 자원(시간, 재능, 돈)을 투입하라. ⑨ 전도에 우선권을 두라 ⑩ 영적 자원을 활용하라.

피터 와그너(C. Peter. Wagner)의 「교회성장의 원리 당신의 교회도 성장할 수 있다」"Your Church Can Grow"에서 일곱 가지 교회성장 원리48)를 제시하고 있다.

첫째, 유능한 목사,49) 즉 건강하고 성장하는 교회는 적극적인 사고방식을 가진 목사가 그의 유능한 지도력을 전제로 하여 교회로 하여금 성장을 위한 행동을 하는 데 촉매작용이 되도록 사용해야 한다.

둘째, 평신도 운동,50) 즉 기동력이 있는 평신도들을 통해 자신의 은사를 개발하고 잘 사용이 되는 교회는 성장한다.

셋째, 넉넉한 교회규모,51) 즉 교인들의 기대와 욕구를 충족시킬 수

---

46) Donald A. McGavran, *Understanding Church Growth, op. cit.*, p.158.

47) Donald A. McGavran & W. Arn, *The Stepes for Church Growth*(Sanfrancisco: Harper & Row, 1977), p.50.

48) C. Peter. Wagner, *Your Church Can Grow, op. cit.*, 75−253.

49) *Ibid.*, p.75.

50) *Ibid.*, p.99.

있는 규모가 되어야 교인들이 적극적으로 참여하며 교회가 성장한다.

넷째, 대예배＋모임＋세포조직＝교회,52) 즉 많은 사람들이 한자리에 모이는 대 예배와 교회 내의 소규모의 모임 등을 통해 다양한 친교로 능동적인 관계가 조화를 이룰 때 교회가 성장한다.

다섯째, 동질구성,53) 즉 교회는 끼리끼리 모이게 되어 있다. 이는 교인들의 공통된 인식과 이해관계를 맺고 있는 동질적인 관계가 적절하게 균형을 유지할 때 교회는 성장한다.

여섯째, 효과적인 전도방법,54) 즉 전도방법을 결심시키는 데, 그치지 않고 제자를 만드는 데 기초해야 하며 효과적인 전도는 개체교회에 국한되어 효과를 발휘한다.55)

일곱째, 우선순위 배열56) 무엇을 우선순위에 두어야 하는지가 중요한데 이는 교회가 직관적으로나 혹은 분석의 결과로서 그 지역 사회에서 교회의 가장 중요한 기능은 신앙적인 기능이 우선되어야 한다.

교회를 유기적 몸으로 보고 교회 안에서 예배와 교제를 잘 가질

---

51) *Ibid.*, p.125.
52) *Ibid.*, p.147.
53) *Ibid.*, p.171.
54) *Ibid.*, p.213.
55) 교회별, 환경별, 여건별로 차이가 있음으로 전도의 방법은 다양하게 적용되어야 한다는 뜻이다.
56) *Ibid.*, pp.231－253에서 C. Peter. Wagner는 첫째 우선순위를 그리스도께 전적으로 의탁하는 것, 둘째 우선순위는 그리스도의 몸에 전적으로 의탁하는 것. 셋째 우선순위는 이 세상에서의 그리스도의 행동에 전적으로 의탁하는 것. 다음 우선순위는 전도 운동, 다음은 사회운동, 사회 운동에서 다음은 사회, 봉사활동이다. C. Peter. Wagner는 사회 활동을 교회활동의 어떤 우선순위에 포함시키는 일을 몹시 주저한다.

뿐만 아니라 문화에 적응하면서도 사회에 기독교 영향력을 끼치고 온 세계에까지 복음을 전하는 것이 성장[57]이라고 주장하는 조지 피터(Georgy Peter)는 교회성장 원리에 대해 13가지[58]를 말하고 있다. ① 교회가 내향성에서 외향성으로 행동할 때 교회가 성장한다. ② 복음 확장에 대한 장애물을 제거해야 성장한다. ③ 교회가 복음 확장을 위해 힘차게 전도에 임할 때 성장한다. ④ 목회자의 계속적인 기도와 양육으로 훈련된 교인들을 총동원할 때 성장한다. ⑤ 지역의 토양을 잘 연구하고 기도로 준비해야 성장한다. ⑥ 전도는 적당한 시기에 알맞은 장소를 점검하여 실현되어야 한다. ⑦ 사역이 사람들과 알맞게 관련될 때 효과적이다. ⑧ 사회 내에 동일집단에 의해서 성장한다. ⑨ 가족, 공동체, 그룹들을 회심토록 확보해야 한다. ⑩ 교회성장을 위해 경험 있는 유능한 일꾼을 확보해야 한다. ⑪ 강하고 현명한 리더십의 인도아래 팀 목회를 할 때 성장한다. ⑫ 구세주 예수님을 전하는 능력 있는 설득의 설교가 되어야 한다. ⑬ 설득력 있는 전달과 더불어 적응력을 갖게 하는 것이 필요하다.

교회성장에는 학자들의 견해와 같이 성장의 여러 유형과 원리가 있다. 그러나 앞에서 밝힌 대로 교회성장에 있어서 양적 성장뿐만 아니라 질적, 영적 성장도 동시에 이루어지고 지속적이고 건강한 교회성장을 이루기 위해서는 무엇보다도 교회가 목회의 패러다임을 교육목회에 두어야 함을 알 수 있다.

---

57) Georgy Peter, *A Theology of Church Growth*(Grand Rapids; Zondervan Pub, 1981), p.21.
58) *Ibid.*, pp.206－239.

제2절 교육목회에 대한 이해

본 절에서는 교육목회의 본질, 원리 등을 분석해 보고 교육목회의 진정한 의미를 찾아 목회 패러다임을 교육목회로 패러다임을 전환해야 할 근거를 찾아보도록 하겠다.

1. 교회 본질적 이해

교육목회에 대한 본질적인 이해는 교회관에서 올바른 이해를 전제로 해야 한다. 왜냐하면 교회는 신앙공동체이자 목회 현장이며 교육목회의 장이기 때문이다. 교회를 표현하기 위해 구약은 두 가지 단어를 사용한다. 하나는 백성의 실제적 회집을 의미하는 "총회(קָהָל; 신 9:10; 23:1)"과 다른 하나는 이스라엘의 회중(congregation)이나 지명에 의한 회집을 의미하는 "회중(עֵדָה; 민27:17; 31:16)"이다[59] 신약에서도 두 가지 단어가 있는데, 밖으로 불러낸다는 "교회(ἐκκλησία)"와 "회당(σναβγωγή)"이다.[60]

---

59) Louis Berkhof, *The Systematic Theology, New Combined Edition*(Grand Rapids, Michigan: Wrn. B. Eerdmans Publishing Company, 1996), p.555.
60) Ibid., 구약성경의 헬라어역인 "70인역(the septuagint)"에서도 역시 עֵדָה는 역시 σνα-βγωγή 로 번역되었고, קָהָל도 σναβγωγή 번역되었고, 그 외의 책들에서는 일반적으로 ἐκκλησία로 변역되어 있다. σναβγωγή는 오직 유대인들의 종교적인 모임이나 또는 공적인 예배를 위해 모였던 건물이나 장소를 나타내며 후일에 교회의 상징이 된다.

웨스트민스터 신앙고백(Westminster Confession)과 대·소 요리문답에서 "교회는 교회의 머리가 되시는 그리스도의 밑에 선택된 그리고 선택될 구성원 혹은 선민의 단체이며, 전 세계를 통해 참된 신앙을 고백하는 사람들로 구성되어 있다."[61] 즉 교회는 그리스도를 믿으며 성화되고 그 머리가 되시는 그리스도에게 연합된 자들의 단체[62]로서 그리스도와의 생명적 유기적 연합을 이룬다.[63]

존 칼빈(John Calvin)은 "하나님께서 모든 산자들의 공통된 아버지시며 그리스도께서 보편적인 머리가 되신다는 사실을 참으로 확신한다면 성도들이 형제의 사랑으로 연합하여 상호 간에 그들의 유익(은사들을)을 나누어 가질 수밖에 없다"[64]라고 말하면서 교회에 대해 그는 "하나님의 말씀이 진지하게 전해지고 들려진 곳, 또 성례전이 그리스도께서 정하신 그대로 집행되는 곳이라면 어디라도 하나님의 교회는 존재하는 것이며, 이것은 의심할 수 없는 사실이[65]라고 말하면서 교회는 우리의 연약함으로 인해 평생 배우는 자로서의 학교를 떠날 수 없다"[66]고 말하였다.

---

61) James B. Green, 「웨스트민스터 표준문서 대조 해설」 김남식 역(서울: 성광문화사, 1981), pp.249−253.
62) Louis Berkhof, *op. cit.*, pp.562−564.
63) 예수 그리스도와 성도의 관계를 포도나무와 가지(요15:5), 몸과 지체(고전6:15∼19), 머리와 몸(엡1:22,23; 4:15∼16; 5:29∼30) 등으로 묘사하고 있다.
64) John. Calvin, *Institutes of the Christian Religion.* ed. John T. Mcnell, tr. Ford Lewis Battles(Philadelphia: Westminster Pres, 1960), Ⅳ.1.3.
65) *Ibid.*, Ⅳ.1.9.
66) *Ibid.*, Ⅳ.1.4.

루이스 벌코프(Louis Berkhof), 「조직신학」"Systematic Theology"[67]에서 "죄인을 개종시키고 성도들을 완전케 하는 역할을 감당하는 유기체로써의 교회는 영적 능력이 있는 교회로 그 안에서 모든 유형의 은사들과 재능들이 나타나고 주님의 사업을 위해 사용된다"고 말하였다.

강 겔(K. Gangel)은 지역교회를 정의하면서 그는 지역교회란 예배, 교제, 교육 그리고 전도를 위하여 신앙을 고백하는 신자들이 함께 모여 성경적인 지도자의 인도를 받는 하나님의 몸으로서 주권적인 정체성을 가질 뿐만 아니라 교회의 생명력과 사역의 일부분으로서 성례, 권징, 서로 간에 덕을 세우는 일이 행해지는 곳[68]이라고 하였다.

리차드(L. O. Richands)는 "교회가 교회로서 모일 때마다 그 교회의 관심은 양육(nurture)에 두어야 한다"[69]고 말하였고, 러셀(Letty M. Russel)은 그의 저서 「기독교교육의 새로운 전망」"Christian Education Mission"에서 이를 선교 신학적 교회론을 내세워 「증인 공동체」 "Witnessing community"[70]라 부르고 교회교육에 있어서 교회관의 이해를 기독교 교육이 일어나는 모든 장(場)을 교회로 보았다. 이는 예배 공동체이면서 동시에 선교공동체로서 세상을 향한 누룩, 소금과

---

67) Louis Berkhof, 「조직신학」 김수경·이상원 역(서울: 크리스챤다이제스트, 1993), p.824.
68) Kenneth. O. Gangel, 「성공적인 경영자로서의 목회자」 황성철 역(서울: 한국로고서연구원, 1996), p.39.
69) L. O. Richands, *A Theology of Christian Education*(Michigan: The Zondervan Co., 1978), p.117.
70) Letty M. Russel, 「기독교교육의 새로운 전망」 정웅섭 역(서울: 대한기독교서회, 1972), p.373.

빛(마5:13~16)의 사명 수행에 참여할 「크리스찬 디아스포라」 "Christian diaspora"의 성격을 띤 "교육공동체"로 이해하는 것이다.71)

교회는 하나님의 백성으로 선택(Called out)되어 모인 공동체이며 살아 있는 그리스도의 몸으로서 성장(Called up)하는 유기적인 생명체(organism)이다. 또한 주를 고백하는 "교회(ἐκκλησία)"로서 그를 증명하기 위해 성령의 능력으로 파송(Called into)되는 "디아스포라(diaspora)"의 성격을 가지며 신앙을 기초하여 모이고, 교육을 필요로 하는 집이다.

교회의 본질을 볼 때, 교회는 교육되어야 하는 필수불가결한 위치에 있다. 또한 교회의 사명을 가진 성도들의 모임인 교회는 그 자체가 교회를 교회 되게(Let the church be the church) 하는 필수적인 요소로서 교회가 이 세상에 존재하는 한 반드시 균형 있는 성장을 추구하게 되는데, 이는 초대교회의 말씀선포(κήρυγμα),72) 교육(διδακή),73)

---

71) 고용수, "교회교육의 신학적 기초", 「기독교사상 통권 325호」(서울: 대한기독교서회, 1985.7), p.31.

72) 김태원, 「교회교육 커리큐럼」(서울: 종로서적, 1990), p.32. "초대교회 당시 사도들의 복음전파로 급성장함에 따라 기독교로 개종한 이방인 기독교인들에게 기독교의 진리를 가르쳐야 할 필요성을 느끼게 되었고, 기독교 자녀들의 신앙성장을 위해 교육의 필요성을 자각하게 됨으로 인해 선포하는 교회의 기능에서 가르치는 교회의 기능으로 전환하게 되었다"

73) C. B. Eavey, 「기독교 교육사」 김근수·신청기 역(서울: 한국기독교교육연구원, 1986), pp.111-112. 초대교회교육은 구체적으로 예배의 행위와 교육의 행위에서 이루어졌는데, 예배 중에 중요한 말씀의 선포와 복음을 가르치는 교육적 행위는 구분되어 나타나지 않는다. 당시 교육은 인간이 어떻게 예수의 구원과 은총에 접할 수 있는가(kerygma) 하는 신학

교제(κοινωνία)74)와 봉사(διακονία)75)로서(행2:40~47) 이 네 가지 측면의 사명76)을 골고루 조화와 균형을 유지하며 감당할 때, 비로소 활력 있고 살아 있는 참 교회가 된다.

따라서 정상적인 교회는 성장하기 위한 필연성을 내포하고 있다. 목회는 교회를 건강하게 성장시켜야 할 과제를 가지고 있으며 자라게 하는 것은 물론 하나님이시다. 그러나 목회는 바로 심거나 물을 주거나 그름을 주는 목회의 교육적 의무를 이행하는 것이다.(고전3: 5~7) 목회자가 말씀을 따라 적절히 교육한다면 교회 성장은 반드시 일어날 것이다.

적인 문제와 어떻게 이 은총에 응답하는 합당한 삶을 살 것인가(didache) 하는 윤리적인 두 가지를 주로 가르쳤다.

74) R. C. Miller, *Christian Nurture and the Church*(New York: Charles Scribner's Sons, 1961), p.82. 초대교회에서의 교제는 교회 안에서 함께 모여 함께 기도하며 관심과 사랑을 나누며, 서로 물건과 재물을 통용하며, 서로의 우정을 나누었다

75) Millard J. Erickson, *Christian Theology, Unabridged, on-volume edition* (Grand Rapids, Michigan: Baker Book House, 1985), pp.1057-1058. "초대교회에서는 구제와 봉사의 일을 집사들로 통해 시행하였는데, 여기서 봉사에 나타나는 diakonia는 '식탁에서 시중들며 섬긴다'는 뜻으로 광범위하게 '봉사'라는 단어를 사용하고 있는데 이는 교회에 궁핍하거나 고통 받는 자들을 돌아보는 것 외에 불의가 발견되는 모든 곳에서 그것에 대한 관심을 보여주는 행동을 취하였다"

76) 김득룡, "예배와 목회", 「신학지남 제54권 제1집」(서울: 신학지남사, 1987.3), pp.6-7. 사도행전 2장 40절~47절에 나타난 ① 말씀선포(kerygma): 여러 말로 확증하여 권하여 가로되……구원을 받으라.(40절) ② 교육(didache): 저희가 사도의 가르침을 받아(42절) ③ 교제(koinonia): 서로 교제하여 집에서 떡을 떼며(42절, 46절) ④ 봉사(diakonia): 모든 물건을 서로 통용하고, 나누어 주고.(44절, 45절)

2. 목회 본질적 이해

　전통적으로 우리의 목회관은 제사장적 목회(성례, 상담, 심방), 예언적 목회(설교, 교육), 왕권적 목회(행정, 조직, 관리)와 같은 기능적인 목사의 역할만을 한정해 왔다. 이런 전통적인 목사상에 기인한 교회들의 목사의 기능은 주로 '말씀 선포'의 기능이 강조되었다. 오늘날의 교회 구조는 목회(설교, 심방위주)와 교육(주일학교에 제한됨)이 이원론적으로 분리 운영되고 있다.[77] 따라서 말씀 선포자로서의 목사의 역할은 더욱 부각되고 교사로서의 목사의 역할은 다른 교역자에게 이양되거나 축소되어 가고 있다. 그러나 실제로는 목사의 역할에서 교육적 역할을 가지고 있다.

　구약성경에서 목사직을 제사장(Priest)과 예언자직(Prophet)에서 찾아볼 수 있다.[78] 제사장직은 백성들을 위하고 그들을 대신하여 하나님을 섬기고 제사의식을 행하는 성직자이다. 선지자는 하나님의 말씀을 선포하거나 해석하되, 외부에서 오는 계시를 말하는 자로 사회적으로는 백성의 지도자가 되고, 왕의 고문도 되며 충언자도 되었다. 구약적 개념에서 목사직은 제사장직과 예언자직을 겸한 직분활동을 하였다.

　신약성경에서 목사직은 그리스도의 양무리를 감시하는 자로서 "감

---

77) 김희자, "목사의 교육적 역할에 관한 연구", 「총신대논총, 19권」(서울: 총신대학교출판부, 2000), p.164.

78) Jacob Firet, *Dynamics in Pastoring*(Grand Rapids, W. B., Eerdmans Pub. Co., 1986), pp.15−17.

독(ἐπισκοπος)"이라 하며, 그리스도의 양무리를 먹이는 자이므로 "목사(ποιμην)"라 하고, 직분 수행에 지혜롭고 신중하며, 교회를 잘 다스리므로 "장로(πρεσβύτερος)"라고 하며, 정직한 교훈으로 권면하며, 가르치며, 거역하는 자를 책망하여 각성케 하는 자이므로 "교사(διδα σκάλους)"라고 할 수 있다.

존 칼빈(John Calvin)은 하나님께서 목사들에게 하늘의 교리를 가르치라고 명하셨다. 그 이유는 "하나님께서 그의 자녀를 일순간에 완전하게 하실 수 있지만 그럼에도 불구하고 오로지 그들이 교회에서 교육을 받음으로써 장성한 사람이 되기를 바라시기 때문"[79]이라고 말하고 있다.

루이스 벌코프(Louis Berkhof)도 "자신에게 맡겨진 양떼를 돌보며, 그들의 양들을 하나님의 가족으로 인식하고, 그들의 필요에 따라 공급하고, 그들을 가르치고, 다스리며, 보호하는 것이 목사의 일이다.[80]"라고 말하였다.

로이스 르바(Lois E. LeBar)[81]는 목사는 그리스도 밑에서 일하는 목자로서 교회 안에 일체의 일을 감독할 책임이 있다. 목사의 활동의 50~70%는 설교가 아니라 교인과 장래의 교인 양성을 감독하는 일이다.

---

79) John. Calvin, *Institutes of the Christian Religion. op. cit.*, Ⅳ.1.5.
80) Louis Berkhof, *op. cit.*, p.844.
81) Lois E. LeBar, *Focus on People in Church Education*(Chicago: Moody Press, 1968), p.29.

쉘만 윌리암즈(Sherman Williams)[82]는 교회 사역의 교육적 특성을 말하면서 목회는 목사의 교육적 자질과 태도에 달려 있다. 즉 목사는 지역교회의 기독교 교육 프로그램을 실시하는 데 있어서 그 성패의 열쇠를 쥐고 있는 사람이다. 그러므로 지역교회를 맡고 있는 목사는 설교자와 교사의 기능을 담당해야 할 뿐만 아니라 교육적인 지도자의 역할[83]까지 완수해낼 수 있어야 한다.

담임 목회자가 목회에 있어서 다른 지도자들과 팀워크(team work)를 이루어 일해야 하며 그의 목회의 역량을 교육적 차원에서 총괄해야 한다. "목사는 평신도를 교회교육의 지도자로 개발하여 전교인을 기독교 교육 사역에 참여시키고 또한 모든 기독교 교육의 형식과 내용을 감독하는 중대한 책임을 가진 사람으로서 전체 공동체가 교회의 교육적 사명에 참여하는 것은 사실이지만 교회의 기독교 교육의 권위와 신뢰성과 깊이를 보장하기 위한 책임은 바로 목사에게 있다"는 토마스 오든(Thomas C. Oden)[84]의 말처럼 목사는 교육적인 총책임의 위치에 있을 뿐만 아니라 목회적 영향을 교육적 관점에서 총괄해야만이 지속적이고 건강한 교회성장을 기대할 수 있다.

---

82) Sherman Williams, *"The Pastor and Christian Education"*, *Introduction to Biblical Christian Education, ed.* by Werner C. Graendorf(Chicago: Mooy Press, 1993), p.234.

83) 김희자, 「목사의 교육적 역할에 관한 연구」 *op. cit.*, p.182. "목사의 교육적 역할로서 인도자, 지도자, 의사 소통자, 양육자, 동기 부여자, 계획자, 평가자의 역할을 할 수 있어야 한다."

84) Thomas C. Oden, 「목회신학」 오상춘 역(서울: 대한예수교장로회 총회 교육부, 1987), p.283.

그러므로 목사의 목회는 교회에서 실시하는 목회 영역의 한 부분이 아니라 사역의 실재적인 근거와 토대를 마련해 주는 아주 기초적인 것이며, 목사의 목회는 에베소서 4장 12절의 말씀과 같이 성도들로 하여금 자신을 온전케 하며, 봉사(헌신)케 하고, 그리스도의 몸(교회)을 세울 수 있도록 그들을 준비시키고 훈련시키는 실제적인 역할을 수행하는 것이다. 헌신된 목사는 반드시 그의 교회성도들을 교육하고 훈련하는 것이 목사의 기본적인 역할이라 할 수 있다.

3. 교육목회의 이해

오늘날의 한국교회는 성장의 양적 성장에서 양적, 질적, 영적 성장을 추구하는 전인적인 성장이 절실히 필요하다. 그러기 위해서는 교육목회에 대한 바른 이해가 필요하다.

교육목회(Education Ministry)라는 용어를 이해하기 위해서는 이것이 등장하게 된 이유를 살펴보는 것이 좋을 것이다. 최근 목회에 대한 여러 가지 종류의 용어가 사용된다. 예를 들면 병원 목회, 장애인 목회, 학원목회 등이 그것이다. 일반적으로 우리는 목회의 다양한 측면들을 이런 저런 구분으로 나누는 일에 익숙해 있다. 즉 교육목회를 설교, 심방, 행정, 상담, 교육 등으로 나눔으로 교육을 목회의 한 부분을 Ministry of Education라고 생각한다. 따라서 교육목회도 이러한 다양한 특수목회의 하나로 오해할 가능성이 많다. 그러나 교육목회는 특수 목회의 형태나 혹은 목회의 다른 형태를 추구하는 일이 아니다.

오히려 교육목회는 목회의 본질이다. 왜냐하면 Education Ministry라는 개념이 강조하는 것은 교육이 목회의 제반 영역의 한 부분이 아니라, 교육적인 인식과 원리가 목회를 통제하는 개념이기 때문이다. 즉 목회의 본질이 개개인의 신자들을 말씀으로 양육하며 훈련시키는 것으로서 신자의 삶을 그리스도의 장성한 분량까지 세워나가는 일이라고 한다면 이는 이미 목회라는 개념 속에 교육의 요소가 깊이 내포되어 있음을 알 수 있다. 이런 이해 속에서 교육목회에 대한 신학자들의 주장을 근거로 하여 교육목회의 정의를 살펴보도록 하겠다.

에드워드 투나이젠(Eduard Thruneysen)은 목회란 복음전달에만 책임을 다하는 것이 아니라 신자 개개인을 접근하고 이를 이해하고 보살피며 그 신자의 마음에 그리스도의 형상이 이루기까지 수고하는 것[85]이라고 강조하면서 가르침과 돌봄의 교육 목회적 성격을 통해 교육과 목회의 연관성을 지적하고 있다.

로그 신(Roger Shinn)은 "교회를 신앙의 공동체로 보면서 교육목회를 이 신앙 공동체가 전체 사역을 통해서 사람들에게 기회와 필요를 제공해 주는 것으로서 교회의 전 목회를 통해서 실현되는 교회의 기능이요, 이를 통해 사람들을 섬기고 봉사하는 것"[86]이라고 보고, 교육목회가 목회 전반에 중요한 요소를 차지함을 지적하고 있다.

---

85) Eduard Thruneysen, *Die Leher von der Seelsorg*(Zürich 1980), 5. Aufl., s. 12.
86) Roger Shinn, *"The Education Ministry of the Church"*, *An Introduction to Christian Education*, ed., Marvin I. Tayer(Nashville: Abingdon Press, 1966), p.14.

정웅섭 교수는 "교육목회는 교회의 사역의 전 분야(선교, 교육, 친교, 봉사, 예배)에 대하여 기독교 교육적인 원리를 적용함으로써 회중 한 사람 한 사람을 또한 그들의 속한 그룹들을 성장 갱신토록 돕는 교육적 기능이다."[87]라고 정의하면서 교육목회가 주는 의미를 새롭게 강조하고 있다.

강용원 교수는 "교회 전체의 기능으로서의 교육적 사열을 개발하고, 교육적 원리를 교회사역의 전 분야와 목회의 다양한 분야에 적용해 나가는 총체적 목회사역으로 개별 신자와 전체 교회의 신앙적 성숙을 추구하는 일이다"[88]라고 정의하면서 목회의 새로운 전망과 함께 교육목회의 진정한 의미를 강조하고 있다.

강희천 교수는 "신앙공동체 구성원의 성장과 성숙을 지향하는 포괄적인 목적 아래서 계획되고, 수행되는 체계적인 교육활동을 중요시하는 목회의 형태"[89]로서 교육목회를 주장하고 있다.

그러므로 교육목회야말로 목회의 일부분이 아니라 총체적인 목회사역으로서 개별 신자와 전체 교회의 신앙적 성숙을 추구하는 일이 된다. 성도들로 하여금 하나님의 말씀을 통하여 하나님의 뜻을 알게 할 뿐 아니라 말씀을 사모하고 말씀이 진리 됨을 확신하게 하며 삶

---

87) 정웅섭, 「다원현대교육목회의 전개」(서울: 한국신학연구소, 2001), p.27.
88) 강용원, 「기독교교육의 과제와 전망」(서울: 한국기독교교육학회, 2004), p.191.
89) 강희천, "교육목회와 교육사 제도", 「연세대 연신원 목회자 하기 신학세미나 강의집」(서울: 연세대연합신대원, 1990), p.289.

이 점진적으로 그리스도의 형상을 닮아가게 함으로써 하나님을 영화롭게 하고 그를 영원토록 즐거워하는 성도가 되게 한다. 이것이 목회의 목적이요 목표이며 교육목회의 본질적인 것과 동시에 개념이기도 하다.

4. 교육목회의 성경신학적 원리

제임스 스마트(James D. Smart)는 목회의 본질이요 교육목회의 진정한 성경적 원리에 대해 그는 말하기를 "교육의 기능을 무시하는 교회는 교회의 본질에서 볼 때 필수 불가결한 어떤 것을 잃어버린 것이며, 복음이 순수하게 선포되지 않는 교회나 성례가 바르게 시행되지 않는 교회가 결함이 있는 교회인 것처럼 교육이 결여된 교회도 결함이 있는 교회이다"[90]라고 말하였다.

이는 교육이 하나님의 위임 대사명(마태복음 28장 18절~20절)이며, 전체적이요 전문적으로 수행하지 않으면 안 된다는 절대적 사명임을 명심해야 할 것이다. 따라서 이 교육목회는 목회의 한 부분이 아니며 목회의 진정한 본질로서 그 사명을 감당해야 할 것이다. 이것은 하나님의 명령이요 성경적인 근거에 의한 것이다. 이에 대한 성경적 원리를 살펴보면 더욱더 교회가 해야 할 사명을 더 분명히

---

90) James. D. Smart, *The Teaching Ministry of the Church*(Philadelphia: Westminster Press, 1954), p.11.

알 수 있다.

구약성경에 그 유명한 쉐마교육(Shema Education), 즉 신명기 6장 4절~9절[91]은 이스라엘의 교육 헌장이요 교육명령이라고 불리는 이 말씀은 우리가 교육해야 할 근원적인 명령을 담고 있다. 이 말씀의 핵심은 삼위일체 하나님만이 우리가 섬길 대상이요, 우리가 하나님을 어떻게 섬겨야 할 것인가에 대한 구체적인 교육지침[92]을 주신 말씀이다.

신약성경에서 마태복음 28장 19절~20절[93] 말씀은 예수님께서 우리 모든 교회들에게 주신 교육적 예수님의 지상명령(Great Teaching Commission)[94]이다. 이 말씀은 넓은 의미에서 교회가 가지는 모든 사

---

91) 신명기 6장 4절~9절 "이스라엘아 들으라. 우리 하나님 여호와는 오직 하나인 여호와시니 너는 마음을 다하고 성품을 다하고 힘을 다하여 네 하나님 여호와를 사랑하라 오늘날 내가 네게 명하는 이 말씀을 너는 마음에 새기고 네 자녀에게 부지런히 가르치며 집에 앉았을 때에든지 길에 행할 때에든지 누웠을 때에든지 일어날 때에든지 이 말씀을 강론할 것이며 너는 또 그것을 네 손목에 매어 기호를 삼으며 네 미간에 붙여 표를 삼고 또 네 집 문설주와 바깥문에 기록할찌니라"

92) Louis Berkhof, "*Being Reformed in Our Attitude toward the Christian; in Foundations of Christian Education: Addresses to Christian teachers.* ed., by Dennis E. Johnson(Phil－lipsburg, N. J.: Presbyterian and Reformed Publishing Company, 1990), pp.29－30.

93) 마태복음 28장 18절~20절 "그러므로 너희는 가서 모든 족속으로 제자를 삼아 아버지와 아들과 성령의 이름으로 세례를 주고 내가 너희에게 분부한 모든 것을 가르쳐 지키게 하라 볼찌어다 내가 세상 끝날 까지 너희와 항상 함께 있으리라 하시니라"

94) Kenneth O. Gangel, "*What Christian Education Is*" in R. E. Clark, L.

명의 결국은 제자 삼는 일이며 교육적 사역의 목표가 예수님의 지상
명령인 교육목회를 해야 할 분명한 이유를 말해 주고 있다는 것이다.
그 좋은 한 예로, 사도행전 2장 42절[95]에서 사도들의 가르침은 전형
적인 교육목회를 보여주는데, 온 백성들에게 칭송을 받으며 하나님께
서 구원받는 사람을 날마다 더하여 주심으로 교회성장의 모델이 되
었다. 또한, 에베소서 4장 11절~16절[96]에서는 성도들의 평생의 삶은
그리스도 예수 안에서 장성한 분량으로 자라가는 변화와 성장의 과
정이며, 이런 의미에서 교회는 성도들의 훈련과 교육의 도장이 되어
야 한다. 그래서 어떤 학자는 이 부분을 "교육적 교회론(padagogical
ecclesiology)"[97]이라고 주장한다. 또 교회의 가장 중요한 직분인 목사

Johnson, and A. K. Sloat, ed., *Christian Education: Foundations for the
Future*(Chicago: Moody Press, 1991), p.21. Gangel은 예수님의 이 명령
은 교육지상명령이라고 부르셨다고 주장한다.

95) 사도행전 2장 42절 "저희가 다 사도의 가르침을 받아 서로 교제하며
떡을 때며 기도하기를 전혀 힘쓰니라"

96) 에베소서 4장 11절~16절 "그가 혹은 사도로, 혹은 선지자로, 혹은 복
음 전하는 자로, 혹은 목사와 교사로 주셨으니 이는 성도를 온전케 하
며 봉사의 일을 하게하며 그리스도의 몸을 세우려 하심이라 우리가 다
하나님의 아들을 믿는 것과 아는 일에 하나가 되어 온전한 사람을 이
루어 그리스도의 장성한 분량이 충만한데 까지 이르리니 이는 우리가
이제부터 어린 아이가 되지 아니하여 사람의 궤술과 간사한 유혹에 빠
져 모든 교훈의 풍조에 밀려 요동치 않게 하려 함이라 오직 사랑 안에
서 참된 것을 하여 범사에 그에게까지 자랄찌라 그는 머리니 곧 그리
스도라 그에게서 온 몸이 각 마디를 통하여 도움을 입음으로 연락하고
상합하여 각 지체의 분량대로 역사하여 그 몸을 자라게 하며 사랑 안
에서 스스로 세우느니라"

97) M. J. Anthony, *"Putting Ministry in Perspective"*, in Michael J. Anthony,
ed., *Foundations of Ministry: An Introduction to Christian Education for
a new Generation*(Wheat－ion: A Bridge Point Book, 1992), p.19. M. J.

를 성경은 교사직과의 깊은 관련 속에서 묘사하고 있다.(엡4:11) 그러
므로 교회는 본질적으로 교육하는 교회이다. 따라서 교회가 선교, 교
제, 헌신, 봉사를 함에 있어서 교육이 선행되지 않는다면 그 교회는
효과적인 사역을 수행할 수 없게 된다는 것이다.(행2:41～42)
　오늘날의 교회의 가장 근본적인 문제는 "교육적 사역이 이차적인
것으로 또 어떤 경우에는 교회의 비본질적인 기능으로 간주되는 경
향"98)이 있다. 교육은 교회의 본질이요, 교회가 있는 곳은 마땅히 교
육이 존재하며, 교회가 행하는 일들은 근본적으로 교육적인 성격을
가짐으로 필연적으로 교육과의 긴밀한 관계가 연계되어 있다.

　존 칼빈(John Calvin)도 교회의 교육을 통한 인간 성숙을 강조하면
서 다음과 같이 말하였다. "하나님께서는 한순간에 그의 백성들을
완전에 이르게 하시는 능력을 가지셨음에도 불구하고, 다만 교회의
교육 아래서 성인으로 자라나기를 원하신다."99)

　지금까지 살펴본 교육목회는 교회의 본질적 기능을 회복하며, 교회
가 지속적이고 건강한 성장을 이룰 수 있도록 하는데 그 중요한 역할
을 감당하고 있음을 알 수 있다. 그렇다면 교회 역사에서 교육목회를
통한 교회성장의 영향을 주었는지 다음 절에서 살펴보도록 하겠다.

　Anthony는 이 부분에 대해 "교회의 가장 중요한 직분인 목사를 성경은
교사직과의 깊은 관련 속에서 묘사하고 있다고 주장하면서 교회는 본
질적으로 교육하는 교회다."라고 말하고 있다.
98) Lucien E. Coleman, Jr., 「교육하는 교회」 박영철 역(서울: 요단출판사,
　　1986), pp.25－36.
99) John Calvin, *Institutes of Christian Religion, op. cit.*, IV.I.5.

제3절 교회성장과 교육목회의 상관관계

본 절에서는 교회성장에 교육목회가 어떠한 영향을 주었는지를 살펴기 위해 목회의 역사를 중심으로 상관관계를 살펴보도록 하겠다. 먼저 밝혀 둘 것은 교육목회나 교회성장이란 용어가 앞에서 밝힌 대로 현대에 들어와서 사용된 용어이지만 실제 교회역사의 시작부터 지금까지 교회는 성장하고 있으며, 그 중심에 교육목회가 중요한 위치를 차지하고 있다는 것을 역사적인 관점에서 살펴보도록 하겠다.

1. 사도들의 교육목회

예수님의 부활 승천 이후 초대교회는 성령강림으로 인해 큰 변화를 가져온다. 특히 예수님께서 승천하시기 전에 제자들에게 부탁하신 지상명령(마28:18~20, 행1:4~8)인 교육목회의 사명과 성령강림(행2:1~4)으로 인해 예루살렘교회는 큰 변화와 놀라운 역사들이 일어났다. 그 한 예로 사도들은 성령의 충만함을 받고 담대히 유대인들과 예루살렘의 사람들 앞에서 담대히 하나님의 말씀을 전파하며 회개를 촉구하는 설교를 들은 사람들 중 세례를 받고 제자가 된 이들이 당일 3,000명의 수가 돌아왔다(행2:41). 이 역사는 교회성장에 아주 중요한 결과적 현상인데 초기 예루살렘 교회에 나타난 이 성장의 역사는 사도들의 설교, 즉 교육목회의 가장 기초적인 설교를 통해 이들을 변화시켰다.

이러한 역사들은 사도들이 다니면서 복음을 가르치며 전도한 결과 여러 곳에서 기적과 변화의 역사가 계속 있어난 행적들이 사도행전에 많이 나타나고 있다(행4:4절; 5:14, 42; 6:7, etc.). 그러나 초대교회는 성장에 대한 사회적인 역반응으로 인해 스데반 집사의 순교(행7장)에 이어 교회의 핍박과 함께 목회 환경에 큰 변화를 맞이하게 되고 결국 교회는 과거와 다른 목회 사역의 변화가 불가피하게 되었다.

당시 목회 사역에 대한 특징을 보면 4가지 형태를[100] 이루고 있는데, 첫째, 교회 자체 내에서 자연적으로 이루어지는 제도화의 과정, 둘째, 교회의 분열로 인한 정통신앙의 규정과 그것을 변호 할 필요성, 셋째, 목회 패러다임을 만드는 사람들의 문화적 요소들, 넷째, 광범위한 사회적 변화에 대한 목회 사역의 형성에 영향을 주었다.

초기 교회 목회 패러다임의 형성으로 볼 때 창조적인 면과 혼란적인 면을 동시에 가지고 있다고 볼 수 있다.[101] 그렇다면 초기 기

---

100) W. A. Clebsch and C. R. Jakee, *Pastoral Care in Historical Perspective* (New York: Harper & Row, 19670), pp.14－31.

101) "The Didache, 11 and 12, in M. Staniforth(trans)", *Early Christian Writings* (hanrmondsworth: Penguin, 1968), pp.232－234. "사도들의 설교는 초기 초대교회의 형성에 중요한 목회적 기능, 즉 교육목회의 중요한 기능을 수행하였는데, 당시 사도들의 설교에 감동받은 많은 사람들은 기독교로 많이 개종되었으나 유대사회의 제사장들과 바리세인 그리고 서기관들은 기독교의 전도활동에 대한 상당한 반감과 대적하는 분위기 속에서 기독교의 복음전파와 이들의 교육은 당시 사회를 매우 혼란스럽게 만들었다

독교회의 목회에 중요한 패러다임의 이슈(issue)는 무엇보다도 사도들의 순회전도와 교인들에 신앙을 위한 교육목회적인 활동이 매우 강하였다. 그 이유는 당시 기독교 초기문서인 디다케(The Didache)[102]의 내용을 보면 순회교사들이 진짜 교사인지 거짓교사인지, 그들의 자격과 중요성을 교회들에게 설명하고[103] 개종한 이들이나 교회 교인들의 신앙교육을 위해 만들어 교육목회를 시행하였다.

또 3~5세기의 교육목회에 중요한 목회 패러다임은 목회자들의 역할과 권위 개종자들에 대한 교육 이단들의 공격과 사회적인 핍박에 대한 목회적 대비와 기독교 공인 후 교회 내부와 외부의 변화에 대한 목회적 영향이 국가와 사회에 깊이 뿌리내리는 이면에 일부 성직자들의 부정부패도 있었지만,[104] 교회의 교육목회는 지속적으로 이루어졌다. 그중에 중요한 교육목회는 개종한 이들과 세례 받을 자들 그리고 세례 받은 이들을 지속적으로 양육하기 위한 신앙교육을 실시하는 것이었는데 이것을 카테케시스(Catechesis)[105]라고 한다.

고 볼 수 있다"

102) Didache는 초기 교회사에 중요한 문서로서 당시 순회 교사들에 대한 이해와 교회 제도 그리고 세례준비자들에 대한 교육의 필요성이 대두됨으로 인해 열두 사도의 교훈집이 저술된 문서.

103) *Ibid.*, p.234.

104) 황성철, 「개혁주의 목회신학」(서울: 총신대학교 출판부, 2004), pp.208−230.

105) Kendig B. Cully, ed. *Dictionary of Christian Education. The Westminster Press*(Catechumenate, Catechism, Curriculm, 1963), p.85. "Catechesis는 희랍어 Kate chein에서 유래된 것으로서 반향(메아리)하다. 축하하다. 다른 사람들의 말과 행동을 반복, 모방하다는 뜻에서 유래된 것으로서 catechist−신앙문답서, catechism−신앙문답서, catechumenate−세례입교까지의 교인 양성과정, catechumen−세례지원자 등의 용어가 파생되어 시대마다 사용되었다"

당시 초기 교회는 개종자들과 세례 받을 자들을 불러 그들의 개인성품과 기독교 입교에 대한 신앙의 다짐 그리고 비기독교적 이해와 생활 직업을 청산케 하여 기독교인으로서 선행의 삶에 동참케 함으로 이들의 생활을 변화시키고 세례와 성찬의 바른 이해 기독교의 독특성을 가르쳤다.106)

또 나아가서 이들을 예배를 통한 교육과 개인이나 집단적으로 모아 교제를 가지면서 강의로 교수하기도 하였고, 세례를 받은 후 현장학습(신앙유적지 탐방)107) 등을 통해 그리스도의 흔적을 체험하며 기독교 삶의 모형을 찾을 수 있도록 가르쳤다. 이러한 교육목회는 오늘날의 교육목회의 본질을 찾는 데 매우 중요한 의미를 주고 있다.

현대 교육목회는 단순히 가르치는 데서 끝나고 있다. 그러나 초대 교회는 가르침과 신앙의 결단 그리고 나아가 교육의 체험을 통한 현장 교육을 통해 더욱더 분명한 신앙의 삶에 대한 모델을 제시해줌으로 오늘날의 교육목회의 새로운 방향을 알려주고 있다.

---

106) John H. Westerhoff III, and O. C. Edwards Jr. ed. *A Faithful Church: Issyes in the History of Catechesis*(Wilton: Morehuse − Barlow Co., Inc., 1981), p.50. Lewis J. Sherrill, *The Rise of Christian Education* (New York: The Macmillan Co., 1944), pp.188 − 194. 재인용.
107) John H. Westerhoff III, op. cit., pp.63 − 65.

2. 종교개혁자들의 교육목회

교회성장의 중요한 획을 긋는다면 당연히 종교개혁시대이다. 이때
는 양적 성장도 중요했지만 교회 내부의 질적 성장을 위해 마틴 루
터(Martin Luther), 존 칼빈(John Calvin)을 비롯한 종교개혁자들은
교회개혁을 주장함과 동시에 교회 정책과 목회에 대한 바른 인식전
환을 위한 교육목회를 강력하게 주장하였다. 이들의 주장은 필연적
이며 당연한 결과이다. 이것들은 교회가 다시 회복되는 것이었고 성
경으로 돌아가는 것이며 초대교회의 모습을 다시 회복하는 길이었다.

종교개혁자 중 한 사람인 마틴 루터(Martin Luther; 1483－1546)의
교육목회 사역은 대내외적으로 놀라운 변화를 주도하였는데, 그중에
가장 놀라운 것은 교황제도와 성직에 대한 견해를 1520년 논문에
발표한 것이었다.[108] 이 논문에서 마틴 루터(Martin Luther)는 교황의
불합리성과 교회재산의 문제, 교황만이 성경을 해석할 수 있다는 문
제, 교황만이 공회를 소집할 수 있다는 문제, 7성례 등의 심각성을
지적한 그의 논문은 교회개혁과 교리의 개혁을 불러오게 되었다.

그의 개혁의 초점은 교황중심의 목회를 교회중심의 교육목회로,
개인 신앙 양육과 어른 중심의 교육사회에서 어린이를 포함한 교육
목회, 즉 교회교육이나 사회교육 등 모든 공교육은[109] 어릴 때부터

---

108) P. D. L. Avis, *The Church in the Theology of the Reformers*(London;
Marshall, Morgan & Scott, 1981), p.1. *"To the Christian Nobility of
the German Nation Concerning the Reform of the Christian Estate."*

실시되어야 하며 체계적인 신앙교육도[110] 시행하도록 하는 전인교육 목회였다. 그의 이런 교육목회의 흔적들은 그의 교리교육서와[111] 신앙지도서에 잘 나타나고 있는데, 그의 교육목회에 대해 정일웅 교수는 "참회와 목회의 실제성을 보여주는 것이다"라는 평가를 받고 있다.[112] 이것이 바로 교육목회임을 나타내 주고 있는 것이다.

마틴 루터(Martin Luther)의 교육목회 활동을 보면 주일 하루만도 공식 예배에 3번의 설교 요리문답강해 월요일과 화요일에는 요리문답 수요일에는 마태복음 목요일과 금요일은 사도들의 서신서 토요일 밤에는 요한복음을 설교하였다.[113] 또 그는 대중을 양육하기 위해 예배 갱신과 찬송교육 요리문답교육 성경번역(모국어)을 통한 교육 신앙교육을 전 생애를 바쳐 실시하였다.[114]

---

109) Paul. Monroe, *A Textbook in the History of Education*(New York: Macmillan Co., 1930), p.196.

110) 정일웅, 「교육목회학」(서울: 도서출판그리심, 2003), pp.264－265.
"Luther의 Katechismus는 1529년에 두 권의 신앙교육서를 만들어 그의 제자인 Philip Melanchthon과 함께 지방교회를 돌면서 목회자와 설교자 그리고 평신도들을 만나 기독교 신앙의 진리를 전혀 바르게 이해하지 못하는 이들을 가르쳤고, 그는 Wittenberg교회에서 대리설교자로 설교 봉사를 하면서 Katechismus를 가르쳤는데 그 내용은 십계명, 주기도문, 사도신경 등을 중심한 교리서를 가르쳤다"

111) 지원용, 「신앙고백서」(서울: 컨콜디아사, 1988), p.315.

112) 정일웅, *op. cit.*, p.266.

113) R. H. Bainton, *Here I Stand－A Life of Martin Luther*(New York: Abingdon－Cokesbury, Press, 1950), pp.348－349.

114) 황성철, 「개혁주의 목회신학」 *op. cit.*, pp.237－241.

마틴 루터(Martin Luther)의 교육목회는 비텐베르그(Wittenberg) 교회를 중심으로 교육목회 사역을 시행하였다. 그는 그곳에서 설교자로서 목회자로서 교육자로서 다양한 교육목회에 심혈을 기울였으며 실제 회중들이 성경을 찾아 읽으며 신앙이 회복될 수 있도록 하기 위한 노력을 다하며 그가 죽기까지 비텐베르그(Wittenberg) 시민들을 위해 목회적 의무를 다하였다.

종교개혁의 또 하나의 중요한 인물인 존 칼빈(John. Calvin; 1509∼1564)[115] 역시 교육목회의 전형적인 모습을 보여주고 있다. 그의 제네바교회(Geneva Church)에서의 목회 사역은 제네바(Geneva) 전역의 개혁뿐만 아니라 전 구라파와 전 세계교회의 개혁에 영향을 주었는데 그의 목회를 반 질(J. van Zyl)은 "그는 잠을 잘 수 없었다. 그의 집은 언제나 조언을 구하는 사람들에게 열려 있었다. 그는 교회와 국가의 모든 일들과 항상 접촉하였고 그는 아픈 사람들과 신앙이 미적지근한 사람들을 방문하여 가르치며, 지도하였다. 그는 거의 모든 시민들을 알고 있었다."[116]고 말하고 있다. 이렇듯 그의 목회는 하루도 쉬는 날이 없을 정도로 많은 목회업무[117]를 감당하였는데 특히 그의 목회에서 남은 흔적 중에 그의 교육목회의 열의는 누구보다 강

---

115) Philip Vollmer, *John Calvin: Theologian, Preacher, Educator, Stateman.* (Philadelphia: The Heidelberg Press, 1909) Philip Vollmer에 의하면 그의 책 제목을 John. Calvin: 신학자요, 설교자요, 교육자요 정치가라고 붙였으며 그는 Calvin을 책 제목과 같이 평가하고 있다.

116) J. van. Zyl, *"John Calvin the Pastor", in The Way Ahead. Papers read to the Carey Conference 1975*(Haywards Heath: Carey Publications, 1975), p.73.

117) *Ibid.*

하였다.

존 칼빈(John. Calvin)은 기독교강요(Institutes of the Christian Religion)[118] 신앙고백서(Confession of Faith),[119] 신앙 교육서(Instruction in Faith),[120] 목회서신 주석서(The Commentaries on the Pastoral Epistles)[121] 및 설교 모음집(Selected Sermons)[122] 등에서 종교개혁의 중요한 자료이자 당시 남은 그의 목회력을 보여주고 있다. 그중에 교육목회 활동[123]을 보면 유아세례를 받은 어린이들이나 만 10세의 청소년들을 위한 신앙교육과 성인들을 위한 주일 오후 성인예배에서 설교를 통해 가르치며 가정에서 자녀 교육과 보호양육을 위한 촉구

---

118) 1536년과 1539년에 걸쳐 출판된 그의 책, 기독교강요는 전통적인 교리문답적인 주제, 즉 율법과 사도신경, 주기도문, 성례와 성찬 그리고 거짓성례와 기독교구원 등이 수록된 경건에 대한 신앙의 열정을 기록한 책이다.
119) 1536년 제네바 시민을 위해 만들어진 회중고백의 성격을 지닌 신앙고백서이다. 이것을 제네바 시의회에 파렐과 함께 21개 짧은 조항으로 구성하여 제출하였다.
120) 어린이들에게 기독교 신앙의 간략한 요점을 가르치기 위해 만든 것으로서 교리문답서의 성격을 뛰고 있으며 본질적으로 교육을 위해 만든 신앙교육서이다.
121) Joseph Haroutunian, *Calvin: Commentraries*(Philadelphia: The Westminster Press, 1958), p.17. 현재 존 칼빈(John Calvin에 의한 목회서신주석서는 영어번역판으로 총 45권(구약30권, 신약15권)으로 번역되어 제네바 학생들과 서유럽의 신학생들을 대상으로 강의한 것들이다.
122) T. H. L. Parker, John Calvin: *A Biography*(London: J. M. Dent& Sons, Ltd., 1975), p.91. Parker의 말에 의하면 Calvin은 주일에 두 번 그리고 매주 월요일, 수요일, 금요일에 한 번씩 설교를 하였으며 1949년 이후는 객주로 매일 설교를 하였다.
123) 정일웅, 「교육목회학」 *op. cit.*, pp.296-306.

하면서 동시에 교회에서 목회적 측면에서 돌보도록 하였다.

특별히 눈여겨볼 것은 존 칼빈(John Calvin)은 제네바에서 인문학교(Gymnasium)와 대학(Akademie)을 세워 학교에서 청소년들에게 신앙교육과 라틴어교육, 예배, 찬송부르기, 성찬교육 등을 가르쳤고, 학생들의 교육 효과를 높이기 위해 생활지침서를 만들어 예배에 빠지거나 늦게 오거나 주의 깊게 설교를 듣지 않으면 벌을 받게 하였으며 토요일 오후에는 학교수업에 대한 반드시 보습을 하도록 하여 신앙교육을 다졌다. 그의 교육목회는 설교중심의 교회교육이나 어린이 주일학교 중심의 교육이 이원화되어 있으며, 운영방식 역시 교회형편에 따라 축소되거나 심지어 신앙의 체계적인 지도가 이루어지지 못하고 있다.

그러나 존 칼빈(John Calvin)의 교육목회는 전 연령층에게 필요한 교리교육 설교 정기적인 교육모임(활동) 반복학습(복습과 정기적인 신앙테스트) 그리고 무엇보다 공교육(학교교육)을 통한 체계적인 학교식 교육이 이루어지도록 하였으며 또한 신앙양육을 위한 강력한 지도력을 발휘하여 제네바(Geneva) 시민들뿐만 아니라 오늘 한국교회의 교육적 이해의 주권을 회복하도록 촉구하고 있다.

스위스 출신의 종교개혁자인 츠빙글리(Ulrich Zwingli; 1484~1531) 역시 그의 개혁의지만큼이나 설교가로서 교육자로서의 교육목회에 열정을 쏟아 부었는데 특히 그는 젊은이들을 위한 교육목회에 열정적이었다. 그의 저서 「청년에 대한 기독교 교육」"On the Education of Youth"(1523)을 통해 젊은이들이 신앙으로 교화되며 교육을 통해

신앙과 성경연구에 매진할 수 있도록 가르치는 목회를 지향하였다.124)

영국 스코틀랜드의 종교 개혁자인 존 낙스(John Knox; 1514∼1572)도 교육목회를 통해 그의 개혁의 열정을 표출하였다. 그는 시민교육125)에 중점을 두고 있었으며 그의 시민교육은 개혁의 밑바탕을 이루었다. 그는 「제1치리서」"First Book of Discipline"126)를 작성하여 의회에 제출하였고, 이것을 통해 교회의 개혁을 이끌었는데 그의 교육목회 활동은 주요도시에 학교를 설립하여 종교교육을 실시하도록 하고 문법과 라틴어 교육을 할 수 있는 유능한 교사를 임용하도록 하였으며 산간오지나 해안지대 교회의 경우는 일주일에 한 번밖에 모이지 못하더라도 청소년을 잘 지도할 교본(First Rudiments)과 제네바 규칙서(The Order of Geneva)이라 불리는 「일반 규칙서」"The Book of Common Order"가 번역되어 있는 교리문답을 교수할 수 있

---

124) Lewis W. Spitz, 「종교개혁사」 서영일 역(서울: 기독교문서선교회, 1992), pp.153－155. "당시 중세에 시행되는 교육, 즉 성상숭배, 교회미술, 감각적인 음악, 성찬예식 등의 교육에 반대한 청년들을 교육하는데 있어 육체적인 것을 극복하고 영적인 신앙을 강조하였다. 그러나 그의 교육사상에 대해 복음주의적인 교육을 하였다고 평가하고 있다"

125) 황봉환, 「스코틀랜드 종교개혁과 존 낙스의 신학」(서울: 영컴뮤니케이션, 2001), p.142.

126) D. Laing, ed., John Knox, *The Work of John Knox* V. 1－6(Edinbung: James Thin, 1846－64), pp.183－257., W. C. Dickinson, ed., *John Knox's History of the Reformation in Scotland*(Edinburgh: Thomas Nelson and Sons Lt., Press 1949), pp.295－302. "제1치리서(First Book of Discipline)에는 교회정치, 빈민구제, 교회당보수, 빈민학생등록금면제, 실력 있는 학생들을 대학까지 교육받을 수 있는 기회 재공 의무교육 강화 등이 수록되어 있다"

도록 대독자나 목사를 파견할 것을 강조하는 등 공교육을 제도화하
였다. 그리고 그는 가정교육[127]과 어린이 청소년의 교육[128]에도 활
발하게 활동하였다.

종교개혁자들의 교육목회는 단순히 교회 내의 교육목회뿐만 아니
라 교회 밖의 교육에도 목회의 영향력을 발휘하였으며 이때 교회교
육이 사회교육을 체계화하는 데 중요한 역할을 감당하며 공교육의
제도적 입지를 강화시켰다고 볼 수 있다. 이런 교육의 역할들이 오
늘날의 학교교육의 기반이 된 것처럼 교육목회는 단순히 교회적 차
원을 넘어 전 사회나 국가에 나아가 세계에 영향을 주는 역할을 감
당하도록 하였다. 오늘날의 목회 역시 교회만을 위한 목회가 아니라
전 사회, 국가 나아가 전 세계를 향한 미래 지향적인 목회가 되기
위해 교육목회가 중요하며 또 교회의 체계적인 교육목회가 이루어질
때 교회성장도 종교개혁도 이루어질 수 있는 것이다.

3. 주일학교운동과 교육목회

근세에 교회성장에 중요한 역할을 감당한 것은 주일학교운동이다.

---

127) 김득룡, 「기독교육원론」 *op. cit.*, pp.65－70. "가정에서 매일 성경읽기,
　　　주기도문, 사도신경 등을 가르치게 하였다"
128) P. Hume Brown, *John Knox Vol. Ⅱ*(London: Adam and Charles Black,
　　　1895), pp.146－147. "어린이 청소년들에게 4년 의무교육 후 소정의 시
　　　험을 치러 합격하면 6년을 더 계속 공부하게 하고 그 후 신학, 의학,
　　　법학을 연구하게 하였다"

이 주일학교운동의 결과로 교회들의 교육에 대한 체계적인 조직을 갖추었다고 볼 수 있다. 영국을 비롯한 서구교회에서는 주일학교운동이 일어났고 가정과 상호 협력하여 연계한 교육이 효과적으로 정착하게 되었으며, Y.M.C.A.와 같은 기독교 사회운동들이 유럽 국가들에서부터 일어나기 시작하였다. 이것은 오늘날의 교회들이 대 사회적 교육문화 사역에 진일보한 면을 보여주는 것인데 이 시대에 나타난 교회성장은 교육목회를 통해 이루어졌음을 알 수 있다.

주일학교운동에 첫 출발지인 영국교회는 주일학교운동으로 크게 성장하게 되었는데 근대 주일학교는 1780년 영국의 산업혁명의 부산물인 도시 주변의 빈민가의 어린이들, 노동 청소년 등 문해인들을 대상으로 성경교육과 문맹퇴치운동을 위해 처음 로버트 레익스(Robert Raikes; 1735－1811)에 의해 주일학교운동이 시작되었다.129) 당시 사회문제를 교회가 관심을 가지지 못하고 정부나 사회에도 범죄와 무질서한 사회의 현상에 대한 대안을 제시하지 못할 때 주일학교는 당시 시대 변화에 대한 새로운 대안으로서 자리매김하게 되었다.

그 결과 1946년 잉글랜드와 웨일즈 지역의 주일학교 학생 수가 290만 명, 그중에 164만 명이 비국교 교회 주일학교 학생이며 그중에 42%가 아동이었다. 이후 실제로 1940년에는 주일학교가 침체에서 벗어나 학생 수가 증가하게 되었고130) 1944년에는 교육법을 바꿔

---

129) Robert W. Lynn & Elliott Wright, *The Big Little School*: *200years of the Sunday School*(Tennessee, Nashville, Abingdon: Religious Education Press, 1980), p.24. "당시 주일학교교육은 매주일 아침 10시부터 12시까지 점심 후 1시부터 5시까지 계속 교육하였는데, 주로 청결교육과 도덕교육, 예절교육 그리고 읽기, 쓰기, 셈하기 등을 교육하였다"

공립학교에서 매일예배를 드리도록 하였다는 것이 중요한 변화이다.131) 따라서 주일학교운동이 결국 교회성장을 가져다주는 좋은 예가 되었다.

미국에서도 역시 주일학교운동을 통해 교회성장의 기틀을 마련하게 되는데 초기 미국의 교육환경을 살펴보면 당시 16~7세기 현대 과학과 계몽주의 운동으로 인해 기독교를 반대하는 세력이 자리잡고 있었으며, 1750년 교회와 국가의 분립이 선포되면서 교육적 책임이 교회에서 정부로 옮겨가게 되고, 공립학교에서는 기독교교육이 금지되게 되었다.132) 이는 마치 오늘날의 우리 한국의 교육문화와 비슷한 환경이었는데 당시의 교육은 세속적이면서 더 이상 종교적 교리 교육을 할 수 없게 되었을 시기에서 새로운 교회교육 운동이 일어나게 된 것으로 이것이 바로 미국의 놀라운 발전과 번영을 안겨준 주일학교운동이다.

미국의 주일학교는 1785년 윌리엄 엘리옷(William Elliot)에 의해 버지니아(Virginia)에서부터 시작되었다.133) 그는 매 주일 저녁마다 자녀들과 하인 그리고 이웃 아이들을 불러 모아 성경을 가르쳤다.134) 그

---

130) 김득룡, 「기독교교육학원론」, *op. cit.*, p.91.
131) *Ibid.*, pp.92 – 93.
132) C. B. Eavey, *History of Christian Education, op, cit.*, pp.262 – 265.
133) 김득룡, *op. cit.*, p.98.
134) C. B. Eavey, *op. cit.*, p.289. 1786년 Virginia Hanover에 있는 Thomas Crenshaw의 집에서 두 번째 주일학교를 시작한 이후 미국 전역에 주일학교가 세워지기 시작하였다.

이후 1790년 미국 남부에 있는 캐롤라이나 찰스톤(Carolina Charleston)에 있는 감리교회에서는 가난한 집의 아이들을 교육하며 주일학교가 운영되자 공식적으로 승인받게 되었고,[135] 1790년에는 주일학교 연합회가 결성되었다.[136] 이후 1824년 미국주일학교 연합회가 결성된 이래 1874년까지 주일학교가 남부와 서부에만 61,299개가 조직되었고, 265만여 명의 학생들이 교육을 받았고, 교사가 4십만 7천여 명에 이르게 되었다.[137]

엘머(Elmer)의 말에 의하면 당시 미시시피 협곡에 세워진 모든 교회의 80%는 주일학교를 통해 세워졌다고 한다.[138] 이것은 단순히

---

135) Towns, Elmer, 「주일학교백서」 신원삼 역(서울: 국제문서선교회, 1980), p.553. "그들은 매주일 아침 6시～10시, 오후 2시～6시까지 의무적으로 아이들을 가르치며, 청소년들을 교육하면서 종교교육의 중요성을 인식하게 되면서 주일학교가 확산되게 되었다"
136) 은준관・황문찬 공저, 「주일학교란」(서울: 종로서적, 1992), pp.36－37.
137) Benson, C. H., *A Popular History of Christian Education*(Chicago: Moody Press, 1943), p.161.
138) Harry Thomas Stock, *The Sunday Church School*(Orientation in Religious Educa－tion by Lotz), pp.42－43, 249－291. "1790년 평신도 중심의 주일학교 연합회가 결성된 이후 1804년에는 다른 교파들의 여성들과 함께 모여 연합회를 결성하고, 어린이들을 가르쳤으며, 1808년 초교파적인 모임으로 복음협회를 조직하여 사람들에게 그리스도에 관한 복음을 가르쳤고, 1817년 필라델피아에서는 성인학교연합회가 조직되었고, 1830년 미구 주일학교 연맹이 조직되어 전도운동을 펼쳤고, 1815년～1826년 사이에 회중교회, 장로교회, 감독교회, 침례교회 등 전도운동과 교육활동이 활하게 진행되었고 결국 4개의 단체(교육협회, 국내전도협회, 성서공회, 전도지협회)가 서로 협력하여 연맹을 결성하고 개척지를 순회하며 주일학교를 개설하고 성경이나 발행한 문고, 전도지를 만들어 판매하는 등 복음전파 사역을 본격적으로 진행하였다"

주일학교성장의 결과만으로 평가될 수 없다. 주일학교 교육목회의 결과는 교회를 세우는 것뿐만 아니라 교회성장을 가능하게 해 주는 결과를 가져다준다는 것을 말해 준다.

알스트롬(Ahlstrom)은 19세기의 4반세기 동안의 미국은 주일학교에 대해 말하기를 "부흥회와 부흥운동가들은 오락가락하긴 했지만 주일학교는 교회 내에 안정적인 세력으로 남았으며, 소규모의 읍이나 면단위나 대도시에서 주일학교는 미국 개신교회의 색깔과 성향을 결정하는 데 도움이 되면서, 교회에 출석하지 않거나 교인으로 등록하지 않은(아동뿐만 아니라 장년까지 다 포함하여) 이들에게도 접근하는 효과적인 도구를 제공하였고 탁월한 능력을 지닌 헌신적인 평신도 지도자들을 끌어들였다.

비록 주일학교가 부득이하게 국가의 가치를 반영하긴 했지만 기독교 국가는 어디에서건 필적할 것이 없는 규모의 경건하면서도 지식층의 평신도를 배출하게 되었다.[139] 하지만 당시 미국의 주일학교는 1916년 이후 1940년까지 주일학교의 양적인 면에서 감소하게 되었다.[140] 그 원인을 이바(C. B. Eavey)는 자유주의 신학과 영적 무지 주일학교의 세속화 교육의 현대화 교회의 만능주의를 지적하면서 "진

---

139) Kenneth O. Gangel & Warren S. Benson, 「기독교 교육사」 유재덕 역 (서울: 기독교문서선교회, 1992), pp.316-317.
140) C. B. Eavey, *History of Christian Education*, op, cit., p.327. 당시 Clarence H. Bensan은 1943 정부의 공식 통계표를 인용하여 주일학교의 감소가 1926년~1936년 사이 인구 증가에도 불구하고, 오히려 주일학교는 12.6%가 감소하였다고 말함.

정한 기독교교육은 하나님의 역사하시는 방향에 근거를 두어야 하며
결코 인간적인 생각이나 조직체에 의존해서는 안 된다. 하나님의 수
단은 사람이지 교회주의적인 기계가 아니다."141)라고 말하고 있다.

이바(C. B. Eavey)는 그 대안142)으로 주일학교에서 성경을 가르칠
것143)과 성경공부를 위한 계단공과를 개발하고 보급하며 성경교수법
을 개발하여야 하며 종교교육을 위한 조직적인 운영을 강조하였다.
이바(C. B. Eavey)는 로토냐테(Latourtte)의 말을 빌려 기독교교육의
확장사를 소개하면서 주일학교는 새롭게 확장 전개할 방법을 소개하
고 성경전문학교,144) 방학성경학교,145) 주간학교146) 등을 운영할 것
을 제안하고 있다.

---

141) *Ibid.*, p.332.
142) *Ibid.*, pp.333−433
143) *Ibid.*, pp.336−349. "초기 로버트 레이크의 주일학교 교육방법인 성경,
    쓰기, 그리고 종교를 가르치는 것이며, 교육의 궁극적인 목적은 인격
    이요 성경은 인격형성의 기본적인 수단이다. 그러므로 주일학교 초기
    부터 성경을 주 교과서로 하여 교리문답, 신조, 신앙고백을 가르쳐 다
    양한 교수법을 활용하여 가르쳐야 주일학교가 효과적으로 운영될 수
    있다고 주장하였다"
144) *Ibid.*, "대중생활 속에 복음전파를 위해 청장년을 교육시켜 국내외 사
    역자로 배출하기 위해 세워졌다. 3년제, 4년제, 5년제로 구성하여 운영"
145) *Ibid.*, "성경읽기, 암송, 찬송가 및 노래, 이야기, 군사훈련, 미용체조,
    근육운동, 애국정신함양 등의 교육 주로 2주간 교육하거나 일주일에
    3∼5일간 1일 3시간 정도 교육하는 등의 다양한 교육 기간을 방학 중
    에 활용하여 교육하였다. 초기는 주로 여름에만 실시하였는데 이후 겨
    울성경학교도 실시하게 되었다"
146) *Ibid.*, "주일 외에 평일 종교교육을 실시하는 학교로서 주일야간학교와
    토요학교 등과 더불어 실시하였다"

근세사에 나타난 교회성장의 중요한 기틀이 된 주일학교운동은 미국에서 본격적으로 꽃이 피었다고 볼 수 있다. 그의 영향은 초기 한국교회에서도 잘 나타난다. 한 가지 분명한 것은 미국 역시 주일학교운동의 순수성을 잃어버린 결과 인구증가와 상관없이 오히려 감소하는 원인에 대하여 이바(C. B. Eavey)를 통해 살펴보았는데, 주일학교 교육의 영향이 교회성장에도 미침을 알 수 있었다. 따라서 미국의 주일학교는 쇠태의 대안으로 다시 성장의 기회를 찾기 위해 주일학교는 다양한 방법으로 그 대안을 모색하는 것 또한 눈여겨 볼만한 일이다.

오늘날 한국교회에서 교육목회의 기본적인 개념과 교회 내에 교육활동의 이념을 분명히 하지 않는 평범한 목회(예배, 심방 만하는 목회), 단순한 모방목회, 그리고 개혁주의 신학 교육적인 기본 패러다임이 없는 목회는 지속적이고 건강한 교회의 성장을 기대할 수 없다는 것을 분명히 우리에게 보여주고 있다.

4. 한국교회 교육목회

한국은 외국 선교사들에 의해 이 땅에 복음이 들어왔지만 이미 한국인의 손에 의해 외국 선교사가 들어오기 전에 이미 교회를 세우고 예배를 드리고 있던 상황에 있었다.[147)

---

147) 안재은, 「한국교회의 교회성장과 선교론」 *op. cit.*, p.45.

　　1876년 이응찬, 이성하, 백홍준, 김진기 같은 이들은 중국에서 신문화를 배우던 중에 존 맥킨타이어(John Mcintyre) 목사에 의해 첫 세례를 받고[148] 세례교인이 되었다. 그 이후 서상륜(1881년)을 비롯하여 1884년에는 김청송의 전도와 존 로스(John Ross) 목사와 제임스 웹스터(James Webster) 목사의 도움으로 75명이 세례를 받았다.[149] 그 결과 초기 한국인에 의해 교회가 설립되었는데 그 대표적인 교회는 의주교회(1889년)[150]와 소래교회(1883년)[151]이다. 이들 교회들은 외국선교사들이 입국하기 전에 국내 인에 의하여 예배당이 세워지고 교회를 운영하게 된 사실[152]이야말로 세계 교회 역사상 그 유례가 드문 일이다.

---

148) 전택부, 「한국교회발전사」(서울: 대한기독교출판사, 1987), p.98.

149) 박용규, 「한국기독교회사1」(서울: 생명의말씀사, 2004), pp.357-358. 평안북도 압록강 건너의 집안현에서 집단 4개 부락 75명이 세례를 받았다. 이후 집안현과 이양자에 교회가 세워지고 이양자교회는 나중에 만주교회의 모교회가 되어 발전하게 된다.

150) Rodes, Harry A. ed., *History of the Korea Mission, Presbyterian Mission, U.S.A.* Vol. I. 1884~1934(Seoul: Chosen Mission Presbyterian Church, U.S.A., 1934), p.75. "백홍준은 의주 사람 김이련과 그의 아들 김권근 등 33인을 압록강 건너편으로 데리고 가 세례를 주고 의주교회를 창립하였다."

151) 김대인, 「숨겨진 한국교회사」(서울: 도서출판 한글, 1995), pp.81-82. "일명 송천교회라고도 하는 소래교회는 황해도 장연의 송천에 세워졌는데, 이 송천교회를 오늘날 소래교회라고 한다. 그리고 소래교회의 설립일을 1883년 5월 16일으로 보는 것은 1933년에 회년 기념예배당을 건축했고, 1943년에 60주년 기념예배를 드림으로 이날을 설립일로 보기 때문이다"

152) 안재은, 「한국교회의 교회성장과 선교론」, op. cit., p.49.

한국교회의 초기 시작부터 한국교회의 성장은 한국인에 의해 세워진 특별한 평가를 받았다.[153] 하지만 전체적인 시각으로 보면 한국의 복음전파의 역사는 선교사들의 도움이 없었다면 불가능한 것임도 부인할 수 없는 사실이다. 그래서 한국을 선교하기 위해 유럽 여러 나라들을 비롯하여 미국, 중국, 일본 등의 선교사들도 한국의 선교를 위해 상당한 열정을 보였었다.

당시 한국의 쇄국정책 하에서의 선교는 도무지 불가능한 나라이었지마는 하나님은 한국 땅에도 복음이 들릴 수 있도록 하기 위해 선교사들을 보내주시고 선교지원금도 확보하게 하셨다.[154] 이후 이들의 열정과 특별한 선교활동 등이 오늘날의 한국교회 성장에 중요한 기틀이 되었다.

1884~5년경 한국 개신교 선교사들로 정식으로 입국한 장로교 선교사로는 언더우드(Harace Grant Underwood) 목사[155]와 감리교의 아펜젤러(Henry Gerhart Appenzeller) 목사[156]를 비롯하여 많은 선교사

---

153) Ibid.
154) Ibid., pp.54-55.
155) Ibid., p.56. 1884년 7월 28일 한국 최초의 선교목사로 임명받아, 1885년 4월 5일 한국에 도착, 동료인 알렌(Allen)과 함께 의료사역과 전도사역 그리고 어학과 문학 및 교육 사역을 통해 주 선교사역을 추진하였고, 이후 그는 성경번역연합회와 조선종교전도문서회, 조선기독교교육협회 회장을 역임하고 연희전문학교교장을 지냈다.
156) Ibid., p.57. 1884년 감리교 외국선교회에서 선교사로 임명받았고 1885년 2월 2일 목사 안수를 받고, 1885년 4월 5일 한국에 입국하여 1886년 배재학교를 설립하고 성경번역사역과 서울에서 외인연합교회를 세

들이 입국하여 활동하였다. 이들의 선교 사역[157]과 더불어 대체적으로 개신교 선교사들은 단순히 선교 목적뿐만 아니라 이 땅에 복음과 함께 깊이 뿌리내릴 교회를 세우기 위해 초기부터 교육목회사역을 시작하였다.

언더우드(Harace Grant Underwood)와 아펜젤러(Henry Gerhart Appenzeller) 외에도 스크랜톤(William B. Scranton) 역시 한국에 오자마자 광혜원에서 알렌(Allen)과 함께 일하면서 병원설립과 그의 어머니와 아내를 통해 이화학당을 세우고 한국인 여성들을 교육하여 오늘의 이화여대로 성장하게 하였다.

또 미국 남장로교회 소속 선교사인 레이놀드(W. D. Reynolds) 목사와 전위렴(W. M. Junkin), 최익덕(L. B. Tate) 등이 서울에 도착하여 전라 지역에서 교회를 설립하고, 병원과 학교를 설립하여 선교사역을 하였고, 이 외에도 펜윅크(Malcom C. Fenwick), 데이비스(Henry Davies), 코르페(C. J. Corfe) 등의 선교사들이 한국 선교 사역에 주역으로 역할을 감당하면서 한국을 복음화하기 위한 선교정책을 연합적으로 구축하여 선교하였다.[158]

이들의 선교활동에 대해 안재은 교수는 "당시 그들은 공적으로 선

워 사역을 하였다.

157) Daniel L. Gifford, *EveryDay Life in Korea*: *A Collection of Studies and Stories*(Chicago: Fleming H. Revell Co., 1898), pp.132－133.
158) 안재은, "초기 한국교회의 복음 전도와 교회성장 전략" 「개혁주의교회성장」(서울: 개혁주의교회성장학회, 2006), pp.129－137.

교사 어려울 때 간접선교에 관심을 가지고 선교와 의료, 교육 사업 등의 활동을 통해 자립정책을 수립하고, 선교회 조직, 선교 구획설정 등을 통해 한국선교에 기틀을 마련하였다고 평가하고 있다."[159] 이들의 선교활동 중에 몇 가지를 소개하면 마포삼열(Samuel A. Moffett) 목사는 사랑방전도를 통해 2~3시간씩 이야기도 하고 대낮에 기도회나 성경공부를 통해 큰 성공을 거두었다고 한다.[160]

한국교회가 성장하게 된 또한 사건을 소개하면 자치교회와 신학교육을 통해 교회성장을 이루었다. 특히 신학교[161]에서 목회자들을 양성하고, 교회자치회를 구성하여 체계적인 선교정책을 이루었는데, 그 결실의 하나가 1907년의 부흥운동[162]인데, 이 부흥운동은 전국 각 지역에 사경회 형태로 진행되었다.(낮에는 성경공부 밤에는 전도 강연 집회를 열어 부흥의 불길을 전국으로 확산시켰다.)

---

159) *Ibid.*, p.133.

160) Roy E. Sheaer, 「한국교회성장사」 이승익 역(서울: 대한 기독교서회, 1986), p.51.

161) 안재은, 「한국교회의 교회성장과 선교론」 *op. cit.*, p.63. 1901년 교역자 영성을 위해 평양신학교를 설립하고 해방 후 장로회총회신학교로 발전 운영하였다. 초기 평양중앙교회 2명의 장로로부터 시작하여 후에 6명의 학생, 이후 1906년에는 3학급 40명의 학생으로 늘었다. 이후 1907년에 첫 7명의 한국인 목사(서경조, 방기창, 이기풍, 길선주, 송린서, 양전백, 한석진)를 배출하였다.

162) *Ibid.*, pp.66-67. 초기 한국교회 부흥운동의 불씨는 원산에서 일어나기 시작하였고, 1904년까지 간간히 부흥의 불씨를 제공하였다. 1907년 이전에 이미 미국과 인도 영국에서 일어난 부흥의 소식을 Howard A. Johnson 목사로 통해 소개받고, 부흥에 대한 열망이 한반도를 강타할 때 즘에 일어난 한국의 대역사이다.

당시 1907년 1월 6일부터 평양 장대현교회당에서 시작한 집회가 10일간 계속되었고, 이 집회가 원산, 평양, 서울 그리고 목포 등 전역에 확산되었다.

이 부흥운동에 대해 안재은 교수는 "한국 초대교회의 모임은 성경공부와 기도가 병행되었는데, 이 위대한 부흥운동은 바로 이런 성경공부와 기도에서 비롯되었다. 또 이때를 계기로 하여 거의 모든 신자들은 성경공부 하는 것을 신앙생활의 요소로 오늘까지 전통을 계속해 오고 있다"163)고 말하고 있다.

초기 한국교회는 성경공부와 기도로 통해 교회성장을 이루었다고 해도 과언은 아니다. 교육목회는 신앙을 지속하는데 중요한 역할을 하였고, 교회는 이것을 중요한 성장 프로그램으로 삼았다는 것이다. 그러나 오늘날의 우리 한국교회는 과연 성경공부나 기도회 등을 중심으로 한 전통적인 성장 프로그램이나 사경회 같은 성경공부를 위한 특별한 기간을 정하여 교육을 하고 있는가?

과거 우리 한국교회의 전통적인 성장 프로그램인 사경회가 부흥집회라는 것으로 대치되면서 부흥집회가 성경가르치기보다 설교자나 부흥강사의 자기자랑 교회에 필요한 목회, 건축, 헌금 등만을 강조하는 물질 만능주의의 전형적인 인기몰이식으로 자기교회만 부흥하면 된다는 잘못된 이기주의적인 믿음과 개인 신앙성장과는 무관한 교회의 양적 성장만을 위주로 한 목회정책으로 인해 오늘날 한국교회는 성장 위기를 맞이한 것이 아닌가? 조심스러운 평가를 내려 본다.

---

163) *Ibid.*, p.68.

　　지속적인 성경공부와 기도회 등은 질적, 양적 성장에 필수적인 요소임에도 불구하고 오늘날 성장하지 못하는 대부분의 한국교회는 예배(설교)만으로 신앙교육 대신하고 있지는 않은가? 아니면 각종 성장프로그램은 동원하고는 있지만 이것인 지속 가능한 성장프로그램으로 적합한지, 그리고 과연 무엇이 문제인지를 한 번쯤 목회에 대한 전반적인 재평가가 있어야 할 것이다.

　　본 연구 서론에서 밝혔듯이 오늘날의 한국교회의 성장 둔화의 위기는 단순히 수적(양적) 평가로 보고 1990년경부터 둔화되었다고 할 것이 아니다. 오히려 그 이전부터 한국교회성장의 위기는 있었다고 볼 수 있다. 그것은 단순한 문제는 아니지만 본 연구에서 밝히고자 하는 것은 목회의 패러다임이 변해야 한국교회는 성장이 가능하다. 즉 양적 성장만을 위한 목회 패러다임은 이제 그만 지양하고 지속적이고 건강한 교회성장을 위한 목회 패러다임을 교육목회 패러다임으로 전환해야 진정한 교회성장을 이룰 수 있다. 그렇다면 과연 교육목회 패러다임으로 전환해야 할 필요성이 있는지를 다음 장에서 구체적으로 살펴보도록 하겠다.

제 3 장

교육목회로의 패러다임전환

앞 장에서 살펴본 교회성장과 교육목회의 전제적 이해를 통해 지속적이며 건강한 교회성장을 이루기 위해 교육목회의 필요성과 먼저 패러다임 전환의 필요성(신학적, 사회적, 교회사적 측면에서) 목회 패러다임의 문제들을 살펴보고, 교육목회 패러다임의 전환을 통한 구체적인 접근방안을 모색해 보고 현대 한국교회 교육목회 패러다임 전환을 통한 교회성장을 이룰 수 있는 방안을 찾아보도록 하겠다.

제1절 패러다임전환의 필요성

한국교회는 교육목회 패러다임이 필요한 것인가? 지금의 목회 패러다임으로 교회성장을 더 이상 할 수 없는 것인가? 지금 한국교회의 성장에는 문제가 없는 것인가? 아마 이런 질문에 목회자라면 누구나 의문을 가질 것이다. 그러나 구체적으로 현재의 목회에 대한 돌파구를 찾기 위해 백방으로 노력하고 있는 목회자들이라면 교육목회를 바르게 이해하고 인식하게 된다면 그 해답을 쉽게 찾을 수 있을 것이다. 왜냐하면 의외로 교육목회에 대한 이해나 목회에 대한 패러다임을 전환하려는 생각을 과감하게 하지 못하고 있는 것이 현실이기 때문이다. 그러므로 본 절에서 살펴볼 것은 교육목회로의 패러다임 전환의 필요성을 살펴봄으로써 한국교회 성장의 방안을 모색해 보도록 하겠다.

1. 한국사회의 패러다임의 변화

1910년 한일합방으로 인한 일본의 통치수난과 1950년 동족 간의 전쟁으로 폐허가 된 우리나라는 1960년 이후 경제성장 정책에 따라 급격한 산업화, 도시화, 과학 기술화에 따라 대 사회적인 변혁으로

인해 경제, 사회구조, 정치, 문화 등 사회 전반에 큰 변화를 겪었다.[1]
이런 사회적인 변화의 반동으로 인권문제 빈부격차, 핵가족화, 가치
관의 혼란이 나타나게 되고 이런 사회적인 변화에 대한 위로와 보상을
받지 못한 이들에게 교회는 축복과 적극적인 사고(Positive Thinking)
를 통해 풍요와 성공에 대한 기대감[2]을 주게 되었고, 교회는 이들에
게 격려와 위로와 새 힘을 얻는 장으로서의 그 역할을 잘 감당하였다.

또한 1960~1970년대에 한국사회는 도시화(Urbanization)와 인구
이동으로부터 연유된 고향상실증, 가족중심의 공동체 붕괴와 사회적
인 단절과 박탈감을 극복하기 위해 대안[3]을 찾는 이들에게 교회는
정신적인 삶에 보상이자 새로운 기회였다.

1970년 본격적인 정부 주도의 근대화를 이끌어 가면서 기업화 산
업화의 본격적인 사회를 만들어갔고[4] 산업사회의 구조 속에서 사회
전반의 조직구조가 사용자 노동·생산자로 노동중심의 산업 구조를
이루어 나갔다.

1980년대 들어와 한국사회는 물질적 풍요를 이루면서 대중적 소비
의 수준을 넘어 개별적 개성적 소비가 이루어지는 사회로 변화하면서
사회는 더욱더 생존과 생계유지 생산과 노동이라는 사회 구조에서 소

---

1) 김병서, 「한국사회와 개신교」(서울: 한울사, 1995), pp.21~41.
2) 이원규, 「한국교회의 현실과 전망」(서울: 성서연구사, 1994), p.184.
3) *Ibid.*, p.236. "Grock과 Star의 박탈이론을 한국교회 성장에 대한 분석결
   과"라고 말하고 있다.
4) 김희재, 「한국 사회변화와 세대별 문화코드」(부산: 신지서원, 2004), p.4.

비·여가로 사회문화가 변화되어 갔다. 이에 따른 사회 전반의 구조와 조직이 농경사회구조에서 공업·산업사회구조,5)(농촌중심문화에서 도시중심의 문화로), 자유민주주의 출범 초기 독재체제에서 민주화의 진통을 겪으면서 문민정부6) 출범 이후 오늘날의 정치 문화도 국가중심의 체제에서 개인과 집단의 공존을 이루는 정치문화를 형성하였다.

2차 대전 이후 국제 사회는 냉전체제의 해체와 신자유주의적 세계화로 인해 자본주의와 사회주의의 경쟁과 갈등 외에는 모든 국제 경쟁과 갈등이 서서히 약화되고 대립체제가 점점 안정 체제로 전환7)되는 과정에 1990년 이후 미국을 비롯한 세계경제정책이 국가주도에서 기업의 자유 경쟁을 보장하고 노동조합, 사회보장의 축소 등으로 인해 상대적 후진국들의 경제적 불균형의 심화와 함께 세계경제를 불안정 심화시키면서 결국은 무역협정,8) 등을 통해 자국의 이익과 자신의 집단의 이익과 안정을 추구하기 위한 신자유주의 신자본주의를 새롭게 형성하게 되었다.9)

국내 정치 사회도 해방 이후 국가에 귀속된 재산의 불하와 경제

---

5) 배동진, "사회구조와 사회조직", 「현대한국사회의 이해」(강원: 강원대학교출판부, 2002), p.5.
6) Ibid,. pp.5−7.
7) 정진상, "1980년대 말의 한국 사회운동의 지형변화", 「한국사회발전연구」 (서울: 나남출판, 2003), p.169.
8) 2006년 현재 한국 무역협정 상황−다자간 무역협정, 우루과이라운드 협상(WTO; 세계무역협정; 1986~1994)이후 관세 및 무역에 관한 일반협정 (GATT), 자유무역협정(FTA) 등이 진행되고 있다.
9) 정진상, Ibid.

원조, 외자 차관 등 국가 주도산업을 특정 집단이나 개인 중심의 독과점을 형성하여 고도성장을 이루게 하고 자본이 축척된 특수성을 과거 식민 지역사회의 경험에 비해 과대경제성장의 폐단을 불러일으켰다. 이로 인해 권력 지배구조가 군부 관료들과 자본가(재벌)와 밀착으로 정치구조를 형성10)하였으나 민주화를 부르짖는 시민단체들의 사회운동 등이 활성화되면서 정치에도 개혁의 바람이 불어 지난 2000년 4, 13총선에서 시민단체의 낙선 낙천운동,11) 그리고 국회에서 대통령을 탄핵하는 일련의 정치에 대한 개인과 시민단체의 목소리가 국가의 정치구조에 대한 변화를 불러왔다.

　　오늘날의 한국사회는 과거와 다른 새로운 세계를 경험하고 있다. 급속도로 변화하는 한국사회는 정치, 경제, 사회, 문화, 종교의 역할들이 과거와는 다른 양상을 우리에게 보여주고 있다. 그것은 서로가 연동되어 함께 흘러가고 있다는 것이다. 그 흐름의 주도적인 역할이 이제는 경제이슈(economy issue)에 달려 있다. 지난 10년 전 한국 경제는 1990년 초반 1만 달러를 눈앞에 두고, 오히려 정체 현상을 보이든12) 한국 경제가 외환위기로 1997년 11월 21일 국제금융통화기금(I.M.F.) 협약을 체결한 이후 한국 사회는 극심한 구조개혁이 한국 사회의 의식, 문화, 제도, 구조 등 사회 전반에서 개혁을 하지 않으면 위기 극복을 할 수 없다는 절박한 상황을 맞이하게 되었고, 결국 한국

---

10) *Ibid.*, pp.178 – 180.

11) 김원동, "한국사회의 정치적 민주화", 「현대한국사회의 이해」(강원: 강원대학교출판부, 2002), p.141.

12) 이지순, "경제의 패러다임 변화와 한국의 미래", 「21세기 한국 메가트렌드 3」(서울: 믿음사, 2005), p.18.

사회는 사회 전반의 구조조정과 개혁을 하지 않으면 안 되게 되었다.[13]

그런데 한국사회의 변화와 개혁이 이루어지고 있는 이때 한국교회의 의기에 대한 원인을 볼 때 한국사회의 위기를 보면 비슷한 위기를 겪고 있다. 지난날 한국교회는 급성장의 역사를 뒤로 하고 지난 1990년 기점으로 하여 지금까지 성장 둔화 현상을 보였고, 그 결과 지난 2005년 12월의 통계청 발표[14]는 한국교회에 큰 충격을 안겨 다주었다.

이것은 지금의 한국교회의 성장에 대한 목회 패러다임을 바꿔야 한다는 것을 보여주는 것이다.

한국정부와 사회는 구조조정이니 사회변화니 세계화니 국제화니 하며 다양한 사회변화에 대한 대응책을 찾아가고 있으나 한국교회는 아직도 교회성장의 본질도 찾지 못하고 미래지향적인 대책도 없다는 데 문제의 심각성이 크다 하겠다.

한국사회는 경제성장을 위해 자유화 개방화 정보통신(Information Technology)화에 기반을 두고 패러다임을 전환하고 있다.[15] 물론 일

---

13) 임현진, 「21세기 한국사회의 안과 밖」(서울: 서울대학교출판부, 2001), p.135. 당시 IMF 체제는 잠재된 국가부도, 기업도산, 가계파산, 실업, 외환, 부도, 가족와해, 유대파괴, 경기침체, 범죄증가, 빈부격차의 심화 등에 위험과 고통이 일상화되는 공황사회의 출현의 위기를 맞게 될 한국사회의 당시 위급상황으로 인해 사회해체상황으로의 위기다.
14) 중앙일보 2006년 5월 26일자 p.6 기사내용, 국민일보 2006년 5월 27일 p.22, 동아일보 사회면 등 일간지 기사내용. 개신교 861만 6천 명으로 지난 1995년 이후 10년 만에 개신교신자의 수가 14만 명이나 줄었다는 발표였다.
15) 이지순, *op. cit.*, p.23.

시적인 난관이 있겠지만 새로운 패러다임을 경제주체가 선호하고 전 세계가 그 방향으로 나아가고 있는 패러다임 전환을 강하게 요구하고 있다. 현재 한국사회는 과거 패러다임을 과감하게 바꾸어가고 있다. 국제화 세계화에 맞추어 새로운 패러다임 적용을 위해 국제적인 표준화 작업, 경제 시스템 정착을 위한 정책 도입, 7%의 성장을 위한 비전수립 그리고 한국 경제 산업의 주력 패러다임으로 IT혁명을 일으키고 있다.[16]

새로운 패러다임에 대해 이미지 순위평가[17]는 경제활동의 실질적인 거래비용이 소멸되면서 동시에 분업화 전문화의 새로운 상품들이 등장하고 수확체감의 법칙이 중요한 원리로 등장하고 경쟁이 더 치열해질 것으로 예측하면서 경쟁에 대한 궁극적인 원천인 아이디어와 지식 창출이 더욱 요구되며 국가 간의 국경이 무의미해질 것으로 예측하고 있다. 이런 한국사회의 패러다임 전환을 위한 구조개혁 등의 사회적인 개혁뿐 아니라 사회 전반의 패러다임도 전환하면서까지 한국사회의 발전을 추구하고 있는데, 진작 한국교회는 성장에 대한 대안을 찾지 못하고 있다.

한국교회가 교회성장을 위한 프로그램을 개발하고 적용하기에 앞서 목회 패러다임의 전환은 절실히 요구된다. 다시는 성장이 멈추거나 퇴보되어서는 안 된다. 목회 패러다임은 반드시 전환하여야 앞으

---

16) http://kosis.nso.go.kr/ 통계청에 발표에 의하면 지난 2006년 7월 28일 다목적 인공위성 아리랑 2호 발사, 국정 홍보처에서 코리아 플러스 제19호(2005년 6월 16일)에 발표한 세계최초 상용화한 DMB로 통한 유비쿼트시대의 개막을 선언. 인터넷 보급률 OECD 2위로 평가받음.

17) 이지순, Ibid., pp.27－34.

로 한국교회는 성장할 수 있다는 시대적인 요청을 거부해서는 안 될 것이다.

2. 한국교회 패러다임의 문제

현대 한국교회의 목회는 심각한 패러다임[18]의 혼선을 빗고 있다. 이는 교회성장 개념의 혼란[19]과 당장 눈앞에 보이는 교회세력 확장에만 조급해하는 목회관념 때문이다.[20] 즉 교회성장을 개체교회의 수적 증가를 중심한 교세확장을 뜻하는 것으로 이해하고 있는 잘못된 계념들이다.

진정한 교회성장이란 양적인 것과 더불어 교회의 성숙한 모습, 교회 속한 그리스도인들의 신앙적 삶의 성숙한 태도뿐만 아니라 이웃과의 관계의 실천적 모습, 그리고 나아가 지역사회를 그리스도의 삶 속에서 함께 나누는 전인적인 성숙이 진정한 교회성장이라고 할 수 있다. 따라서 교회성장의 개념 이해 부족과 잘못된 교회성장 인식의 목회는 결국 한국사회에 대한 역반응의 결과를 가져왔고, 한국 사회에 일어나는 개혁의 바람이 교회에도 역으로 불어 닥친 것이 아닌가

---

18) 목회 패러다임(ministry paradigm)이라는 목회적, 신학적, 철학적, 개념(생각, 인식, 이해, 가치관)의 틀이라고 규정한다.
19) 정일웅, "한국교회 성장방안 연구", 「한국교회 성장 및 활성화 방안연구 제9회 한국교회 심포지엄 발표논문」(서울: 총신대학 부설 한국교회문제연구소, 1994), p.4.
20) 차윤순, 「교회성장은 크리스챤이 방해한다」(서울: 예찬사, 1992), p.19.

하는 의구심을 가지게 된다. 실제로 한국교회의 목회 패러다임의 결과로 온 성장둔화 요인과[21] 대안에 대한 3인의 교수들의 신학적, 사회학적, 교회사적인 측면에서 분석한 결과를 보면 다음과 같다.

신학적인 측면에서 분석[22]한 권성수 교수의 분석 결과를 보면 문화의 변화와 이에 대한 대처의 실패, 사회의 변화와 이에 대한 대처의 실패, 교회의 구조와 전통과 분열의 문제, 교회 지도력의 결핍, 영성의 부족을 지적하면서 그 대책을 제시하고 있는데, 영성의 성숙과 함양으로 해결하는 것으로 출발하여 교회 지도력 강화, 교회다운 교회의 형성과 이를 근거한 교회성장학 재정립, 그리고 변환하는 사회에 대한 대응, 변하는 문화에 대한 대응, 그리고 미래에 대한 대응을 해야 한다고 주장하고 있다.

사회학적 측면에서의 분석[23]한 양창삼 교수의 분석 결과를 보면, 한국교회의 진정한 성장을 위해서는 삶의 양식과 본질적인 속성이 회복되어야 하며, 한국사회를 변화시킬 수 있는 능력이 있어야 하는데, 한국교회는 지금까지 질적 변화를 막는 여러 가지 요소(가족주의와 개교회주의, 물량주의의 가치관, 기구화된 계층 간의 불화, 자기기만과 이중성, 교파주의)와 범세계적인 사조들(대중문화의 확산, 상대주의와 종교다원주의의 확산, 과학기술에 대한 맹종과 무종교

---

21) 권성수·양창삼·이만열 공저, "3인의 석학이 풀어본 교회성장 이야기", 「교회와 목회시리지 5권」(서울: 기독신문사, 1997). pp.13∼245.
22) *Ibid.*, pp.13−132.
23) *Ibid.*, pp.135−185.

의식의 확산, 레저문화의 확산, 탈교회화 사회의 도래, 사회구조의 노쇠화와 교회의 노쇠화)이 존재하고 있는 한 한국교회가 이를 극복하지 못한다면 진정한 교회성장은 기대할 수가 없다는 것이다. 따라서 한국교회가 성장하기 위해서는 자기 변환을 위해서는 자기중심적 가치의 과감한 상대화, 교회의 갱신과 생명력의 회복, 사회문제를 치유하는 교회, 연린 교회성의 정립과 진취적인 가치관의 확립, 예언자적 의식의 확산, 교회문화의 적극적 창조, 통합적 인식과 변혁적 주체로서의 삶이 요구된다고 주장하였다.

교회사적 측면에서의 분석[24]한 이만열 교수의 분석 결과를 보면 사회일반적인 요인으로서는 경제성장에 따른 긴장감의 해이(물질 풍요로 인한 정신적 해이를 불러옴), 종교의 기능적 대행물의 출현(관광, 휴양시설, 오락을 즐길 수 있는 공간의 확대, 텔레비전 등의 대중매체의 확대보급 등), 인구구조의 변화와 여성의 사회진출의 확대(인구증감의 구조적 변화와 여성들의 사회진출로 인한 여성들의 교회참여와 관심이 약화됨) 등을 지적하였고, 교회 내적인 요인으로서는 거품교인의 증가에 따른 부작용, 교회의 자기 정체성의 약화, 목회자의 영성 상실, 서열화된 교회 직분의 구조와 리더십부재, 미래와 후세에 대한 투자의 부족, 교단분열과 개체교회의 불화, 사회를 향해 섬김과 나눔의 역할을 감당하지 못한 결과, 사이비 종파로 인한 종교에 대한 불신 등을 한국교회성장을 둔화시키는 요인이라고 지적하고 있다. 이 둔화에 대안으로서 한국 기독교인들이 갖고 있는 이원론적 신앙 형

---

24) *Ibid.*, pp.189−244.

태를 극복하고 한국 교계의 목회자들과 지도자들의 회개운동, 연합하고 협력하는 교회의 상을 회복하고 예루살렘형 교회(대형교회)보다는 안디옥형(소형교회)으로서 나눠주고 선교하며 봉사하는 교회의 모델을 개발해야 하며 무엇보다 교회성장에 대한 하나님의 섭리를 깨닫고 민족통일과 세계선교비전을 가지고 화해와 나눔 평화통일로 이질화된 사회를 복음화로 통일시켜야 할 것이라고 주장하였다.

한국교회의 목회 패러다임의 문제와 대안에 대한 이들의 주장을 종합해 보면 그동안 양적 성장에만 치우쳤던 한국교회의 목회현장의 결과가 이러한 성장 둔화로 나타났다고 볼 수 있다. 이는 진정한 교회성장에 대한 이해와 바른 적용이 없이는 또 다시 둔화나 감소의 뼈아픈 결과를 가져올 수 있다는 것을 말해 주고 있으며, 이들의 목회 패러다임의 문제점과 대안들은 결국 양적 성장만 아니라 질적, 영적 성장도 겸해 이루어져야 진정한 교회성장을 이룰 수 있다는 것을 말해 주고 있다. 즉 목회의 패러다임의 진정한 의미로서 교육목회로의 패러다임[25]전환을 하여야 한다는 결론이다.

3. 목회 패러다임전환의 시급한 요인

지난 2006년 8월 1일에 한국기독교 목회자협의회에서 교인감소

---

25) 본 연구에서 주장하는 교육목회 패러다임, 즉 양적, 질적, 영적 성장을 이루는 것이 진정한 교회성장이라고 볼 때, 교육목회는 바로 교회성장의 본질을 회복하며 진정한 교회성장을 이룰 수 있는 대안임에 틀림없다.

현상에 대한 목회자들의 의식조사에 대한 보고서를 발표한 바 있다.[26] ① 기독교 인구 감소 이유에 대한 질문은 3개의 복수응답이 가능했는데 순서대로 살펴보면 '기독교의 대외 이미지 실추'가 25.41%로 가장 높았다. 그리고 '교회가 사회 변화를 인식하지 못함'이 21.62%, '각 교단 교세보고의 거품'이 11.35%의 순으로 나타났다.

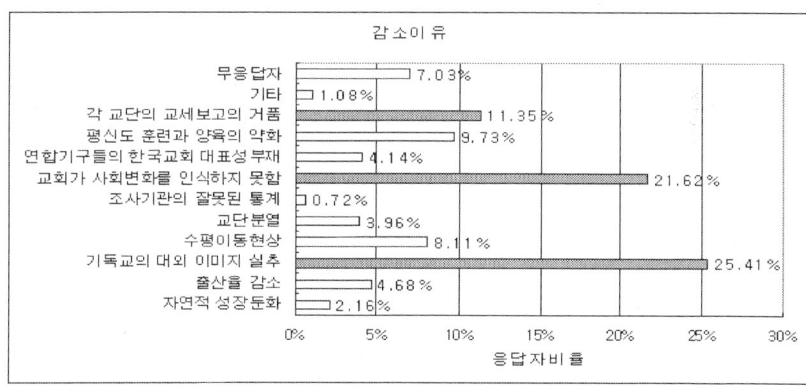

도표 1. 기독교 인구 감소 원인

② 교인감소에 대한 "한국교회가 가져가야 할 대안이 무엇인가?"에 대하여 복수응답이 가능하도록 질문을 던져 보았다. 이에 대해서

---

26) 지난 2006년 5월 26일 통계청의 발표(기독교인 인구 기독교 신자는 876만 6000명으로, 유일하게 10년 전에 비해 14만 4000명(1.6%) 감소)에 대한 목회자들의 인식 조사

  * 조사기관: 한국기독교목회자협의회(대표회장 옥한흠 목사), 조사장소: 사랑의 교회 안성수양관, 조사일시: 2006년 6월 26일(월)~6월 27일(화), 자료조사 및 분석책임 사무국장(이상화 목사), 최민화 실장, 유성문 실장, 정병화 목사. 참석인원: 185명. http://www.churchr.org/

'개혁을 위한 끊임없는 노력'이 15.32%로 가장 높은 응답률을 보였고 '교회 이미지 회복'이 14.23% '기독교 사회복지, 사회정의 실현의 관심'이 12.07%의 순서로 나타났다. 한국교회의 대안으로 개혁을 위한 노력을 첫째로 꼽은 것은 지금의 교회의 모습에 대해 변화의 필요성을 강하게 인식하고 있는 것으로 파악된다.

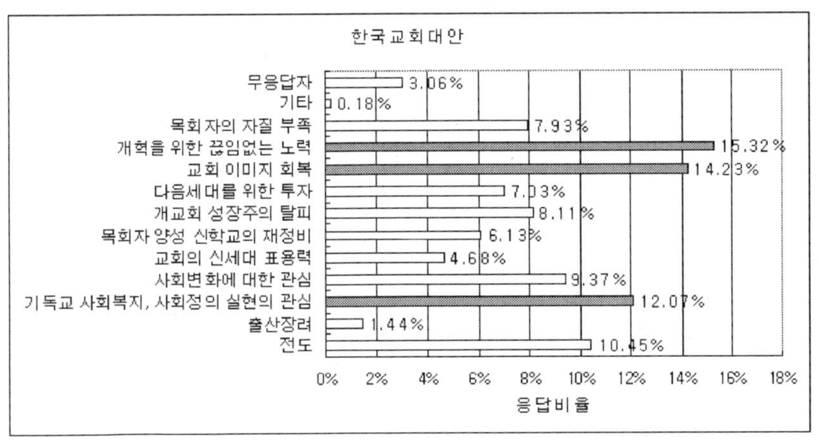

도표 2. 한국교회의 대안

③ 목회자의 대안을 묻는 질문에서는 '영적 리더십'을 31.38 %로 가장 많이 꼽았으며 '도덕성 회복' 24.74% '말씀의 능력' 16.58%로 나타났다. 목회자의 대안은 영적 리더십과 도덕성 회복이 많은 응답을 보였는데 이는 목회자 리더십에 대한 새로운 인식으로 도덕성이라는 부분이 더욱 강하게 요구되고 있는 모습이다. 즉 '말씀의 능력'(16.58%)보다 '도덕성 회복'(24.74%)이 높게 나타난 것이 이를 뒷받침해 주고 있다.

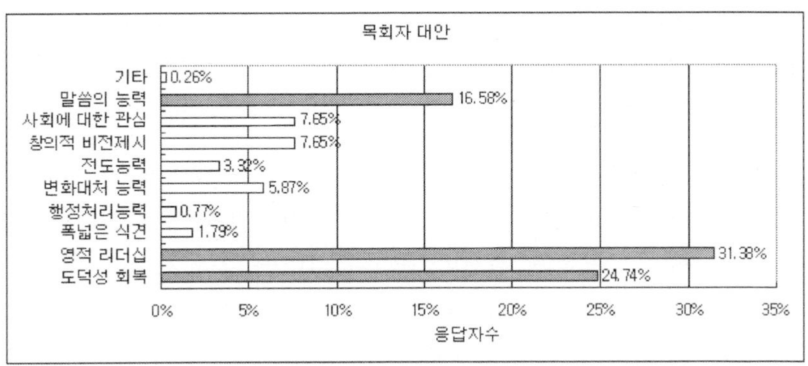

도표 3. 목회자의 대안

한국기독교 목회자협의회에서 본 설문조사 결과를 토대로 놓고 볼 때에, 한국교회는 사회로부터 요구되는 개혁의 필요성에 민감하게 반응하면서 도덕성의 회복과 행함이 있는 말씀에 대한 능력을 기르는 데 노력을 기울여야 할 것이라 평가할 수 있다.[27] 이 같은 평가는 교회의 양적 증가에만 관심을 가진 결과다. 그러나 실제로는 양적 성장만 아니라 질적, 영적 성장 또한 필요하다는 증거가 되기도 한다.

한국교회의 개혁주의 신학을 바탕으로 한 지속적이고 건강한 교회 성장을 위해 목회 패러다임의 전환이 반드시 이루어져야 함을 단적으로 보여주는 결과이기도 하다. 지금까지 지적한 한국교회 성장 둔화에 대한 사회적 여론과 신학자들의 분석과 설문조사에서 나타난 목회자들의 성장 둔화에 대한 의견들은 오늘날의 한국교회 목회 패러다임 전환의 시급성을 다음과 같이 말해 주고 있다.

---

27) *Ibid.*

첫째, 목회자 중심의 목회 패러다임의 문제다. 한국교회는 지금까지 목회는 목회자가 하는 것으로만 인식하고 있다. 그러나 현대 목회는 목회자만으로는 목회를 할 수 없다.

평신도들과의 협력[28]이 없이는 목회의 효율성을 높일 수 없으며 목회에 다양한 문제들을 해결할 동력이 없다면 결국 목회자 혼자 하는 목회는 오래갈 수 없다. 출애굽시대에 모세가 혼자서 이스라엘 백성들을 이끌어 하나님께서 약속하신 축복의 땅 가나안으로 들어가기 위해 이들을 이끌고 갈 때 모세의 지도력은 대단하였다. 그러나 그의 지도력을 살펴본 장인 이드로가 모세에게 권면하기를 "그대가 이 백성에게 행하는 이 일이 어찜이뇨 어찌하여 그대는 홀로 앉았고 백성은 아침부터 저녁까지 그대의 곁에 섰느뇨?……그대의 하는 것이 선하지 못하도다. 그대와 함께한 이 백성이 필연 기력이 쇠하리니 이 일이 그대에게 너무 중함이라 그래가 혼자 할 수 없으리라."(출18:13~26) 즉 목회를 혼자 감당하면 그 과중한 일의 결국은 목회 실패로 돌아간다는 것이다.

둘째, 개체교회 중심의 목회 패러다임의 문제이다. 한국교회 성장의 최대의 적은 아마 개체교회 중심주의일 것이다. 이는 전체 한국교회의 시각으로 보지 못하고 자기 교회만 잘되면 된다는 의식으로 다른 교회의 교인들이라도 자기 교회 데리고 와서도 자기 교회교인만 많으면 된다는 식의 목회 윤리가 무너진 자태를 보여주고 있다는

---

28) 안창천, "평신도사역형교회로의 전환을 위한 효과적인 방안 연구"(박사학위논문, 서울: 총신대학교 목회신학전문대학원, 2004), p.65.

것이다.[29] 단적인 예를 들면 총동원주일 행사 때에 새로운 기독교인을 만들기보다는 기존의 다른 교회 신자들을 빼앗아 오는 문제까지 일어나고 있으며 개척교회를 세우는 순수성보다는 기존교회의 갈등으로 개척되는 교회들이 오히려 많음으로 이로 인해 교인이동현상이 심각하다는 것이다.

셋째, 성장제일주의 목회 패러다임의 문제이다. 따라서 양적 성장만이 모든 것을 대변할 수는 없다. 왜냐하면 외적 성장 일변도[30]는 복음의 변질을 가져올 수 있으며 기독교의 가치를 세속화시킬 수 있고 교회의 참된 모습을 상실할 수 있기 때문이다.[31] 궁극적으로 교회성장은 하나님 나라의 확장이며 전인적인 성장을 추구하는 것이라고 볼 때 교회성장 자체만을 목적으로 하는 성장제일주의 목회 패러다임은 경쟁의식과 폐쇄성, 제도주의의 함정에 빠지게 될 것이다.

넷째, 개혁주의 신학적 검증이 없는 목회 패러다임의 문제이다. 한국교회의 성장 실패에 또 하나의 원인은 신학적인 사고가 없이 성장 프로그램이면 모든 것이 다 수용된다는 의식이다. 이것은 매우 위험하다.[32] 지금 극히 성경적이지 않은 세속적이며 이단적인 요소가 있는 성장프로그램도 상당수 한국에 도입된 것으로 파악되고 있다. 즉 이 모든 프로그램에 대한 신학적인 검증이 없이 성장을 갈구

---

29) 신현광, 「교육목회와 교회성장」(서울: 민영사, 1997), p.185.
30) 김영한, "한국교회의 성장에 관한 개혁 신학적 고찰", 「개혁주의 전통과 교회성장」(서울: 총회출판국, 1996), pp.188－190.
31) 정일웅, 「한국교회성장 방안」 *op. cit.*, p.7.
32) 김득룡, 「기독교교육원론」(서울: 총신대학교 출판부, 1983), p.210.

하는 목회자들은 지금도 세미나가 열리는 곳이면 무조건 찾아가 자료도 얻고 프로그램도 도입하고 보자는 식의 무비판적인 이해와 성장에 갈급한 목회적 상황이다.[33]

특히 보수적이고 개혁주의를 표방하는 장로교회 목회자들까지도 교회가 성장할 수 있다면 무조건 허용하여 받아들이고 보자는 식의 목회 대안은 정말 심각한 문제를 초래하게 될 것이다.

다섯째, 말씀의 실천을 위한 적용 부족(이웃과 신앙인의 삶에 적용)의 목회 패러다임의 문제이다. 한국교회가 세상에 비방을 받는 것은 그리스도의 사랑을 실천하는 기독교인들의 일부가 기독교 윤리나 성경적인 일만의 양심을 버리고[34] 자기 이익에만 급급하여 성경이나 교회를 이용함으로 오는 비방일 것이다.

또 교회 내부에서도 목회자들의 설교에 대한 신자들의 거부반응은 심각하다. 그 결과 목회자들의 진실 된 설교를 오해하고 믿으려 하지 않는다. 이런 결과는 결국 목회를 효과적으로 할 수 없게 만드는 것이며 신자들의 말씀에 대한 실천이 이루어지지 않는 결과를 가져온다. 성경말씀과 신앙생활 그리고 목회의 불일치의 결국은 개개인의 신앙생활과 삶이 불일치[35]로 이어지는 결과를 가져왔다.

---

33) 박근원, "목회신학의 과제", 「한국교회 100주년과 교회발전: 제1회 연신원 목회자 세미나 강의집」(서울: 연세대학교 신학대학 유니온학술자료원, 1989), p.156.
34) 양병수, "교인의 윤리의식과 사회적 책임", 「기독교사상(1995년1월호)」(서울: 대한기독서회, 1995), pp.28~30.
35) 신현광, op. cit., pp.221~226.

여섯째, 변화하는 미래에 대한 대비가 없는 목회 패러다임의 문제이다. 교회는 사회변화에 주도적인 역할을 해야 한다. 그러나 시대의 변화를 감지하지 못한 한국교회는 변화를 두려워하는 보수집단으로 전락하고 있다는 것이다.

갑작스러운 사회적 요구와 교회 내 신자들의 요구에 적극적이기보다는 소극적이고 피해의식을 가진 사람들처럼 숨기며 감추려는 경향이 있다.

한국교회는 미래지향적인 사고를 가지고 앞으로 다가 올 수많은 변화를 예측하는 능력이 필요하며 또한 미래에 대한 대응으로 준비되어 있어야 한다. 그러나 한국교회 목회자들의 대부분은 교회 미래를 위해 대비를 하지 않는다. 한 예로 변화하는 현대사회의 여가문화, 향락문화, 무속문화, 입시문화, 감성문화 등에 대하여 적절한 대응을 하지 못하고 있다.[36]

변화하는 사회에 대한 성경적인 대안이나 바른 목소리를 내지 못하고 있으며, 목회와 사회의 분리된 이념 때문에 사회에 대한 성경적인 대안을 제시하지 못할 뿐만 아니라 하지도 않고 있다. 기독교인의 삶의 실천을 제시하지 못함으로 인해 고립화를 자초하고 있다. 이것이 다 교육목회의 지도력이 없는 폐쇄적인 목회 패러다임(자기교회, 현실 목회에만 관심을 가진 결과)의 단면을 보여주는 것이다.

일곱째, 교육목회 패러다임이 없는 목회 패러다임의 문제다. 현대 한국교회 목회는 교육목회에 대한 개념도 없지만[37] 교육에 대한 관

---

36) 권성수·양창삼·이만열 공저, 「3인의 석학이 풀어본 교회성장 이야기」, *op. cit.*, p.31.

심도 빈약하다.

대부분 교육을 비전문가(훈련되지 못한 이들)에게 교회 교육을 맡기고, 교육의 구조도 이원화되어 목회와 분리되고,[38] 교육의 방법도 한계가 있어 다양화 되지 못하고 있다. 그 결과 지속적이고 건강한 교회성장이나 개인 성장은 꿈도 꿀 수 없는 위기를 맞이하고 있다.

설교나 교육을 하더라도 교육적인 개념을 가지고 교인들이 어떻게 자라가야 하며 삶에 적용해야 하는지 그리고 교회가 어떻게 지속적인 성장할 것인지에 대해 가르쳐야 할 것이며 심방을 하더라도 교육적인 개념을 가지고 심방 대상자의 신앙과 삶에 필요한 교육을 겸한 심방이 되어야 성장할 수 있는 것이며 전도를 하더라도 교육적인 개념이 없는 전도 역시 많은 문제를 야기하게 된다. 전도의 효과적인 적용이나 방법 대비책의 훈련이나 교육이 없이 무조건 전도지를 뿌린다고 전도가 되는 것이 아니다. 훈련되고 무장되지 않은 교회구성원과의 목회 활동은 더 이상의 성장을 불가능하게 하는 것이다.

4. 패러다임전환의 가능성

목회 패러다임을 교육목회 패러다임으로 전환한다는 것은 하나님

---

37) J. D. Smart, 「교회의 교육적 사명」, *op. cit.*, pp.11.12.
38) Donald E. Miller & Jack L. Seymour, "기독교교육의 세계", 「오늘의 기독교교육 연구」, 맹용길 외 3인 역(서울: 대한예수교장로회총회출판부, 1989), p.240.

의 명령이며 극히 성경적이다. 예수님의 지상명령[39]인 가르쳐 지키게 하는 것은 바로 교육목회를 하라는 것이며, 디모데에게 바울이 목회자로서의 기본 의무를 강조할 때 읽는 것과 권하는 것과 가르치는 것(딤전4:13) 역시 교육목회를 말하고 있다.

목회의 진정한 의미는 교육목회다. 교육목회를 통해 교회성장의 본질인 전인적인 교회성장, 즉 양적, 질적, 영적 성장을 위해서는 목회 패러다임을 교육목회 패러다임으로 전환하여야 한다. 교육목회로의 패러다임을 전환하기 위한 현대 한국교회의 당면한 목회 패러다임의 시급한 문제들[40]을 어떻게 전환할 수 있을까? 그 대안을 찾아보도록 하겠다.

첫째, 목회자 중심의 목회 패러다임을 해결하기 위해서는 평신도를 사역자로 양육해야 할 것이다. 그 연령층도 성인만을 중심으로 할 것이 아니라 전 연령층을 양육의 대상으로 삼아야만 한다.[41] 왜

---

39) 마태복음 28장 19절~20절. "너희는 가서 모든 족속으로 제자를 삼아 아버지와 아들과 성령의 이름으로 세례를 주고 내가 너희에게 분부한 모든 것을 가르쳐 지키게 하라 볼지어다 내가 세상 끝 날까지 너희와 항상 함께 있으리라 하시니라"

40) 본 연구자는 한국교회가 시급히 해결할 목회 패러다임으로 7가지로 정하였다. ① 목회자 중심의 목회, ② 개교회중심주의 목회, ③ 성장제일주의 목회, ④ 개혁주의 신학의 검증이 없는 목회, ⑤ 말씀의 실천을 위한 적용의 부족 문제, ⑥ 변화하는 미래에 대한 대비가 없는 목회, ⑦ 교육목회 패러다임이 없는 목회 이상 7가지 시급히 해결해야 할 목회 패러다임.

41) 신현광, *op. cit.*, p.259.

냐하면 성인들만 양육[42]하여 사역에 투입할 경우 현재의 목회에는 효율적으로 봉사할 수 있도록 하겠지만 10년 20년 후에는 또다시 교회성장에 대한 문제가 있게 되기 때문이다. 즉 지속적이고 건강한 교회성장을 위해서는 미래의 지도자를 미리 훈련시키고 준비시키는 것이 한국교회 미래를 보장할 수 있을 것이며 교회성장을 지속적으로 이룰 수 있기 때문이다.

둘째, 개체교회 중심의 목회 패러다임을 해결하기 위해서는 지역의 주변교회와 연합하거나 협력하여[43] 순수한 복음전도와 성장계획을 구체적으로 준비하여야 하며 일정한 목회 영역에 대한 이해와 방법을 강구하여야 할 것이다. 그렇게 하기 위해서는 교육시스템을 단기적인 방법으로 할 것이 아니라 구체적인 적용방법을 간구해야 할 것이다. 예를 들면 전도활동을 하기 위해서는 과거에는 자기교회만 교인들이 많이 오면 된다는 식의 무분별한 교인확보 전을 그만두고 오히려 큰 교회나 작은 교회가 서로 협력하여 전도 훈련과 교육을 병행하고, 실제로 지역복음화에 대한 전도 계획을 서로 공유하는 것이 옳을 것이다.[44]

셋째, 성장제일주의 목회 패러다임은 목회 실패의 원인이 된다. 무조건 성장할 수 있다면 방법과 수단을 가리지 않는 일부 목회자들 중에 어떤 목회자는 새로 전도하여 교인으로 성장하려면 2~3년이

---

42) 김영한, *op. cit.*, p.193.
43) 권성수·양창삼·이만열 공저, 「3인의 석학이 풀어본 교회성장 이야기」, *op. cit.*, p.76.
44) *Ibid.*, 171.

걸리지만 다른 교회 교인이 이동하여 오면 당장에 십일조와 감사 헌금을 하고 교회 일들을 맡길 수 있고 충성하는 교인으로 사용할 수 있다는 말들을 한다. 어떻게 들으면 지혜로운 것 같지만 이것은 대단히 잘못된 목회 패러다임이다. 목회 윤리가 없는 자기 교회만 성장하고 자기 교회만 잘되면 된다는 것의 오만이다. 오히려 전체적인 맥락(하나님 나라 확장과 한국교회 전체 성장을 위한 패러다임)에서 보면 비기독교인들이나 구원받지 못한 이들을 전도하고 양육, 훈련시켜 충성된 교인으로 섬기게 하는 것이 좋을 것이다. 비록 시간이 가고 상당한 희생이 따를 수 있겠지만 이것이 진정한 교회성장의 바른 길일 것이다.

따라서 교육목회를 통해 양적 성장만 아니라 질적, 영적 성장을 도모하고 균형 잡힌 성장을 이룰 수 있도록 해야 할 것이다. 이것이 단기적인 결과를 위해서가 아니라 장기적이면서 전체적인즉 하나님 나라 확장에 대한 궁극적인 목적[45]을 두어야 진정한 성장을 이룰 수 있을 것이다.

넷째, 개혁주의 신학이 없는 무분별한 목회 패러다임은 이단과 세속에 교회가 물들 수 있다는 것을 명심해야 할 것이다. 당면한 한국교회의 과제는 성장 프로그램을 교회와 현실에 맞게 재구성되지 못하거나 또 목회자의 신학적인 사고 목회 철학의 분명한 패러다임이 없이 성장 프로그램을 도입하면 실패의 원인이 되는데 이것을 교육목회 패러다임으로 전환하면 개혁주의 신학을 바탕으로 하여 교육적

---

45) 김영한, *op. cit.*, p.211.

인 목회패러다임을 가지고 구체적으로 접근할 대안[46]을 찾은 후에 실제 도입하는 데 문제가 없는지 분석하고 정립한 후에 가능할 것이다.

현대 성장 프로그램 중에는 진정한 의미에서의 교회 성장 프로그램도 있지만 일부 성장 프로그램은 신학적인 문제를 검증하지 않고 이것을 도입함으로 인해 교인들에게 상당한 영향을 주고 목회의 전반적인 패턴이 무분별하게 바뀜으로 인해 오는 교회 내의 갈등 그리고 교육목회적인 패러다임이 없이 그냥 도입하여 사용하려고 하지만 진작 훈련되고 준비된 지도자가 없어 혼란을 겪거나 시행의 어려움을 겪고 무리하게 실시하면 얼마 가지 못해 오히려 교회의 문제가 될 수 있다. 그러므로 진정한 교회성장을 기대한다면 목회 패러다임을 교육목회 패러다임으로 전환하여 단기적 장기적인 목회 계획과 교육을 통해 성장할 구체적인 목회 패러다임이 세워져야 할 것이다.

다섯째, 말씀의 실천 적용이 없는 이중적인 생활은 기독교인 전체의 문제다. 말씀대로 삶의 실천이 이루어지기 위해서는 단순한 목회 패러다임으로는 성경과 삶이 일치될 수 없다. 즉 일상생활과 교회생활이 자연스럽지 못하고 교회와 삶이 이원화[47]되어 있는 것이 오늘날 한국교회 신앙 패러다임이 되었다.

---

46) 이복수, "개혁주의 전통과 교회성장", 「개혁주의 교회와 생활제11집」(서울: 총회출판국, 1996), pp.23~25.
47) 권성수·양창삼·이만열 공저, 「3인의 석학이 풀어본 교회성장 이야기」 *op. cit.*, p.234.

그러나 이제는 교육목회 패러다임으로 전환하여 강단에서 말씀을 선포한 것이 생활 속에 체험이 되고 적용이 될 수 있는 구체적인 실천(적용)이 추가로 교육되고 훈련되어야 한다. 한 예로 목회자가 설교만 하면 되는 것이 아니라 설교한 그 말씀이 실천에 옮길 수 있도록 적용하고, 구체적인 실천방안을 제시하여 실행에 옮기는 것까지 교육되어야 한다. 그냥 무조건 이웃에게 그리스도의 사랑을 실천하라고 한다고 해서 실천이 가능할 것인가? 불가능하다. 하지만 교육목회 패러다임을 통해 실천 방안도 제시하고 훈련시켜 적용할 때 비로 서 효과적인 목회가 이루어질 것이다.

여섯째, 변화하는 미래에 대비가 없는 목회 패러다임으로는 잘하면 당대에는 목회가 유지될 수 있을지 몰라도 미래의 변화를 무시하거나 대비를 하지 못하게 된다면 그 목회는 오래갈 수 없다. 그러나 교육목회 패러다임으로 전환하면 시대의 변화에 대응할 방법과 대책을 세운 것을 구체적으로 목회에 도입할 계획과 실천 방안[48]을 세워 교육과 훈련 등을 통해 준비할 수 있을 것이다. 또한 교회성장을 위해 교회가 사회에 대한 참여(봉사, 협력, 공동전선 구축)[49]하여 지역사회를 이끌어갈 수 있는 교회 지도력을 발휘하며, 영성이 살아 있는 성경적인 지도력을 통해 미래 한국 사회를 이끌어 나가야 할 것이다.[50] 이렇게 하기 위해서는 교회 내에서 교육목회를 통한 대비와 준비가

---

48) 이원규, "한국교회 성장운동의 재평가", 「목회와 신학 8(1990년2월)」(서울: 두란노서원, 1990), pp.68~75.
49) *Ibid.*
50) 맹용길, "21세기와 교회개발", 「교회발전을 위한 교회개발」(서울: 쿰란출판사, 1996), pp.109~127.

필요하며 훈련(준비)된 기독교 세계관을 가진 미래 지도자들을 양육하여 준비시켜 놓았을 때[51] 그 힘은 대단히 크게 발휘될 것이다.

일곱째, 교육목회 패러다임이 없는 목회를 교육목회 패러다임으로 전환한다면 이는 목회의 진정한 의미와 교회성장의 본질을 회복하는 것이요 지속적이고 건강한 교회성장을 이룰 수 있다. 즉 교회성장의 본질을 회복할 수 있다는 것이다. 과거 한국교회의 성장이 양적 성장으로 인해 성장의 본질이 왜곡되고 결국은 성장 둔화를 가져오게 되었다면 교육목회야말로 바로 그 성장의 본질을 회복하는 것이 되는 것이다. 이는 양적 성장과 동시에 질적, 영적 성장도 함께 이루어지게 하는 것이다.

미래 한국교회 목회의 패러다임 전환해야 한다는 내용 중에[52] 교육목회는 가장 힘든 목회 스타일이지만 목회자 자신에게 가장 유익하며 보람을 느낄 수 있게 하는 목회이다. 교육목회는 교인 양육의 결과보다는 과정에 관심을 두는 목회이므로 가장 진솔한 목회가 되며 미래사회의 변동과 목회자의 목회관을 가장 쉽게 교인들에게 전달할 수 있으므로 목회자를 이해할 수 있게 한다고 말하고 있다.

---

51) Harold L Fickett, Jr., *Hope for Your Church: Ten Principles of Church Growth*(G / L Publications, 1972), p.142. 1990년초 뉴욕제일교회 설교가로 유명한 I. M. Haldeman 목사가 당시 시대에 목회자로 유명했으며 많은 교인들이 그의 설교에 감동을 받았다. 그러나 그는 주일학교 사역이나 교육관련 사역은 없었다. 결국 그의 별세 후 그와 버금가는 목사가 없음으로 인해 그 교회는 갈수록 수축하여 결국 소수의 교인들만 남았다는 말이 있다. 이는 미래에 대비하지 않은 한 좋은 예일 것이다.
52) 이성희, 「미래목회 대예언」(서울: 규장, 1998), p.117.

이는 목회의 모든 상황을 교인들의 영적 성숙을 도모하고 그들을 하나님의 말씀으로 잘 양육하는 것임으로 교회성장을 이루는 것은 미래의 한국교회를 든든하게 하는 것이요. 지속적으로 교회를 성장시킬 수 있는 것이며 진정한 목회의 본질을 교인들이 이해하고 협력하게 된다면 이보다 더 큰 목회의 결과를 얻을 수 있을 것이다.

목회의 패러다임을 교육목회 패러다임으로 전환하는 것만이 목회자가 성도들을 바르게 교육하며 그 결과로 성도들은 자신들의 사명을 실천하여 구제와 봉사 그리고 선교 등을 통해 모범적인 신앙생활53)을 하게 되며 동시에 교회성장을 가져올 수밖에 없게 될 것이다. 이제 한국교회의 목회는 지속적이고 건강한 교회성장으로 나아가기 위해서는 교육목회를 통해 양적, 질적, 영적 성장, 즉 지속적이고 건강한 교회성장을 이루기 위해서도 교육목회 패러다임으로 전환하여야 할 것이다.

---

53) 신현광, *op. cit.*, p.77.

제2절 패러다임전환 원리

본 절에서는 교회성장을 위한 교육목회로의 패러다임 전환을 구체적으로 어떻게 전환할 수 있는지 그 원리를 살펴보기 위해 첫째, 패러다임 전환 방법과 적용과정 둘째, 교육목회의 구성요소, 셋째, 교육목회의 구조, 넷째, 교육목회로의 패러다임 전환의 원칙을 구체적으로 살펴보도록 하겠다.

1. 전환방법과 적용과정

오늘날 사회가 직면한 문제들에 대해 가장 전략적인 변화를 일으킬 수 있는 사람들은 목사라고 주장한 릭 워렌(Rick Warren)은[54] 오늘날 필요한 것은 다른 힘에 의해서가 아니라 목적에 의해 움직이는 교회가 되기 위해서는 새로운 패러다임, 즉 교회들이 전통적으로 조직하고 운영하기 위해 사용해 온 방법에 대한 성경적이고 건강한 대안으로서의 목적이 이끌어 가는 교회를 제시하면서 다음과 같이 두 가지 핵심 요소를 설명하고 있다.[55] 그것은 관점(perspective)과 과정(process)이라는 두 가지 핵심요소가 필요하다고 말하고 있다.

---

54) Rick Warren, 「새들백교회 이야기」 김현희·박경범 역(서울: 도서출판 디모데, 2004), p.29.
55) *Ibid.*, pp.97~100.

　이는 목회자가 어떤 패러다임을 가지고 어떤 과정[56]을 거쳐 적용하는가에 따라 목회 패러다임이 결정되고, 목회 현장에서 작용된다.
　본 연구에서 이런 목회 패러다임을 교육목회 패러다임으로 전환하여 효과적으로 목회를 수행할 수 있는 기본적인 방법과 전환과정을 소개하고자 한다. 먼저 살펴볼 것은 일반적으로 패러다임이 전환되는 유형[57]을 살펴보도록 하겠다. 패러다임 전환 유형은 도표4와 같다.

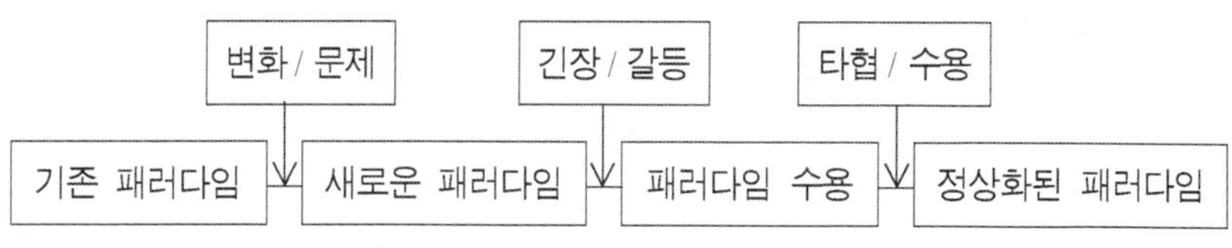

도표 4. 일반적인 패러다임전환 유형

　이 패러다임의 유형이 계속 변화하며 성장하게 되는데 변화가 없거나 변화를 거부하게 되면 갑작스러운 문제에 대한 저항이 커지거나 도태되는 경우가 생길 수 있다. 따라서 목회 패러다임을 변화하지 않는다면 나타날 수 있는 목회 패러다임의 위기를 도표 5의 결과와 같이 나타나게 된다.

---

56) Doug Murren, Ledershift, 「목회자가 변해야 교회가 산다」 김기영 역(서울: 베다니출판사, 1998), pp.111~173. 본래 변화에 대한 기본단계유형은 Lewin에 의한 변화 3단계가 있다. 그의 이론에 의하면 Unfreezing단계-Moving단계-Refreezing단계인데, 이것이 패러다임의 변화의 기본유형이다.
57) 이한룡, 「조직개발과 조직혁신」(대구: 도서출판 대명, 2004), pp.170~172.

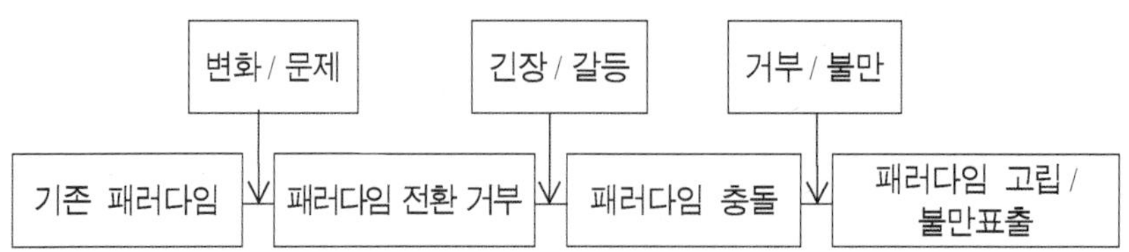

도표 5. 목회 패러다임을 전환하지 않을 경우

그러므로 일반 패러다임이 지속적으로 변화하듯이 목회패러다임 역시 변화한다. 그렇다면 본 연구에서 제시하는 목회 패러다임을 지속적으로 변화는 일반 패러다임의 전환과 목회 패러다임의 전환에 대한 근본적인 패러다임을 형성하여 전환해 간다면 매우 좋은 결과를 가져올 것임으로 본 연구에서 지적한 교육목회 패러다임은 오늘날 한국교회의 목회 패러다임의 전환 문제를 아주 쉽게 극복할 수 있을 것이다.

일반적으로 패러다임을 전환해야 하는 시점은 문제가 발생하기 전에 이미 예측되어 있다면 좋겠지만 보통은 문제가 발생하면 기존 패러다임을 수정하여 새로운 패러다임을 통해 문제를 해결하려고 한다. 그러나 교육목회 패러다임은 근본적인 목회 패러다임을 교육목회라는 패러다임을 가지고 있다면 앞으로 나타날 여러 문제들을 계획, 조정, 협의, 시행하는데 목회적인 패러다임의 전환에 대한 이해를 이미 가지고 있음으로 큰 위기가 닥쳐도 잘 대처할 능력을 미리 준비할 수 있음으로 쉽게 극복될 수 있다. 그렇다면 목회 패러다임을 어떤 과정을 거쳐 전환할 수 있는지 그 방법과 과정을 살펴보도록 하겠다.

교육목회 패러다임으로 전환과정에 대해 살펴보기 전에 패러다임 전환을 통해 성공한 사람들의 패러다임 전환 과정을 살펴보도록 하겠다. 먼저, 덕 머렌(Doug Murren)은 그의 책 「목회자가 변해야 교회가 산다」"Ledershift"에서 패러다임 전환의 과정을 다음과 같이 할 것을 소개하고 있다.58)

① 목회에 대한 이해와 관심을 친근히 해야 한다. ② 과거 일반 목회의 패러다임을 갑자기 바꾸면 교인들의 이해에 충돌이 올 수 있음으로 연속성을 가지도록 해야 한다. ③ 새로운 기회에 대한 열망을 키워주어야 한다. ④ 앞에 놓인 것에 대한 모델을 정해야 한다. ⑤ 생생한 그림 언어를 사용하여 교인들이 누구나 쉽게 이해하게 하여야 한다. ⑥ 패러다임 전환에 있어서 긴장이 일어나는 분야를 파악해야 한다. 예를 들면 ㉠ 비용 감축 대(對) 성장 위주의 사고방식 ㉡ 세대 간의 이해의 차이 ㉢ 초신자와 기존 신자 간의 이해 차이 (구도자 중심의 교회인가 기존 교인의 중심 교회인가) ⑦ 대화를 허용해야 한다. ㉠ 목회 패러다임을 교회의 핵심 그룹에게 설명(이해시킴) ㉡ 헌신적인 일꾼들과의 협력 요청 ㉢ 전교인들에게 이해와 협력을 요청하고 함께 나눌 수 있도록 한다. ⑧ 다양한 통신 수단을 이용한다. ⑨ 변화를 실행한다. ⑩ 변화의 결과를 평가하고 모두에게 성공의 기쁨을 나눈다. ⑪ 미래의 새로운 지도자들을 패러다임의 전

---

58) Doug Murren, Ledershift, *Ibid.*, pp.227-251. 덕 머렌(Doug Murren)은 워싱턴 주의 커크랜드에 위치한 이스트사이드 교회를 개척하여 현재 담임목사로 사역하고 있다. 그는 처음 목회를 시작한 이래 한때 패러다임의 충돌로 인해 교회 문까지 닫으려고 했던 그는 목회 방향을 다시 정하고 자기 교회에 맞는 목회 전략을 과감하게 도입 현화시킴으로 지금 5,000명 이상이 모이는 교회로 성장하였다.

환에 대한 구체적인 이해를 가르쳐라. ⑫ 변화하는 역할을 분명하게
정의하라.

　이민목회의 어려움을 딛고 목회 패러다임을 전환하여 성장하는 교
회로 성공적으로 패러다임전환을 이룬 송천호[59] 목사의 패러다임 전
환의 과정을 보면 ① 준비단계: ㉠ 비전을 가진다. ㉡ 교회갱신조직
위원회를 구성하여 운영한다. ② 목적단계: 성경적 교회갱신 목적 설
명(교회론, 목회론, 제자론, 예배론을 정립시킴) ③ 비전단계: 비전을
정하고 가르친다. ④ 프로그램단계: ㉠ 프로그램 설정하고, 중간기
목표를 정한다. ㉡ 교회의 현재 사역을 진단한다. ㉢ 분여별 목표를
설정한다. ㉣ 추가 사역과 사업계획 확정 ⑤ 평가 단계: ㉠ 교회사역
의 성장 측정과 프로그램 활성화 방안 연구 ㉡ 평가 후 축하하며,
교회갱신 사례 분석한다.

　기성교회 목회 패러다임 전환을 통해 성장하는 교회로 성공적으로
목회를 사역하고 있는 최홍준 목사[60]의 패러다임 전환 과정을 보면
다음과 같다. ① 목회에 생명을 거는 결단. ② 목회철학을 정립한다.

---

59) 송천호, 「교회를 살리는 목회 갱신」(서울: 쿰란출판사, 2003), pp.18−336.
　　 "송천호 목사는 1977년 미국 훼드럴웨이선교교회를 개척하여 이민 목
　　 회를 하다가 목회의 한계를 느끼고 패러다임 전환을 통해 성공적으로
　　 이민 목회를 성공적으로 수행하고 지금은 21세기 목회 갱신을 위해 선
　　 회 사역을 하고 있다"
60) 옥한흠 외 7인, 「제자훈련, 영적 부흥과 갱신의 길」(서울: 도서출판 국
　　 제제자훈련원, 1999), pp.55∼84. 최홍준 목사(http://www.hosanna21.com)
　　 는 1987년 2월 부임. 당시 400명 정도의 교인을 지금은 출석교인 4,800
　　 명, 주일학교 1,900여 명으로 성장한 교회가 되었다.

③ 기존 성도들을 소그룹화하라. ④ 목회 토양을 정확하게 진단하라. ⑤ 목회철학에 입각한 교회론을 가르쳐라. ⑥ 제자훈련의 필요성을 역설하라. ⑦ 핵심그룹(중직자)부터 제자훈련을 시켜라. ⑧ 시작하였다면 첫 그룹에 사활을 걸어라. ⑨ 목회 철학에 입각한 비전을 세우고 훈련에 성실히 임하도록 가르쳐라. ⑩ 제자훈련 제도권 밖의 성도들을 포용하라. ⑪ 훈련 받지 않은 사람을 등용하지 말라.(5년 후면 정착할지 떠날지 결정하게 된다.) ⑫ 감동을 주라. ⑬ 바로 우리들에게 달려 있다는 자부심을 심어 주라.

목회 패러다임을 교육목회 패러다임으로 전환하기 위해서는 이들의 패러다임 전환의 과정에서처럼 패러다임 전환의 주체자인 목회자가 어떤 관점에서 목회를 하기를 원하는지 분명히 그 방향을 잡아야 한다. 그리고 구체적으로 패러다임을 전환하기 위한 과정을 단계적으로 계획을 세워 진행하는데 이때 반드시 목회자의 패러다임에 대한 모든 교인들의 이해와 협력이 없다면(반대) 패러다임의 전환은 매우 어려울 수 있다. 따라서 본 연구에서 교육목회로의 전환을 제의하는 것은 목회 패러다임의 전환을 통해 지속적이고 건강한 교회 성장을 할 수 있는데 이 교육목회 패러다임을 전환하는 과정을 도식화시켜 보면 다음과 같다.

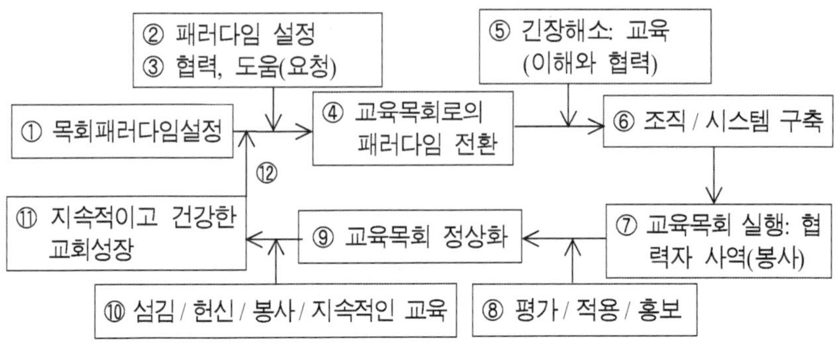

도표 6. 교육목회 패러다임 전환과정

본 연구에서 교육목회 패러다임을 적용하는 방법과 적용과정을 도표화하여 보았다. 이 도표는 목회 패러다임을 전환한다는 전제로 도식화시킨 것인데 먼저 ① 목회 패러다임을 교육목회로 전환하기 위해서는 패러다임을 설정해야 한다.(그런데 한 가지 중요한 것은 교육목회가 다른 목회 영역이나 프로그램의 하나가 아님을 분명히 밝혀둔다)

② 패러다임을 설정한 다음 이 패러다임을 전환하기 위해서 목회 구조와 원칙, 방법 등을 나름대로 계획하고 구체적인 접근을 위한 전략을 세운다.

③ 구체적으로 접근(시행)하기 전에 미리 교육목회 패러다임에 관한 이해와 협력을 요청한다.(이때 개인이나 소그룹이나 패러다임을 쉽게 이해하고 우호적으로 협력하는 자들에게 미리 목회 방향을 알려 준다)

④ 교육목회 패러다임을 정한다.

⑤ 교육목회 패러다임을 적용하기 전에 대중, 개인, 소그룹 등 다

양한 교회 내에 이해 관계자들을 적절하게 그룹을 지어 교육을 하거나 정기적인 기도모임이나 훈련을 통해 교육목회 패러다임에 적응할 수 있도록 가르친다.

⑥ 교육목회 패러다임이 교회 내에 잘 정착될 수 있도록 시스템을 구체적으로 구축하고 조직을 강화하며 그룹의 지도자들을 세워 협력하도록 하되 지도자들을 일정한 기간에 교육하고 훈련을 통해 적응할 수 있도록 한다.(반드시 재교육이나 연장 교육, 그리고 지속적인 협력할 수 있도록 계속적인 일정한 교육이 필요하다)

⑦ 시스템 구축 후 본격적인 교육목회 패러다임을 실행에 옮기고, 나가가 협력자들을 조직화시킨 중요한 요소에 배치하고 적절하게 섬김과 봉사가 있도록 일(임무)을 맡긴다.

⑧ 일정한 기간이 지나면 연차적으로 평가 / 적용 / 홍보를 통해 교육목회가 잘 정착할 수 있도록 보완 / 교육 / 홍보를 병행하면서 서서히 전 교회가 교육목회 패러다임에 적응하도록 한다.

⑨ 교육목회를 본 괘도에 올려놓고 정상화되도록 목회자는 항상 돌아보며 사역자들을 적재적소에 배치하고 훈련시킨다.

⑩ 항상 일정한 기간 동안 평가, 적용, 홍보를 반복하면서 양육하고 훈련된 이들에게 일(임무)을 부여하여 적절히 섬김과 헌신 그리고 봉사를 통해 교회성장을 이룰 수 있도록 하고 반드시 지속적인 교육을 병행하여 개인적인 신앙생활도 겸하여 성장하도록 가르친다.

⑪ 지속적인 교회성장을 위해 교육목회 패러다임을 항상 원론과 원칙에 충실하도록 확고히 하고 교육목회의 열정을 통해 성장하는 교회로 전향하도록 한다.

⑫ 또한 교육목회 패러다임을 전환히였이도 패러다임의 전환에 대

한 요구가 계속 생길 수 있다. 그러나 교육목회 패러다임의 특징이 미리 예측, 계획, 조정, 협의, 시행을 위한 교육적 패러다임이 항상 상존하기 때문에 교육목회 패러다임은 안전한 패러다임 전환을 이룰 수 있다는 장점을 지니고 있다.

현재 일반 목회 패러다임을 어떤 패러다임으로 전환하는가의 결과는 곧 교회성장과 직결된다. 그러나 그 패러다임을 효과적으로 나타내기 위한 목회 프로그램을 도입하고, 적용하며, 여타한 방법으로 적용할 때 대부분 패러다임의 충돌이 올 수 있다. 그리고 그로 인해 문제가 발생하는데 만약 문제가 발생하지 않는다고 하여도 그 목회 패러다임은 항상 변화하게 되어 있다. 시대와 상황, 여건에 따라 패러다임의 변화를 무시하고 계속 목회 패러다임을 유지하기 위해 힘으로 밀어붙이면 앞서 패러다임을 전환하지 않은 때보다 더 큰 어려움을 겪게 된다. 그러나 교육목회 패러다임은 그런 염려와 문제를 야기할 필요가 없다. 왜냐하면 교육목회이기 때문이다. 즉 교육목회는 목회의 한 영역이나 프로그램의 하나가 아니다. 목회의 패러다임을 교육적인 관점에서 목회를 하는 것임으로 항상 지속적이며 건강한 교육목회를 통해 교회성장을 이룰 수 있다. 쉽게 말하면 일반 목회와 교육목회의 차이가 단회적이냐(목회의 한 영역, 프로그램의 한 부분), 지속적이냐, 또 단편적이냐, 총체(복합)적이냐의 차이이다.

이는 목회자의 패러다임이 변하면 모든 것이 변하게 되어 있다는 말인데 교육목회는 목회 패러다임의 자체가 변화하고 있고 지속적으로 패러다임의 변화를 예측, 전환이 가능하다는 것이다. 뿐만 아니라 교인들에게 지속적으로 목회에 대한 이해와 협력을 구할 수 있고, 양육되고 훈련된 사역자들의 협력을 지속적으로 받음으로 인해 교회 성장은 계속될 수 있는 것이다. 또한 목회자의 의도에 따라 효과적이고 신속하게 적용 가능함으로 언제 어디서나 목회 패러다임을 실행할 수 있다는 강점이 있다.

교육목회 패러다임은 자체가 지속적이고 건강한 교회성장을 추구하는 것임으로 교회성장의 본질인 전인적인 성장, 즉 양적, 질적, 영적 성장을 균형 있게 시행할 수 있음으로 근원적인 문제를 해결할 수 있다는 것이다. 앞에서 소개한 세 사람 모두 교육목회로 패러다임을 전환한 결과 성공적으로 교회성장을 이루어 가고 있는 대표적인 목회자들이다.

2. 구성요소

앞에서 목회 패러다임을 교육목회로 전환하는 방법과 적용과정을 살펴보았다. 다음은 교육목회를 실시함에 필요한 구성 요소와 교육목회 구조를 간단하게 살펴보도록 하겠다.

교육목회의 기본구성요소는 코이노니아(κοινωνία; fellowship), 레이투르기아(λειτουργία; liturgy−worship), 디다케(διδακή; teaching), 케리그마(κήρυγμα; evangelism), 디아코니아(διακονία; service)이다. 이 기본 5가지 구성요소들을 구체적으로 살펴보면 다음과 같다.

1) 코이노니아(κοινωνία): 참여, 구제, 친교를 의미하는 말로서 일반 생활에서는 친교의 고상적인 표현으로 우정이라고도 한다. 그리스도인들을 하나 되게 하는 살아 있는 끈이라는 뜻으로 사용되기도 하고(요일:3:2,24; 4:13) 아버지와 아들과의 사귐(요일1:3,6), 성도들의 교제(요일1:3,7) 등으로 사용되는 그리스도의 믿음의 공동체[61]를 말한다.(갈2:9)[62]

2) 레이투르기아(λειτουργία): 하나님께 봉사한다[63]는 뜻으로서 구약에서는 제사장의 사역을 의미한다.(민16:9, etc) 이 단어가 동사로 사용될 때는 제사장의 사역을 표현하고, 평신도는 제사행위를 의미하는 것으로 사용되고 명사로 사용될 때는 성전 예배, 하나님께 드려지는 예배에 사용된다. 여기서 집고 넘어갈 것은 제사장의 율법 연구, 가르침도 역시 사역의 한 부분으로 본다. 후기 교회사에 보면 기도로 언급하기도 한다.(행13:2) 오늘날에는 성찬, 예배의식 등 예전[64]에 이 단어를 사용하고 있다.[65]

3) 디다케(διδακή): 가르침, 교훈의 뜻으로서 예수님께서 하나님의

---

61) G. Panikulam, *Koinonia in the New Testament*(Rome: Biblical Institute Press, 1979), pp.1－2.

62) Gerbard Kittel and Gerbard Friedricb, 「신약성서신학원어사전」(서울: 요단출판사, 1993), p.511.

63) Ftank Segler, *Christian Worship*(Nashville: Broadmans Publishing Co., 1967), p.5.

64) Paul Hoon, *The Integrity of Worship*(Nashville: Abingdon Press, 1971), p.79.

65) Gerbard Kittel and Gerbard Friedricb, op. cit., p.598.

뜻을 형식과 내용 양면으로 선포하는 것을 말한다.(요7:16, 17) 또 히브리서 6장 2절에는 확립화된 교리를 의미하기도 하는데, 그리스도인들이 가르칠 때66) 사역을 수행할 때 사명감67)을 고취케 하는 의미를 담고 있다.68)

4) 케뤼그마(κήρυγμα): 소식, 선포, 포고령, 고지 등의 뜻으로서 승리에 대한 선포의 의미로서 주로 궁중에서 선포하는 것을 가르친다. 마가복음 16장에서는 선포 내용, 즉 메시지(복음 선포)로도 사용된다. 이는 복음 전파에 주로 사용되는 것으로서 하나님의 말씀이 우리에게 전달되며 복음 전파는 하나님의 명령에 의해 사도에게 위탁하신 수행의 능력을 주셨다.69)(고전1:21; 15:14 딤후4:17 딛1:3 etc)

5) 디아코니아(διακονία): 식탁에서 시중들기, 육신의 양식을 조달하기, 식사를 관장한다는 의미(눅10:40 행6:1)의 뜻으로 넓은 의미에서는 사랑에 찬 섬김의 수행(고전16:15), 다양한 봉사(고전12:4), 돌봄(고전12:28), 전도(행6:4) 등에 사용되는 단어인데, 주로 어떤 임무를 수행하는 사도(롬11:13 고후4:1), 전도인(딤후4:3), 조력자(딤후4:11)들이 각자의 맡은 일을 수행하는 모든 것을 포함하여 말한다.70)

---

66) C. H. Dodd, *The Apostolic Preaching and Its Development*(London: Hodder & Stou−ghton Limited, 1950), pp.7~8.
67) Lewis J. Sherrill, *The Rise of Christian Education*(New Your: McMillan Co., 1944), pp.86~92, 186.
68) Gerbard Kittel and Gerbard Friedricb, *op. cit.*, p.187.
69) *Ibid.*, p.496.
70) *Ibid.*, p.171.

　　교육목회의 기본 구성 요소는 교회에서 이루어지는 모든 목회 활동을 말하는데 이 목회 영역 안에 교육목회의 패러다임이 존재하면 교회성장은 지속적이고 건강하게 이루어질 수 있다는 것을 보여주는 것이다. 따라서 목회 각 영역들이 서로 유기적 관계를 맺으며, 서로 상호 작용(interplay)[71]을 통해 일어난다. 이것을 모두 연관을 지어 보면 그 핵심이 교육목회가 되는 것이다. 다시 말해 교회의 목회 현장에서 교육목회 패러다임의 기본 구성 요소들이 포함(내포)되어 목회 활동에 서로 상호 작용으로 나타난다는 말이다.

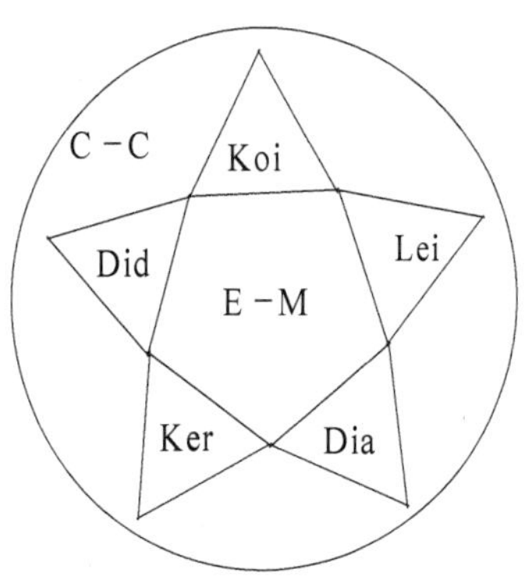

C C - 교회성장(Church Growth)
E M - 교육목회(Education Ministry)
Koi - 코이노니아(Koinonia)
Lei - 레이투르기아(Leiturgia)
Did - 디다케(Didache)
Ker - 케리그마(Kerygma)
Dia - 디아코니아(Diakonia)

도표 7. 교육목회 패러다임의 구성요소.

　　위의 도표 모형을 설명하면 ☆는 교육목회의 기본 요소이고, ○는 목회 패러다임의 전 영역의 모든 사역을 표현한 것이다. 목회활동의 모든 부분에서 교육목회의 패러다임을 적용한다면 서로의 연관을 지

---

71) Gabriel Moran, Interplay: *A Theory of Religion and Education*(Winona, Minn.: St. Mary's Press, 1981)

어 관계를 맺게 됨으로 성도들의 신앙성장뿐만 아니라 교회의 성장을 이룰 수 있다. 좀 더 쉽게 설명하면 ○ 목회의 모든 영역, 즉 예배, 설교, 심방, 상담, 전도와 선교, 행정, 교육, 훈련, 예전행사, 절기행사, 등에 ☆(교육목회)의 패러다임을 적용하면 이 5가지 기본 구성 요소들이 서로 상호 작용하여 교회성장에 영향을 준다는 말이다.

결국, 목회 패러다임을 교육목회 패러다임으로 전환하면 이 5가지 기본 구성요소들이 서로 상호 작용하여 교인들의 삶에 나타나고 이어 교회 전체에 서로 상호 작용하여 교회의 양적, 질적, 영적 성장, 즉 전인적(全人的)인 교회성장을 통해 지속적이고 건강한 교회성장을 이룰 수 있게 되는 것이다.

3. 기본구조

교육목회 패러다임 기본 구조는 교회성장뿐만 아니라 교인 한 사람 한 사람이 실제로 성장(자라감)으로 이끌어 갈 수 있도록 되어 있어야 한다. 따라서 교육목회는 모든 교회 구성원들이 모두 참여할 수 있는 실제적인 장이 되도록 구조화되어야 한다. 이를 위해 먼저 우리가 궁극적으로 다루어야 할 교육목회 활동이 파울러(James Fowler)의 말과 같이 신앙의 명사가 아니라 동사(verb)로 표현되어야 한다.[72] 즉 신앙은 우리 삶의 경험으로부터 형성된 행동양식 존재와

---

72) James Fowler, *Weaving the Creation: Stages of Faith and the Public*

실행 과정의 활동적 양식이다. 이는 인격적이고 공동체적으로 인식해 가는 과정(Knowing)과 과정(constructing)으로 형성되는데 한국교회는 일반적으로 3가지 형태의 신앙 활동 구조가 나타나고 있다.

첫 번째는 분반구조(class structure)이다. 이 구조는 신앙의 신념적 차원을 형성시켜 가는 교육목회적 기능[73]으로서 주로 교수자와 학습자가 정해진 커리큘럼(curriculum)을 통해 일정한 시간과 공간에서 수업을 진행하는 형태로 나타나는데 주로 성경공부반 각종 훈련반 세미나나 특별교육 프로그램 등을 통해 정기적으로나 비정기적으로 다양하게 실행되는 구조이다.

두 번째는 소그룹구조(small group structure)이다. 이 구조는 하나님과의 신뢰관계를 심화시키기 위해 다른 교인들과의 관계를 통해 지원되고 양육되어 구체적인 집단 상호 작용을 이루어 활동하는 신앙차원의 관계 중심의 형태[74]로 나타나는데 주로 구역모임, 전도회(선교회), 사랑방모임, 가정교회, 목장 등으로 관계 지향적으로 발전하는 소그룹형태로 모임이 만들어지는 구조이다.

세 번째는 헌신 봉사 구조(praxis service structure)이다. 이 구조는 헌신을 통해 교인들의 각자 신앙이 더욱더 깊어져가며 헌신 봉사의

Church(San Francisco: Harper SanFrancisco, 1991), p.244.
73) Richard Osmer, *Teaching for Faith*: *A Guide for Teacher of Adult Classer*(Louisville: Westminster / John Knox Pres, 1992), ch.3.
74) *Ibid.*, ch.4.

삶[75])을 통해 신앙행동차원으로 나타나는데 주로 찬양대, 주교교사, 전도모임, 봉사 모임 등으로 나타나는 구조이다.

이것들이 모두 교육목회 패러다임의 기본 구조로 형성될 수 있는데 지금까지는 보통 신앙생활에서 특정인이나 집단에서만 나타나지만 교육목회 패러다임에서는 모두 다 나타날 수 있는 구조이며 어떤 경우에는 하나만 나타날 수 있으나 또 다른 경우에는 복합적으로 나타날 수 있다. 이것을 도표로 나타내면 다음과 같다.

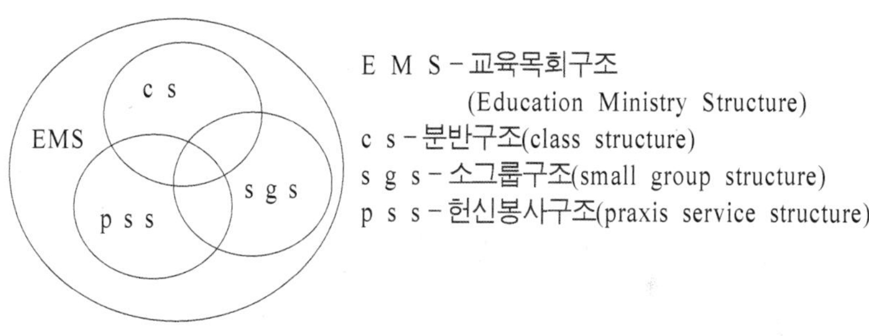

도표 8. 교육목회 기본구조

참고로 아래의 도표[76])에서 보여주듯이 교육목회는 교회에서 이루어지는 모든 목회적 활동을 교육적 차원에서 이해하고 통합하는 모형을 보여주고 있다. 각각의 활동 분야의 형식은 다를지라도 그 활동과 사역은 교육목회의 차원에서 고려되어야 한다.

---

75) *Ibid.*, ch.5.
76) 신현광, *op. cit.*, p.260.

도표 9. 교육목회를 위한 목회구조

결과적으로 각 분야는 서로 별개의 분야라고 하기보다는 서로 밀접한 유기적인 관련을 맺고 각 분야의 목회활동을 교육목회를 통해 교인의 성장, 교회의 성장을 도모하고 궁극적으로 하나님께 영광을 돌리는 것을 목표해야 할 것이다.

4. 전환원칙

목회 패러다임을 교육목회로 전환하기 위해서는 기본적인 원칙이 있어야 한다. 본 연구에서는 그동안 교육목회로 패러다임을 전환하기 위한 방법과 적용해야 할 것들과 교육목회 패러다임의 기본 구성요소 그리고 기본구조에 관해 앞에서 살펴보았다. 그러면 교육목회로 패러다임을 전환하기 위해 어떤 원칙을 가져야 하는지에 대해 살펴보도록 하겠다.

첫째, 성경에 근거에 의한 목회가 되어야 한다. 모든 목회 활동은 모두 성경에 근거하지 않았다는 말이 아니다. 그러나 교육목회는 더욱더 철저히 성경에 바탕을 두고 있으며 성경적인 원리에 입각한 목회이다.

예를 들면 베드로에게 나타나신 부활의 주님께서는 그에게 "내 양을 먹이라"고 3번씩이나 말씀하셨다.(요21:15~17) 뿐만 아니라 승천하실 때 제자들에게 "가르쳐 지키게 하라"(마28:18~20)는 교육적 대사명을 주셨다. 실제로 예수님의 명령에 의해 사도들이 날마다 성전이나 집에서 가르치는 교육목회를 통해 교회성장을 이루었다.(행2장, 4장, 5장 ets,) 이 교육목회는 신약에만 있는 것이 아니라 구약 성경 여러 곳에도 하나님께서 아브라함에게나 이스라엘 나라에까지도 교육목회를 시행하도록 말씀하시는 장면이 여러 곳에 나타나고 있다. (창18:19, 레10:11, 신6:1~9, 시편8:2~8, 잠22:6 ets) 특별히 교육목회의 5대 구성요소는 교육목회의 본질을 더욱더 견고히 해 주는 것이며 교회 기능적 요소를 다양하게 해 주는 것으로서 목회의 기능적 효과를 성경적으로 더 잘 나타내 줄 수 있을 것이다.

둘째, 현대적인 대안이 있는 목회가 되어야 한다. 현대사회의 변혁적인 사회 현상과 구조에 적절한 목회 대안을 세워야 한다. 즉 목회 패러다임의 전환과 함께 목회 활동에 대한 현대적인 접근이 필요한데 이때 패러다임의 전환이 적절하지 못할 경우 목회 실패의 요인이 된다.

현대적인 대안을 찾기 위해 현대적인 사회 요인들을 그대로 도입하거나 교회의 양적 성장만을 생각하여 목회 패러다임을 설정하고 대안을 제시한다면 이는 오히려 교회성장에 실패요인이 될 수 있다. 그러므로 교육목회를 통해 근본적인 교회성장에 대한 대안을 찾고 지속적이고 단·장기적인 목회 패러다임을 구축할 수 있음으로 교육목회를 통해 패러다임을 구축할 수 있을 것이다.

셋째, 교회성장의 본질을 회복하는 목회가 되어야 한다. 교회성장의 본질을 회복하는 것은 곧 목회 본질을 회복하는 것이다.

목회의 본질을 회복하기 위해서는 본 연구에서 지적한 것처럼 교육목회를 통해 가능한데 교육목회는 목회의 본질을 되찾는 것으로서 교인이나 교회를 양적 성장만 이루는 것이 아니라 질적, 영적 성장도 함께 이룰 수 있는 교육목회로의 패러다임을 전환하고 교육목회의 기본 구성요소와 구조를 적절히 잘 활용하면 지속적이고 건강한 교회성장을 이룰 수 있을 것이다.

넷째, 신학과 신앙의 전통성이 바로 세워져야 한다. 그러기 위해서는 교육목회 패러다임으로 전환해야 한다.

현대사회의 패러다임 변화에 따른 목회 패러다임의 전환은 매우 중요하다. 그러나 목회 패러다임이 성경적인 신학적인 기본 입장을 저버리는 패러다임의 전환은 오히려 교회를 세속화하게 된다. 그러므로 세상과 시대를 이끌어가는 성경적인 패러다임 전환이 필요하다. 따라서 개혁주의 교회의 신앙전통을 세우며 성경대로 지속적으로 교육목회 패러다임은 전환되어야 한다. 성경대로 개혁해 나가는 것이다. 즉 지금까지의 목회 패러다임의 결과 문제가 있다면 개혁해야 한다. 개혁되지 않으면 교회성장은 기대할 수 없다. 그렇다면 어떻게 개혁하는 것이 좋을까? 그것은 당연히 성경적인 목회, 즉 교육목회로의 패러다임을 전환함으로 개혁주의 신앙전통을 더욱더 확고히 할 수 있다.

다섯째, 지속적이고 건강한 교회성장을 이루어야 한다. 오늘 사회는 다양한 문화와 급속도로 시대변혁이 이루어짐으로 패러다임이 변하고 있다.

그러나 교회는 아직 목회 패러다임이 변하지 못하고 있으며, 잘못된 신앙 전수로 인해 교회구성원의 신앙이 현실과 신앙의 괴리감으로 인해 신앙의 본질뿐만 아니라 헌신의 삶이 흔들리고 있다. 또 잘못된 목회 패러다임으로 인해 변질된 교회성장의 오해는 우리의 신앙과 교회성장을 오히려 멈춰버리게 하였다. 더 이상 미래가 없는, 더 이상 성장이 없는 목회로 전락해버리고 말았다. 그러나 교육목회를 통해 지속적이고 건강한 교회성장, 미래의 한국교회를 더욱더 튼튼하게 세워갈 수 있는 길을 찾을 수 있을 것이다.

그동안 살펴본 목회 패러다임을 교육목회 패러다임으로 전환할 필요성과 전환에 실제 방법과 적용과정 그리고 기본 구성요소와 기본 구조를 살펴보았고 또 교육목회 패러다임을 전환하는 데 필요한 전환의 원칙을 살펴보았다. 다음 절에서는 교육목회 패러다임의 전환 원칙에 따라 구체적으로 교육목회 패러다임을 통해 교회성장을 이룰 수 있는 방안을 살펴보도록 하겠다.

제3절 패러다임전환 방안

2절에서 제시한 원리에 따라 교회성장을 위해 목회 패러다임을 교육목회로 패러다임을 전환할 수 있도록 하기 위해 본 연구자는 초대교회의 교육목회를 모델로 하여 현대 한국교회 교육목회 방안으로서 실제로 적용 가능한 방안을 제시하도록 하겠다.

본 연구에서 초대교회의 교육목회를 모델로 택한 것은 첫째, 모든 교회들의 모체교회이기 되기 때문이다. 둘째, 초대교회의 외적(양적), 내적(영적) 성장[77]은 성경적인 교회성장 모델이기 때문이다. 셋째, 교회성장의 특수한 상황과 환경에서도 교회가 성장하였다. 넷째, 무엇보다 교육목회의 본질을 밝혀 주는 아주 중요한 교회 모델이기 때문이다. 그러므로 본 연구에서 초대교회에서 나타난 교육목회를 통해 성장한 여러 가지 요인들을 분석하고 구체적인 모델을 현대 한국교회 교목회 프로그램으로 제시하도록 하겠다.

먼저 앞서 살펴볼 것은 사도행전에 나타난 초대교회의 교육목회를 통한 교회성장이 왜 중요한가 하는 점인데, 교회성장학자인 칼 조지 (Carl F. George)는 "미래 교회의 형태는 초대교회의 구조를 나타낼 것이다."[78]라고 예측하였다.

---

77) Alan R. Tippett, *op. cit.*, p.12.
78) Thom S. Rainer, *The Book of Church Growth*(Nashville: Broadman Press, 1993), p.289.

톰 레이너(Thom S. Rainer)는 오늘날 교회들이 사도행전에 나타난 전도와 교회성장의 중요한 주제들을 까닭도 모르게 무시되어 왔으며[79] 실제로 사도행전에 나타난 초대교회의 교육목회를 통한 교회성장은 매우 중요한 여러 요소들을 발견할 수 있는데 오늘날 한국교회가 이것을 주목해야 할 것이다.

그러므로 우리는 교회성장의 여러 요인들 중에 초대교회에 나타난 성장 요인들을 살펴볼 필요가 있다. 초대교회의 성장의 여러 요인들을 임영효 교수[80]는 성경적이고 능력 있는 설교, 기도, 전도와 선교, 영적 예배와 거룩한 교제, 사도들의 효과적인 리더십과 교회행정, 성령의 주도, 하나님의 말씀을 가르침과 제자 삼는 일로 보고 있다.

명성훈 소장[81]은 초대교회성장요인을 7가지, 즉 말씀과 기도의 영성, 사랑의 교제, 성령의 능력, 사랑과 섬김, 예배를 통한 하나님의 임재, 사람들에게 칭송을 들음, 전도라고 말하고 있다.

실제 초대교회는 교육목회의 기본 요소와 교회의 본질[82] 그리고 교

---

79) Thom S. Rainer, *Church growth and evangelism in the Book of Acts*, Criswell Theological Review 5(fall), 1990, pp.57∼68. Thom S. Rainer는 Michael Green의 Evangelism in the early church라는 저술을 제외하고는 사도행전에 나타난 전도와 교회성장에 관한 주제가 무시되었다고 주장하고 있다.
80) 임영효, 「사도행전에서의 선교와 교회성장」(서울: 쿰란출판사, 2001), pp.155∼178.
81) 명성훈, 「소그룹 마인드」(서울: 교회성장연구소, 2003), *op. cit.*, pp.84∼100.
82) Norman Edmond Harper, *Making Disciples: The Challenge of Christian*

회성장의 전형적인 성장 요소를 갖추고 있다. 그 요소는 코이노니아 (κοινωνία; fellowship), 레이투르기아(λειτουργία; liturgy—worship), 디다케(διδακή; teaching), 케리그마(κήρυγμα; Evangelism), 디아코니아(διακονία; service)를 통해 교회가 교회 되게(Let the church be the church) 하는 필수적인 요소[83]가 초대교회의 교육목회 안에 자리 잡고 있었으며 이로 통해 초대교회가 성장하였다.

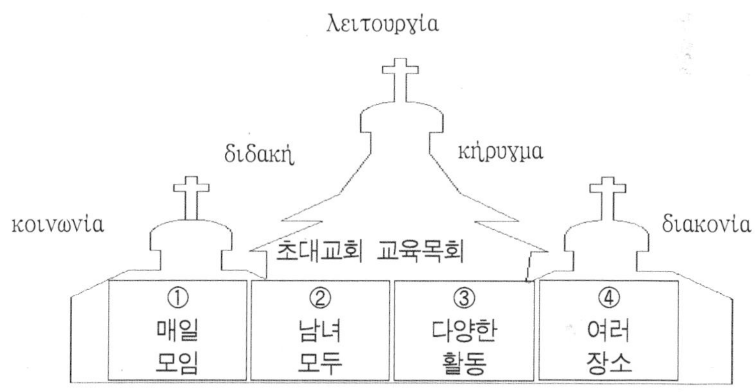

도표 10. 초대교회의 교육목회를 통한 교회성장

따라서 본 연구에서 초대교회에서 나타난 교육목회의 기본 본질이

Education at the End of the 20 Century(Memphis; Christian studies Center, 1981), p.89.

83) 김득룡, "예배와 목회" op, cit., pp.6~7. 사도행전 2장 40절~47절에 나타난 ① 말씀선포(kerygma): 여러 말로 확증하여 권하여 가로되······구원을 받으라(40절) ② 교육(didache): 저희가 사도의 가르침을 받아(42절) ③ 교제(koinonia): 서로 교제하여 집에서 떡을 떼며(42절, 46절) ④ 봉사(diakonia): 모든 물건을 서로 통용하고, 나누어 주고.(44절, 45절)

현대한국교회에 효과적으로 잘 적용할 수 있는 실제적인 방안으로 4
가지를 제시하면 다음과 같다.

첫째, 매일의 교육목회를 통해 교육의 기회를 다양화하였다.(매일
교육목회; 사도행전 2장 46절, 47절, 5장 42절)[84]

둘째, 교육목회의 대상을 전 연령층으로 하였다.(남녀와 모든 무리
들, 허다한 무리들; 사도행전 5장 14절~16절)[85]

셋째, 교육목회의 프로그램을 다양화하였다.(교리교육, 교제, 섬김,
나눔, 예배, 치유, 전도, 구제, ets; 사도행전 2장 42절~47절, 3장 6
절~8절, 5장 42절, 6장 1~7절)[86]

넷째, 교육목회를 다양한 장소에서 실시하였고(예루살렘 거리, 성
전에서, 공회 앞, 고넬료 가정, 사마리아, 옥중에서, 달리는 병거 안
에서 ets; 사도행전 2장) 교육목회를 통해 초대교회가 성장하였다.
본 연구에서 초대교회의 교육목회의 4가지 방안을 제시하였는데 구

---

84) "날마다 마음을 같이하여 성전에 모이기를 힘쓰고 집에서 떡을 떼며
　　기쁨과 순전한 마음으로 음식을 먹고 하나님을 찬미하며 또 온 백성에
　　게 칭송을 받으니 주께서 구원 받는 사람을 날마다 더하게 하시니라"
　　(행2:46, 47; 5:42)

85) "믿고 주께로 나오는 자가 더 많으니 남녀의 큰 무리더라……예루살렘
　　근읍 허다한 사람들도 모여……와서 다 나음을 얻으니라"(행5:14~16)

86) ① 저희가 사도의 가르침을 받아 서로 교제하며 떡을 떼며 기도하기를
　　전혀 힘쓰니라(행2:42), ② 믿는 사람이 다 함께 있어 모든 물건을 서로
　　통용하고(행2:44), ③ 재산과 소유를 팔아 각 사람의 필요를 따라 나눠
　　주고(행2:45), ④ 하나님을 찬미하며(행2:47), ⑤ 베드로가 가로되……곧
　　힘을 얻고 뛰어 서서 걸으며……하나님을 찬미함을 보고(행3:1~10), ⑥ 저
　　희가 날마다 성전에 있든지 집에 있든지 예수는 그리스도라 가르치기
　　와 전도하기를 쉬지 아니하니라(행5:42), ⑦ ……그 매일 구제에 빠지므
　　로……(행6:1~7)

150

체적으로 살펴보도록 하겠다.

1. 매일교육목회

오늘날 한국교회 교인들의 신앙 활동은 대부분 주일 중심이다. 주중에 모여 신앙 활동을 하는 경우는 그리 많지 않다.[87] 그중에서도 예배만 참여하는 경우가 많다. 하지만 초대교회는 예수님의 승천 이후 예수님의 말씀대로 예루살렘에 모여[88] 서로 마음을 같이하여 전혀 기도에 힘썼다고 기록하고 있다.(행1:14) 이들의 모임의 결정적인 역사는 오순절 날에 성령강림의 역사다.

성령강림 이후 예루살렘에 모인 이들에게는 놀라운 성령의 역사를 체험하게 되고, 이어 베드로의 감동의 설교로 통해 당일 하루에 3,000명이 세례를 받음(행2:41)으로 예수님의 제자가 되었다.

또한 이들은 이런 성령의 역사와 사도들의 가르침을 받아 더욱더 열심히 모여 기도하며 서로 교제의 떡을 나누면서 본격적인 모임이

---

87) 한미라, 「개신교 교회교육」(서울: 대한기독교서회, 2005), pp.173~174. 주일만 참여하는 비율이 63.2% 평일 모든 교회활동에 참여하는 비율이 36.7%이다. 서론 연구배경 참조. 그리고 대부분의 교회학교 교육이 주 1회 60분 정도 실시하고 있다.
88) 누가복음 42장 49절에 "예수님께서 내가 내 아버지의 약속하신 것을 너희에게 보내리니 너희는 위로부터 능력을 입히울 때까지 이 성에 유하라" 하신 말씀대로 누가복음 24장 53절에 "늘 성전에 있어 하나님을 찬양하였는데 이들은 모두 사도행전 1장 14절에 예수님의 제자들은 마가의 다락에 모여 전혀 기도에 힘쓰니라"고 말씀하셨다.

활성화가 되었는데, 예를 들면 서로 물건을 통용하며 나눔과 섬김의 아름다운 모습이 예루살렘에 모인 제자들에게 나타났다.(행2:42~47)[89] 이런 역사 이후 이들은 날마다 모여 마음을 같이하여 성전에 모이기를 힘쓰고 집에서나 성전에서나 항상 하나님을 찬미하며 서로 교제하였다.(행2:46, 47)

초대교회의 모임은 처음부터 예수님의 승천 시 명령하신 말씀대로 예루살렘에 모여 기도하며 서로 마음을 같이하였고 성령강림 이후 날마다 모이기에 힘쓰며 사도들의 가르침을 받아 서로 나누며 섬기는 삶을 통해 구원받는 이들이 더욱더 많아졌다. 그뿐 아니라 사도행전 5장 42절에도 제자들은 날마다 성전에 있든지 집에 있든지 예수를 그리스도라 가르치기와 전도하기를 쉬지 않았으며 사도행전 6장 1~7절에는 모인 이들 중에 매일 구제의 일이나 섬김, 봉사를 효과적으로 잘 적용한 결과 더욱더 많은 이들이 예수님께로 돌아오는 성장의 역사가 기록되어 있다. 오늘날 한국교회가 주일중심의 목회에서 이제는 매일 목회로 패러다임을 전환해야 할 중요한 성경적 근거가 된다.

초대교회의 모습[90]은 예수님의 명령대로 모여 기도에 힘쓴 결과

---

89) 박윤선, *A Commentary on the book of the ACTS*(서울: 영음사, 1977), p.76. 당시 초대교회는 성령에 의한 자원하는 사랑의 모임으로서 성도들의 유무상통한 것은 은혜로 된 성도의 교제의 일면을 보여주며, 영적 은혜를 나누는 것으로 물질로 서로 돕는 생활을 하였다.(고린도후서 8장 1절~5절)

90) *Ibid.*, p.139. 5장 12절에 능력 있는 사도들의 말씀과 합심하여 잘 모이

성령의 역사하심 그리고 사도들의 설교와 가르침으로 더욱더 많은 이들이 서로 섬기며 아름다운 교제와 나눔을 통해 전무후무한 성장의 결과를 가져온 것은 오늘날 한국교회가 주일만 모여 신앙 생활한 결과를 교회 성장으로 보는 패러다임은 바꿔야 한다. 매일모여 가르치며, 기도하며, 전도하며, 섬기며, 나눔을 통해 교회의 모임이 활성화되고 교육목회가 지속적으로 이루어질 때[91] 교회성장이 이루어질 것이다.

오늘날의 화란개혁교회[92]는 교리교육을 주중 목회자와 학습자가 주 8시간 정도의 화, 수, 금요일 교육을 하고 청소년들을 6, 7년간 담임목사가 직접 교육을 하고 방학 중에는 매주 한 시간씩 연간 36시간을 교육하는 등 적어도 목회자와 200시간 이상의 교육을 하고 있고 미국의 많은 복음주의교회들도 주중[93] 프로그램인 파이오니어 클럽(Pioneer Club)[94]을 이용하여 학생들의 신앙교육을 실시하고 있다.

는 당시의 사람들의 모습(히브리서 10장 25절)을 보여주고 있다. 33절~42절에는 특히 그들은 하나님의 말씀을 전하다가 핍박을 받는 것을 영광으로 알고 또다시 쉬지 않고 전도하였다.

91) 우리의 모든 삶이 개혁주의 신학을 바탕으로 해야 한다는 뜻이다. 즉 하나님 중심, 교회중심, 말씀 중심의 삶으로 교인들의 생활 패러다임을 전환시켜야 한다. 모든 생활의 중심이 하나님으로부터 시작하고, 말씀대로 살아가며, 교회가 생활이 모든 삶의 문화에 중심이 되어야 진정한 개혁주의 신앙을 가지는 것이다.

92) 허순길, *op. cit.*, pp.44~46.

93) 나삼진, "한국교회의 갱신을 위하여", 「교회와 교육, 2003년 봄」(서울: 총회출판국, 2003), p.15.

94) *Ibid.*, 3~12세 아동을 전인격적 교육과 훈련을 통해 새 시대의 크리스천 리더로 성장할 수 있도록 준비시키는 교육목회 프로그램의 하나로

현재 한국교회의 목회 패러다임은 주일중심의 목회이다. 그러나 이제는 매일교육, 즉 주중에도 교인들을 교육하여야 한다. 이것은 오늘날 한국사회의 환경과 무관하지 않다. 앞에서 살펴본 한국사회의 패러다임의 변화는 급격히 변화하고 있으며 그에 따른 생활문화의 변화도 급격히 바꿔가고 있다. 그리고 이제는 한국사회에 주 5일 근무제도[95]가 도입으로 인해 교회는 대안을 제시할 수 있는 계획과 준비가 필요하지만 대부분의 교회는 이에 대한 대비가 없으며 주중에 교인들의 신앙 활동을 돕는 프로그램이나 교육을 하지 않음으로 인해 개개인의 신앙 활동이 교회와 더욱더 멀어져 가고 있다.[96]

더욱더 시급한 것은 주일학교 학생들, 즉 교회의 미래의 주역인 교

서 미국사회에 중요한 교육적 기능을 감당하고 있다.

95) 네이버 백과사전(http://100.naver.com/100.nhn?docid=7820) 57주 40시간 근무제라고도 한다. 법정 노동시간을 주당 40시간 이내로 한정하면, 하루에 평균 8시간씩 노동을 하게 되어 1주일에 5일만 일을 하면 된다. 주 5일근무제는 1주일에 5일 동안 일을 하고, 나머지 이틀은 쉬는 제도를 말한다. 프랑스는 1936년, 독일은 1967년, 일본은 1987년부터 주 40시간근무제를 실시하였다. 그러나 2004년 현재 이들 3개국의 주당 근무 시간은 40시간보다 적다. 그 밖에 캐나다·오스트레일리아·네덜란드·오스트리아·벨기에·중국 등도 주당 근무시간이 40시간을 넘지 않는다. 한국은 1998년 2월부터 주 5일근무제를 추진하기 시작해 2000년 5월 노사정위원회에서 근로시간단축특별위원회를 구성하였다. 2002년 9월 입법안을 마련해 같은 해 10월 국회에 제출하였으나, 노사(勞使) 간의 의견 접근이 이루어지 않아 최종 합의에는 실패하였다. 그러다 2003년 8월 국회 환경노동위원회와 법제사법위원회의 의결을 거쳐 기존의 근로기준법을 개정해 같은 해 9월 15일 공포하고, 2004년 7월부터 단계적으로 시행에 들어갔다.

96) 신원화, "주 5일 근무에 따른 사회현실과 목회적 준비", 「교회와 교육, 2006 봄」(서울: 총회출판국, 2006), pp.46~56.

회학교 학생들이 주중에는 학교와 학원 독서실 등 학업과 직장으로 바쁘게 활동하다가 주일 1시간 신앙교육으로 신앙을 지킬 수 없는 위기에 와 있다. 따라서 이를 대체할 교회교육목회는 전무한 실정이다. 물론 일부 대형교회를 중심으로 교육 프로그램이 진행되고는 있지만97) 실상은 주일 오후 수요일 토요일 성경공부 중심이나 학교공부 중심의 교육이 대부분이며 이 또한 특별히 매력 없는 단순한 프로그램으로 교육을 하고 있다.

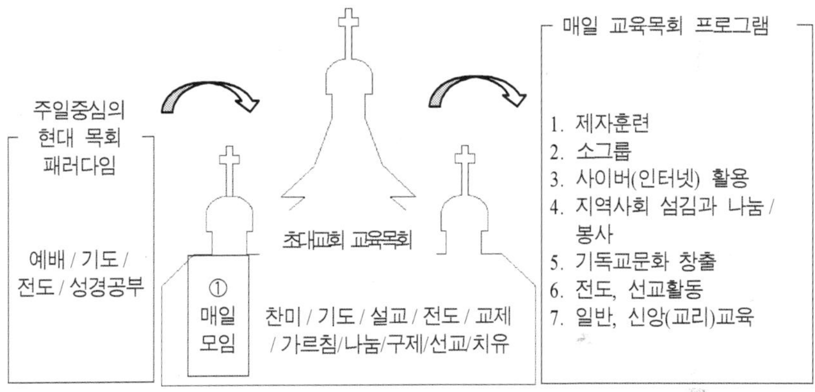

도표 11. 초대교회의 매일 교육목회

한국교회는 교육목회의 현실에서 그 대안을 찾아야 한다. 그것은 바로 주일 중심 목회에서 매일 교육목회로 전환하여 실제 단, 장기적인 교육계획을 통해 목회적인 패러다임을 구축하고, 실시를 위한 다방면의 연구가 필요하다.

---

97) 장희섭, "주중 특별활동의 어제와 오늘, 그리고 내일", 「교회와 교육, 2003년 봄」(서울: 총회출판국, 2003), pp.51~59.

따라서 본 연구에서 제시할 교육목회 프로그램은 교육목회의 기본 요소인 코이노니아(κοινωνία), 레이투르기아(λειτουργία), 디다케(διδακή), 케리그마(κήρυγμα), 디아코니아(διακονία)를 구체적으로 실행할 수 있는 프로그램을 소개하면 다음과 같다.

첫째, 제자훈련을 통해 평신도들을 제자화하고 사역자로 훈련시켜 평신도 지도자들을 발굴하여 헌신 봉사하도록 하여 목회를 돕는 일[98]을 통해 교회를 성장케 할 수 있다.

둘째, 주중에 모임 활성화를 위한 소그룹(Call group; 구역, 가정, 소그룹, 사랑방)모임을 통해 성도들의 교제와 함께 신앙생활의 활성화할 수 있다. 소그룹의 활성화로 통해 성도의 교제와 소그룹의 공동체 활성화 그리고 함께 선교와 이웃봉사 등 섬김의 공동체를 형성하며 함께 모일 때마다 예배와 양육을 통해 소그룹 공동체[99]를 활성화시킨다. 이것이 교육목회의 기본 요소를 갖춘 전형적인 교육목회 프로그램이다.

셋째, 사이버공간을 활용하여 언제 어디서나 교회 소식, 기타 교육자료 등 필요한 정보를 제공받으며 커뮤니케이션(communication)을 이룰 수 있는 공간 활용을 통해 간접적인 교육과 전도와 교제 그리고 나눔을 통해[100] 교회성장이 이루어진다.

---

98) 옥한흠, 「평신도를 깨운다」(서울: 도서출판 두란노, 1991), pp.140~146.
99) Ron Nicholas, 외 「소그룹운동과 교회성장」 신재구 역(서울: IVP, 2003), pp.100－157.

넷째, 지역사회에 선교와 사회봉사활동 등 섬김의 봉사활동을 통해 지역사회 발전과 지역사회의 문제에 직·간접적인 역할을 감당함으로 간접적인 전도활동과 활성화할 수 있다. 실제로 교회가 지역사회에 필요한 공부방운영, 노인대학, 상담소 운영, 무료급식소, 재활용센터 운영, 지역 환경 개선사업, 독거노인, 소년소녀 가장 돕기, 개가복지, 도시락보급, 어린이 도서관 운영 등 다양한 봉사활동[101]을 함으로 교회성장을 이룰 수 있다.

다섯째, 다양한 기독교문화 활동을 통해 활성화할 수 있다. 현재의 한국교회는 21세기 신자유문화(new free culture)와 인본주의(humanism), 뉴이이즈운동(new age movement), 다원주의(Religious pluralism), 포스트모더니즘(postmodernism) 등의 영향으로 인해 한국교회는 열악한 기독교문화에 대비가 없음으로 인해 교인들이 사라져가고 있다.[102] 오히려 세상문화를 그대로 수용함으로 인해 오는 교회 내의 문화적 충격으로 인해 세상과 교회와의 문화의 차이가 심화되고 있다. 시급히 해결되어야 할 것은 기독교문화를 새롭게 정착시키며,[103] 오히려 세상문화를 이끌어 갈 문화 활동이 절실히 요구된다.

---

100) 김성철, "인터넷과 교회, 인터넷과 교육목회", 「교회와 교육, 2001 가을」(서울: 총회출판국, 2001), pp.43∼55.
101) 정주채, "교회가 지역사회의 필요를 감당해야 한다", 「교회와 교육, 2001 가을」(서울: 총회출판국, 2003), pp.6∼16.
102) 신상언, 「이제는 문화 패러다임입니다」(서울: 낮은 울타리, 1998), pp.253∼264.
103) 안환균, 「르뽀, 기독문화가 위태롭다」(서울: 규장문화사, 1999), pp.146∼166.

여섯째, 선교활동을 통한 국내외 활동을 활성화할 수 있다. 선교비 지원뿐만 아니라 실제 선교사역을 돕거나 혹은 직접방문을 통해 교류하며, 협력하는 일들은 교회생활에 활력을 줄 수 있으며, 이를 통해 교회 성장을 활성화시킬 수 있다.

일곱째, 일반교육과 신앙(교리)교육을 통한 교육사역(선교원, 교육원, 성경대학, 교사대학, ets)으로 활성화할 수 있다. 주일만 성경공부하는 것에서 벗어나 일정한 신앙(교리, 일반, 전문, 인성, 특별)교육을 평일에 실시하며, 교회와 연관된 선교적 차원까지 확대함으로 교회를 성장시킬 수 있다. 특히 지역봉사 측면에서 방과후학교, 교육선교원, 교사대학, 성경대학, 노인대학, 부부(아버지, 어머니)학교 등을 통해 교회성장을 이룰 수 있다.

위의 7가지 영역들은 단순히 단회성으로 끝날 수 있는 것이 아니다. 이것은 단시일이나 하루에 모든 것을 다 할 수 없다. 단, 장기적으로 목회 계획을 세워 실시하면 효과적일 것이다. 주일중심의 목회가 아니라 매일 일정한 기간을 통해 지속적으로 교육목회를 할 수 있음으로 교회는 전보다 더 활성화될 것이고 점진적인 교회성장을 기대할 수 있을 것이다. 이 외에도 전통적인 목회 패러다임을 전환하여 매일 교육목회를 활성화할 수 있는 프로그램인 예배 기도회 전도 성경공부를 활성화할 수 있도록 하기 위한 교육목회 프로그램을 다음 장에서 구체적으로 어떻게 적용할 수 있는지를 살펴보도록 하겠다.

2. 교육목회 대상 확대

예수님의 승천 이후 초대교회는 예수님의 12제자들과 여자들과 "예수님의 아우들과 더불어 마음을 같이 하여 전혀 기도에 힘쓰니라"(행 1:14)고 기록되어 있다. 당시 시대의 개념으로는 여자와 아이들을 별로 중요시하지 않고 숫자에도 계산하지 않던 시대에 이 구절이 기록된 것으로 볼 때[104] 초대교회는 처음부터 남녀노소 구별 없이 모두 모여 기도에 힘쓴 것을 볼 수 있다. 또 예루살렘교회의 생활 모습에서도 나타나는 것은 사도들의 가르침을 따라 서로 교제하며 떡을 떼며 기도에 힘쓰는 일에 모든 믿는 사람들이 함께하였다. (행2:42~47) 특히 사도행전 5장 14절~16절에 보면 "믿고 주께로 나오는 자가 더 많으니 남녀의 큰 무리더라……" 여기서 남자와 여자의 큰 무리가 주께로 돌아왔다는 구절의 말씀에서도 역시 남자들뿐만 아니라 구원받는 부분에서는 여자든 아이든 노인이든 특별히 구별이 없이[105] 사용되었다. 이처럼 초대교회의 역사에서도 보면 목회의 대상이 남녀 구별 없이 동시에 이루어졌고 사도들의 가르침과 능력의 역사를 체험하고 감동을 받은 이들은 모두 주께로 돌아왔으며 그리스도인이 된 것이다.[106]

---

104) 정훈택, 「복음을 따라서」(서울: 한국로고스연구원, 1996), p.56.

105) *Ibid.*, p.223.

106) John. Calvin, *Institutes of the Christian Religion. op. cit.*, Ⅳ.1.5. "Calvin 은 믿는 자들의 지식이 성숙할 때까지 유년기 때는 어린이들의 교육을 위한 규칙인 이 세상의 요소들과 외적인 의식들 속에서 훈련 받게 하고자 하는 것이 주님의 뜻이다."(엡4:13)라고 말하고 있다.

결국 초대교회의 교육목회의 대상은 특정 연령층만 대상으로 교육한 것이 아님이 틀림이 없다. 뿐만 아니라 교회사에서 보면 특히 종교개혁시대 때 존 칼빈(John Calvin)이나 마틴루터(Martin Luther) 등은 어린 아이들이나 초신자들을 위한 기초 교리교육을 하였으며 물론 정기적인 기존 교인들에게도 교육을 실시하였음을 볼 수 있다.[107] 그러나 오늘날의 한국교회는 특정 연령층을 중심으로 목회가 이루어지고 있으며 그로 인해 다양한 집단 다양한 연령층에 교육이 골고루 이루어지지 못함으로 인해 교육의 균형이 잡히지 못하고 있다. 하지만 지금까지는 특정한 연령을 대상으로 목회한 결과 모두가 잘못되었거나 문제가 된다는 것은 아니다.

어떤 경우에는 특정 연령층을 대상으로 하는 교육으로 인해 교회성장이 이루어지는 경우가 있다. 하지만 앞으로의 목회에서는 그로 인한(특정연령층만의 교육) 목회의 한계에 부딪치게 될 것이고 지속적이고 건강한 교회성장을 기대할 수가 없게 된다는 것이다. 그러므로 현실적으로는 어려운 일일 수도 있겠지만 다양한 집단의 다양한 요구와 교육목회의 기회를 모든 연령층이 다 받아야 함은 두말할 필요가 없는 당연한 일이라 하겠다. 이 일이 중소교회에서는 실질적으로는 불가능하다고 말할 수 있으나 그러나 오히려 중소교회일수록 더욱더 전 연령층의 교육이 이루어져야 할 것이다.

또한 연령층 교육목회만 아니라 다양한 집단, 다양한 은사를 중심

---

107) 정일웅, 「교육목회학」, *op. cit.*, pp.264−313.

으로 한 소그룹 교육이 지속적으로 이루어질 필요가 있으며 적절히 목회 계획을 세워 진행한다면 결코 어려운 일은 아닐 것이다. 다양한 연령층, 즉 어린이 청소년 청장년 노년(어르신)을 대상으로 한 교육목회는 반드시 이루어져야 하며 나아가서 부부학교, 예비부부학교, 직분자 재교육 등의 다양한 프로그램을 구상하여 교육목회를 실시하여야 한다.108)

과거 우리 한국교회의 목회를 어부들의 생활상에 비유하여 낚시목회였다면 요즘은 동력선을 이용한 그물 목회이다. 그러나 앞으로는 기르는 양식 목회를 해야만 하는 것이 현실적일 것이다. 그러나 목회 패러다임을 전환한다는 것은 결코 쉬운 일은 아니지만 낚시 목회보다는 양식목회가 더욱 성경적이라 할 수 있다. 왜냐하면 양질의 교인을 양육하여 교회의 기능을 회복할 수 있을 뿐만 아니라.

나아가 미래의 성장 동력을 키울 수 있는 일이 있기 때문이다. 지금 이단과 타 종파에서는 자기들의 종교를 포교하기 위해 다양한 방법을 동원하는데 그중에 교육사업에 집중적으로 투자를 하고 있다. 심지어 안식교도들은 일정한 교회규모가 되기만 하면 대부분 교회안에 정식 허가받은 학교를 운영하고 있고, 불교나 천주교에서는 각종 유치원이나 노인대학 청소년 수련장 등을 집중적으로 개설하여 종교를 통한 교육 사업을 하고 있다. 또한 이들 기관들을 이용한 사회 봉사사업을 중점적으로 펼쳐가고 있는 실정이다.

---

108) Norman Edmond Harper, "*A Comparative Study of the Educational Implication of the Thought of John Calvin and Soren Kierkegaard*"(Ph. D. dissertation, The University of Mississippi, 1966), pp.162~163.

그러나 한국교회는 초기의 교육사업과 사회봉사 선교사역을 통한 교회성장을 이룬 좋은 전통[109]은 잊어버리고 이제는 우리의 자녀들뿐만 아니라 믿음이 약한 교인들을 타 종교에 빼앗길 위기에 와 있다.

또한 한국사회의 교육 여건도 많이 바뀌어 입시위주의 교육정책으로 인해 사교육 양성되고 심지어 학교에서는 학생들을 야자(야간자습), 휴일(주일) 보충학습 등으로 인해 학생들이 밤낮없이 학교, 학원, 가외 등으로 인해 신앙교육이 더욱더 위축되고[110] 급격한 사회문화의 변화에 따라 사람들의 여가활용을 교회보다는 교회 밖에서 즐기는 것으로 인해 교회는 단지 주일 한 번 출석하는 종교행위로 전락하고 있다. 이런 모든 것들은 이미 10년 전에 예견된 일이었다.[111]

오늘날의 한국교회는 목회자의 목회 패러다임을 교육목회 패러다임으로 전환하지 않으면 안 되는 실정으로 와 있다. 과거 한국교회의 교육을 목회자가 직접 하기보다는 부교역자(전도사, 교육전도사)에게 전담시키고 담임목회자는 성인중심의 목회로 이원화되었다면, 이제는 담임 목회자의 목회 패러다임이 교육목회 패러다임으로 전환하여 교회 전체의 교육목회가 이루어지도록 해야 한다.

---

109) 김양선, 「한국기독교사 연구」(서울: 기독교문사, 1971), p.135.
110) 박상진, "한국교회학교의 성장추이분석", 「1996년을 위한교육정책세미나 자료집」(서울: 장신대 기독교교육연구소, 1995), pp.38~60. "주일학교 학생들의 감소 원인을 살펴보면 ① 출산저하, ② 놀이문화 변화로 인한 주일학교 학생들의 감소, ③ 부모의 여가생활의 영향 ④ 다양한 과외활동(학과, 취미, 운동, 예능 등)으로 아이들의 개인적인 시간이 없다는 점을 지적하고 있다"
111) 한미라, 「개신교교회교육」 *op. cit.*, pp.100－137.

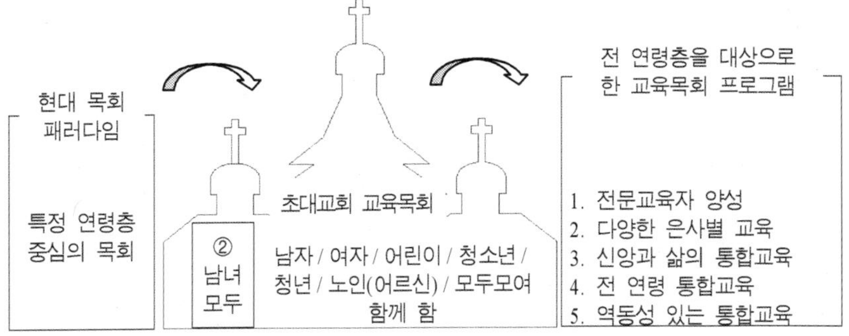

도표 12. 초대교회의 전 연령층 교육목회

목회자의 목회 패러다임이 전 교회에 영향을 주며 구체적이고 계획적이며 단, 장기적인 목회 계획에 따라 구체적으로 진행되어야 한다. 그러므로 목회를 하기 위한 목회가 아니라 교인들을 성장시키고 교회를 성장시킬 수 있는 교육목회로의 전환만이 진정한 목회가 이루어질 것이다. 그렇다면 교육목회로 패러다임으로 전환하여 할 수 있는 전 연령층을 대상으로 한 교육목회 프로그램은 무엇이 있는가? 구체적인 각 연령층의 교육목회 프로그램 적용 방법은 다음 장에서 살펴보도록 하겠다. 본 절에서는 다음과 같이 교육목회 프로그램 활성화를 위해 프로그램을 소개하고자 한다.

첫째, 전문교육자 양성을 통해 교육목회를 활성화할 수 있다. 현대교회 교육은 교육 전문가가 필요하다.[112] 그렇다고 작은 교회들은

---

112) 김희자, "교육(목)사 제도의 역사적 형성과 한국적 적용" 「기독교교육 연구, 제1권, 제1집, 창간호」(서울: 총신대학교 부설 기독교교육 연구소, 1990), pp.146~147.

교회 재정과 환경 등 여건이 부족하여 전문 교육자를 둘 수 없다. 그러나 최대한 전문적인 교육목회를 위해서는 전문 교육자를 통해 도움을 받든지 아니면 자체적으로 양성해야 한다. 일반적인 목회 개념으로 목회를 한다면 그 목회에 한계를 벗어날 수 없으며 다른 교회나 사회에서 나타나는 교육 환경의 차별화에 밀려 교회는 더 이상 성장할 수 없다. 교육전문가를 두어 목회 협력을 구하는 것이 효과적이지만 교육전문가를 둘 수 없다면 교회 내에 자원하는 교인을 교육전문가로 양성하여 목회를 돕도록 하는 것이 좋을 것이다. 이것도 여의치 못하다면 목회자 자신이나 사모의 도움을 받아 교육목회를 위한 인력을 전문화하는 것이 좋을 것이다.

둘째, 다양한 은사별 교육을 통해 교육목회 프로그램으로 활성화할 수 있다. 현대사회나 교회 어느 곳에서든지 세대 차이로 인해 오는 갈등과 문제가 항상 존재하고 있다. 그러나 교회에서는 세대 간의 차이를 극복하고 각자에게 하나님께서 주신 은사나 달란트를 잘 활용할 수 있도록 목회자는 연령의 제한을 두지 말고 전 연령을 대상으로, 한 분야에, 서로 같은 성향의 은사를 가진 사람들을 통해 모임을 가질 수 있도록 지도하는 것이 매우 효과적이다. 예를 들면 찬양대에 성인만의 찬양대로 구분하지 말고 찬양하기를 원하는 사람들을 연령에 제안을 두지 말고 모두 참여케 된다면 예전에 없는 은혜가 넘칠 것이다.

셋째, 신앙과 삶의 통합교육을 통해 교육목회 프로그램을 활성화할 수 있다. 한국교회 교인들에게서 나타나는 아주 심각한 괴리현상

중의 하나는 신앙과 생활의 분리 현상이다. 이런 현상으로 인해 오는 사회적 문제와 온갖 비리에 연류된 기독교인의 삶의 가치관이 심각하게 손상을 입었으며, 그로 인한 교회교육의 위기 또한 심각하게 와 닫고 있으나[113] 그 한계를 극복할 수 없다. 그러나 교육목회로 통해서 이런 심각한 문제를 해결하고 대 사회적 문제를 치유하는 교육목회 정책을 통해 교회 전체 기능을 회복하고 평신도들과 목회자가 함께 신앙과 삶 그리고 가치관과 생활의 변화를 통해 교회를 회복할 수 있을 것이다.

넷째, 전 연령 통합 교육목회를 통해 교육목회 프로그램을 활성화할 수 있다. 어린이에서 노년에 이르기까지 모든 연령층을 평생 교육의 개념으로 교육목회를 하여야 한다. 과거 한국교회의 교회교육 중심은 성인 중심의 교육에서 주일학교의 영향으로 어린이 중심의 교육으로 전환되었다. 그러나 교회교육의 본질적인 측면에서는 교육 흐름이 연령의 차원에서 흘러가서는 안 될 것이다. 즉 교회교육은 모든 연령이 교육목회를 받아야 하며, 나아가 구체적이고 점진적인 성장을 위한 교육목회가 시행되기 위해서는 모든 연령층에게 맞는 교육목회, 세대 간의 차이를 좁히고 조화[114]를 이룰 수 있는 교육목회 패러다임을 구상하여 적용해야 할 것이다.

다섯째, 역동성 있는 통합교육을 통해 교육목회 프로그램을 활성

---

113) 강용원, *op. cit.*, pp.52~58.
114) 정웅섭, "신앙공동체의 간세대교육", 「현대교육목회의 전개」(서울: 한국신학연구소, 2001), p.177.

화할 수 있다. 교회의 본질은 유기체이다. 즉 교육목회의 본질 역시 유기체적인 목회를 지향하고 있다. 따라서 모든 연령층의 세대 간의 차이를 좁히고 서로 협력할 수 있도록 하며 교육목회의 계획에 따라 실제 적용하는 목회 현장은 다이내믹(dynamic)하고 활기차게 될 것이며 또 뚜렷한 목적으로 가지고 목회를 이끌어 가기 때문에 목회가 어떻게 변할 것인가? 시대의 패러다임을 분석하고 적절한 교육목회를 시행할 수 있음으로 효과적인 교회성장을 이룰 수 있다.

3. 전인교육목회

오순절 성령강림 이후 베드로의 설교에 감동받은 이들이 회개하고 세례를 받은 이들이 그날에 3,000명이 되었던(행2:41) 역사 이후 사도들의 설교는 당시 제자들과 이방인들 그리고 그 지역에 유대인들에게 상당한 감동과 변화를 주는 교육적인 역사가 크게 일어났다. 따라서 이들은 사도들의 가르침(42절)[115]에 따라 서로 교제하며 떡을 떼며 기도에 힘쓰는 역사가 일어났다.[116]

---

115) 박윤선, *op. cit.*, p.75. 사도들의 가르침을 받는 것은 당시 곧 하나님의 말씀(살전2:13)으로 인식하였으며, 무엇보다 그것을 받지 않고는 신앙이 장성할 수 없다는 의미로 받아들였으며, 성도가 교제가 없이 자랄 수 없으며, 기도를 힘쓰지 않고는 신앙을 생명 있게 보존할 수 없다.

116) *Ibid.*, 당시 초대교회는 경제적 유무상통이 신자의 자발적인 행동으로 이루어졌으며 외부제도와 억압에서 이루어진 것이 아니라고 박윤선은 말하고 있다.

이는 정형적인 교육목회의 한 단면이다. 또 이들은 날마다 마음을 같이하여 모이기에 힘쓰며 하나님을 찬미하며, 서로 즐거운 교제를 통해 기뻐하는 등의 역사가 초대교회 성도들에게서 나타나고 이로 인해 주변 사람들에게 칭송을 받는 놀라운 변화의 역사가 일어나고 이를 보고 감동받은 주변인들이 함께 가세하는 등 이들의 모임의 역사는 많은 사람들을 주께로 돌아오게 하는 역사를 이루었다.(행4:32∼35) 이것이 전형적인 교육목회의 가장 좋은 결과이다. 이뿐만 아니라 사도들 중에 베드로와 요한이 예수님의 이름으로 치유의 역사(능력과 표적인 나타남)를 나타내며 주변 모든 백성들에게 놀라움과 감동을 주며 이로 인해 또 믿고 주께로 나오는 자들이 많이 생겨났다.(행5:14)

초대교회 사도들의 교육목회 사역은 예루살렘 교회 안에서도 나타났는데 이들은 날마다 성전에 모여 예수는 그리스도라 가르치며 전도하기를 쉬지 않았으며(행5:42) 교회 내에 구제와 봉사의 일 등을 맡길 집사들을 세워 봉사케 하고 사도들은 전도와 기도 그리고 말씀 전하는 일에 전념하기 위한 목회의 패러다임을 전환하여 효과적으로 적용한 교육목회의 한 단면을 보여주는 예이다. 이렇듯 교육목회는 단순히 성경공부만을 위한 목회가 아니라 목회의 전반에 적극적인 교육이 뒤따르며 적절한 행정지도를 통해 목회의 효율성을 높이는데 오늘날의 목회자들이 초대교회의 교육목회를 배워야 할 필요가 있는 것이다.

교육목회는 단순히 성경공부만이 아니라 교육행정, 구제, 성도의 교제, 섬김, 나눔, 전도 등 다양한 목회 영역에 목회자의 교육적인 가르침과 지도가 뒤따르는 교육목회가 이루어질 때 효과적으로 목회가 발휘될 수 있으며 그 결과 교회는 성장하게 되는 것이다. 실제로 초대교회는 사도행전 6장 7절에서 교육목회를 하는 사도들의 말씀은 점점 더 왕성해지고 가르침에 따라 제자의 수도 더 늘어났지만 더 놀라운 것은 핍박하든 제사장들의 무리들도 이들 사도들이 하는 일들을 보고 복종하는 놀라운 결과를 가져왔다.

오늘날 한국교회는 주일 예배 설교나 성경공부만으로 교회교육을 다하였다고 생각하는 교회들이 많이 있다. 실제로 대부분의 교회가 주일 예배만 드리는 경우도 있고 혹시 교육을 한다면 성경공부(공과교육)를 하는 정도로 끝나는 경우의 교회들이 많이 있다. 그것도 일주일에 한번 정도 성경공부(주일공과교육이나 잘하면 구역공과교육)하는 것으로 만족하는 교회들도 많다는 것이다. 그러나 이런 목회 패러다임은 교회 정체성에 심각한 문제를 가져오게 된다. 즉 내가 왜 교회를 나가야 하는지? 왜 교회 봉사해야 하는지? 나는 구원받았는지? 등의 아주 단순한 기초적인 질문에 대답을 하지 못하는 경우가 많이 있다.

이것들은 단순한 목회(설교나 성경공부만으로 만족하는 목회)가 가져오는 문제점들이다. 이제는 성경공부만 할 것이 아니라 성도들의 지성, 인성, 영성까지도 감당하는 교육목회가 필요하다. 더 나아가 초대교회처럼 신앙생활과 가정생활 그리고 교회 봉사하는 모든 영역까지도 목회자가 교육을 해야 할 것이다. 더 효과적인 목회 패러다임을 찾아 목회 현장에 적용해야 할 것이 무엇인지 가르쳐야 한다.

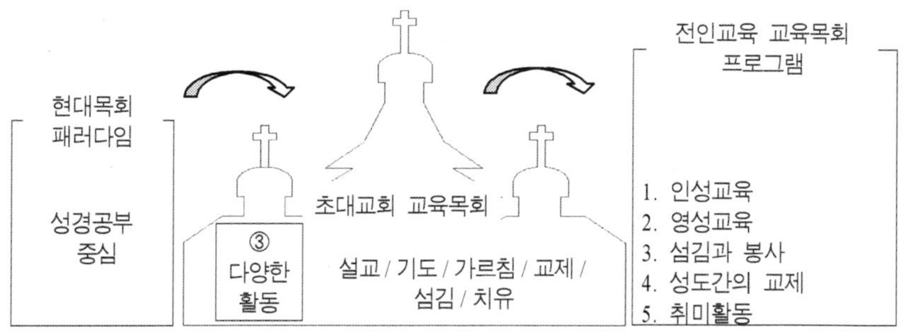

도표 13. 초대교회의 다양한 교육목회

목회자는 양들의 영혼뿐만 아니라 모든 삶까지도 책임을 지고 가르치며 인도해야 할 의무가 있다. 현대 목회에서 단순히 성경공부만으로 교인들의 영혼을 책임지거나 신앙을 올바르게 지도할 수 없다. 이는 교인들의 신앙과 삶에 일치를 이룰 수 있도록 가르치며, 인도해야 할 의무가 목회자들에게 있기 때문이다. 이것이 바로 교육목회이다. 따라서 성경공부만 아니라 교인들의 인성, 영성, 섬김과 봉사, 교제, 취미생활 등 전인적(全人的)인 교육이 교회에서 이루어져야 한다. 이것을 구체적으로 살펴보면 다음과 같다.

첫째, 교인들의 인성교육이 필요하다. 현대 한국교회는 교인들의 인성교육이 절실히 필요하다. 그 이유는 크게 두 가지인데 ① 한국교회의 당면한 과제, 즉 한국교회의 실추된 이미지를 회복하고 참 기독교인의 상(image), 즉 성경대로 변화하며 성장하는 삶의 모습을 나타내야 할 것이다.(마5:16, 엡4:13) ② 한국인의 특유한 인성[117] 내

---

117) 윤태림, 「한국인」(서울: 현암사, 1993), pp.208~210.

면에는 비기독교적인 인성, 즉 유교, 샤머니즘, 불교문화의 영향에 따른 사고와 지엽적인 문제, 계급의식, 서열의식 등의 심각한 한국인의 고질적인 인성문제를 성경적으로 풀어 주고, 지도하고, 가르쳐야 할 것이다. 과거 초기 한국교회는 이런 한국인의 특유한 인성교육이 실시되었고 많은 변화를 주어 한국인들의 내면에 기독교 신앙을 받아들이려는 사람들이 많았다.[118] 그러나 지금은 신앙과 삶의 일치를 찾아보기 힘든 상황에 와 있다. 그 원인은 한국교회가 교인들의 인성 교육을 지속적으로 하지 못한 결과로 분석된다.

둘째, 교인들의 영성교육이 필요하다. 한국교회의 목회에 중요한 위치를 차지하는 영성문제는 어제 오늘의 문제가 아니다. 교회가 감당해야 할 영성 교육을 기도원이나 일부 은사집회 등에서 무분별한 무질서한 영성훈련을 통해 교회 내에 갈등과 문제를 야기하고 있다. 목회자의 영성지도에 만족을 누리지 못하는 교인들은 자기교회 남의 교회 가릴 것이 없이 방황하고 있는 것이 오늘의 현실이다. 더욱 안타까운 것은 오늘날 한국교회 영성훈련이 되어 있지 못하여 오히려 시험에 들거나 이단 종파에 빠지는 경우가 발생하고 있다. 이런 문제들을 교회가 해결하지 못함으로 인해 오는 심각한 폐단을 하루속히 해결하기 위해서는 건전한 영성교육이 교회 내에 실시되어야 할 것이다.

셋째, 교인들의 섬김과 봉사의 교육이 필요하다.[119] 개체교회만의

---

118) 김한옥, 「기독교 사회봉사의 역사와 신학」(서울: 실천신학연구소, 2004), pp.397~401.

성장에만 관심을 가져온 오늘날의 한국교회는 교회 내에서뿐만 아니라 교회 밖에서의 성도 간의 교제와 나눔 그리고 섬김과 봉사가 이루어져야 할 것이다. 교회가 사회에 개방되고 섬김과 봉사를 통한 전도와 교육이 이루어진다면 한층 더 높은 교회 위상을 세울 수 있을 것이다.

넷째, 교인들 간의 교제를 위한 교육이 필요하다.[120] 교회들마다 일주일에 한 번 보는 교인들이 상당한 수에 달한다. 물론 교회 제도 안에서 매주 따로 모이는 소그룹이나 구역 등으로 활발하게 활동하는 교회나 그룹이 있겠지만 대부분의 중소교회가 앉고 있는 고질적인 문제는 교인 간의 서로 교제가 부족하며, 교제가 활발한 그룹들이라도 오히려 세상문화에 너무 치우치는 그룹이 있는가 하면 반면에 성경공부나 예배만 드리고 모임을 끝내는 경우가 대부분이다. 이것은 효과적인 교회나 교인 간의 교제가 되지 못한다. 적절한 그룹 내에 교제와 양육 그리고 예배와 전도, 봉사가 병행될 때 그 그룹에 기독교적인 활발한 모임으로 발전하게 되고 이것이 결국 교회 전체의 성장을 가져올 수 있기 때문에 성도 간의 교제를 위한 교육목회가 필요하다.

다섯째, 교인들의 취미생활의 교육이 필요하다. 현대교회교인들은

---

119) John. Calvin, *Institutes of the Christian Religion. op. cit.*, Ⅳ.1.5－6. "Calvin은 하나님께서 우리가 우리 이웃을 도울 수 있도록 우리에게 주신 모든 것을 관리하는 청지기로, 우리는 어떤 사람이라는 그를 도와야 할 이유가 있다."고 말하였다.

120) *Ibid*, Ⅳ.1.3.

성경공부만으로는 자신의 삶에 만족하지 못한다. 나름대로의 삶의 여가를 즐기는 이들은 취미생활을 위해 다양한 활동을 하고 있다. 하지만 기독교 신앙과 연결하여 취미생활을 즐기는 사람은 매우 드물다. 물론 대형교회는 자체에 취미활동을 위한 교육 시스템이 갖춰져 있겠지만 중소형교회는 교회 형편상 불가능한 경우도 있다. 하지만 현실적인 면에서 이를 극복할 교육목회 패러다임을 구상해야 할 것이다. 이 외에 현대교회에 절실히 요구되는 교육목회 프로그램은 다양하게 많이 있다. 그중에 시급히 해결해야 할 내용, 즉 평신도 지도자 양육, 효과적인 교회 봉사 교육, 이웃에게 섬김과 봉사, 개인, 가정과 교회의 회복을 위한 교육목회 프로그램의 실제적인 적용 방법을 다음 장에서 구체적으로 살펴보도록 하겠다.

4. 공공기관과 교육목회 연계

초대교회의 교육목회는 다양한 장소에서 이루어졌다. 예루살렘 거리 성전에서 산헤드린 공회 앞에서 가정에서 옥중에서 사마리아에서 달리는 병거 안에서 멀리 로마까지 복음전파를 위한 사도들의 가르침은 거침이 없었다.

사도들의 가르침과 나타나는 기사와 표적은 많은 사람들에게 영적 권위와 가르침을 따르는 순종의 역사가 일어나고(행2:42), 공동체 안의 질서와 효과적인 섬김과 봉사를 위해 직분을 세우는 일(행6:1~7)

에도 모두 순종하며 함께 협력하는 역사들이 나타났다. 또한 사도들은 자신들을 핍박하는 이들에게도 당당히 그리스도를 증거하며 옥중에서도 믿음의 증거를 보임으로 인해 나타나는 이런 열정(행16장)과 간수장이의 가정이 구원받았으며 이방인 백부장 고넬료의 가정에도 베드로를 통해 구원의 역사가 일어나게 한 것은 하나님의 전적인 은혜이며 또한 이들의 한 영혼 한 영혼을 위한 열정적인 교육목회는 초대교회가 급성장하게 한 중요한 계기가 된다.

이들의 가르침을 따라 초대교회 일곱 집사들도 순교(스데반)를 각오하는 열정을 통해 함께 협력하고 수고한 결과 복음이 땅 끝까지 전파되는 초석이 되었다. 또 한 가지 놀라운 것은 사도들의 전략적인 장소인 회당은 초대교회 당시 시대에 유대인 사회에는 모임의 장소로 활성화되어 있었다.

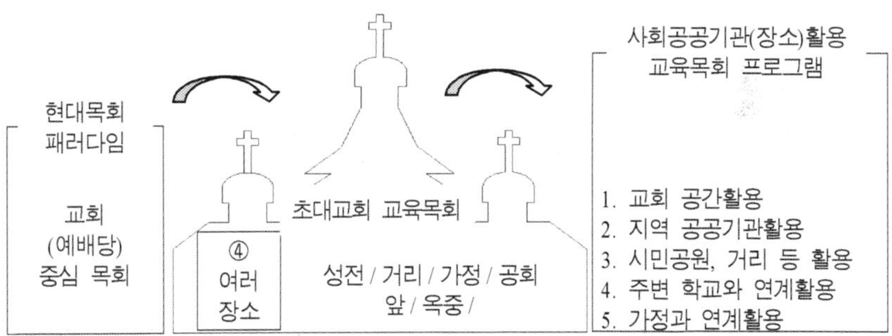

도표 14. 초대교회의 다양한 장소에서의 교육목회

기록에 의하면 회당은 누구나 매주 그곳에 모여 종교적인 이야기나 마을의 중요한 문제를 논의하는 장소로 사용되었다.121) 사도들은 이들 회당을 중심으로 복음전도의 교두보를 삼았다. 그러나 오늘날의 한국교회 목회 현장은 어떤가? 심방하는 것 외에 대부분의 목회 활동이 교회(예배당) 내에서 이루어지고 있다.122) 하지만 효과적인 목회가 되기 위해서는 목회 활동의 영역을 넓힐 필요가 있다. 특히 신앙교육의 공간을 넓혀야 한다.

중소교회나 대형교회라도 교회 내에서 한정된 공간에서 목회를 하는 것에서 영역을 더 넓힐 필요가 있다. 아니면 교회의 한정된 공간을 최대한 활용할 방안을 연구해야 한다. 단순히 예배만을 위한 공간으로 사용해야 한다는 개념을 바꿔야 한다.

그러기 위해서는 다음과 같은 교육목회 프로그램으로 목회 패러다임을 새롭게 할 수 있다. 첫째, 교회 공간을 다양하게 활용하여 교육목회 프로그램을 활성화할 수 있다. 과거 예배 중심의 목회 패러다임에서 이제는 예배뿐만 아니라, 성도들이 함께 공유하며 함께 은혜를 나눌 수 있는 장소이자 공동체의 삶의 문화를 만들어가는 공간

---

121) Michael Green, *Evangelism in the early Church*(Grand Rapids: Eerdmans, 1970), p.194.

122) 홍전근, "한국교회의 교육환경실태조사", 「교육교회 1998년1월, 제254호」 (서울: 장신대기독교교육연구원, 1998), pp.10~19. "총4회에 걸쳐 전국을 대상으로 교회 규모별로 조사한 결과 174개 교회를 표본으로 하여 실태 조사한 결과 예배실에서 교회교육이 이루어지는 것이 전체의 약 86.2%에 달한다. 이것은 예배실 외에 다른 교육공간이 없다는 것을 반증하는 것이다."

으로 활용되어야 하며, 교인들의 인성과 영성 등 다양한 교육을 위해 개방될 수 있도록 해야 한다. 단, 무분별한 개방으로 인해 교회의 기능이 오용되거나 변질되지 않도록 적절하게 목회 패러다임을 세워야 하는데 이것을 교육목회 패러다임으로 전환함으로 신앙교육과 병행한 교육목회를 시행하면 좋을 것이다. 오늘날에 교인들에서 나타나는 신앙문제와 신앙공동체를 통해 삶을 나누며, 그들의 문제를 함께 해결할 공동체로서의 장소가 절실히 요구된다.

둘째, 지역 공공기관의 장소를 활용하여 교육목회 프로그램을 활성화할 수 있다. 교회 내에서만 신앙지도를 할 것이 아니라. 생활 속에 일어나는 직접적인 문제에 대한 이해와 적용을 위해서라도 사회 공공기관을 활용한 교육목회가 시행되어야 한다. 예를 들면 현대 교회 각 가정에서 닥칠 수 있는 위험이나 불이 났을 때 등 위급한 사항에 적절하게 대처하는 방법을 배우기 위해 소방서를 방문하여 교육을 받게 한다든지 하는 것은 좋은 교육 프로그램이 될 수 있다. 그리고 각종 취미생활을 위한 교육과 문화 활동을 위해서는 전문기관의 도움을 받거나 그곳에 찾아가 교육을 받는 것은 매우 유익한 것이며 만약에 전문교육을 교회서 실시한다면 상당한 재정과 인력 등이 필요하다. 그러므로 대형교회나 준비된 교회서는 교회가 직접 실시할 수 있겠으나 대부분의 여의치 않은 교회들은 오히려 전문기관의 도움을 받음으로 양질의 교육을 공유할 수 있다.

셋째, 시민공원이나 중요한 거리 등을 활용하여 교육목회 프로그램을 활성화할 수 있다. 교육목회는 단순히 교회 내에서 이루어지는 것은 아니다. 앞에서도 살펴보았듯이 교회 교육목회는 교인들이 필요로 하는 것이라고 판단되면 목회자는 교육을 위해 공간의 한계점을 뛰어넘을 수 있도록 해야 한다. 예를 들면 현대사회에서 거리의 공연이나 문화가 많이 발달해 있다. 그러므로 교회에서 실시하는 찬양교육은 과거에는 교회 안(예배당)에서만 교육을 실시하였다. 그러나 이제는 전도의 효율성을 높이기 위해 중창단이나 선교단체를 구성하여 거리에서나 시민 공원에서 찬양을 하면서 전도하는 모습을 종종 볼 수 있다. 이것은 아주 좋은 한 예가 될 수 있다. 준비가 잘 되었다면 참여한 교인들에게 상당한 교육적인 효과를 얻을 수 있을 뿐 아니라 주변 믿지 않은 이들에게도 아름다운 기독교문화를 보여 줄 수 있는 것이다.

넷째, 주변 학교를 연계한 공간 활용은 교육목회 프로그램을 활성화할 수 있다. 교육목회의 교회 외에 가장 효율적으로 사용할 수 있는 공간은 학교 등의 교육가관을 활용하는 것이다. 실제로 학교를 통해 교회를 개척하여 효과적으로 사용을 하고 있는 교회들도 있고,[123] 학교 운동장이나 도서관 그리고 강단이나 교실 일부를 이용하여 사회교육을 병행한 교회교육을 실시할 수 있다. 물론 전도차원에서 학교와 연계한 장학 프로그램이나 교육 지원 프로그램을 통해 일정한 학교와의 관계를 이용하여 주말이나 주중 특히 방과후학교를 이용하며 학교와 교회가 함께 공유하는 공간을 사용하는 것도 좋을 것이다.

---

123) 정동석, "학교와 함께 win-win하는 교회가 늘고 있다." 「빛과 소금 2005년 12월호」(서울: 도서출판 두란노, 2005), pp.81-83.

다섯째, 가정과 연계하여 공간 활용하여 교육목회 프로그램을 활성화할 수 있다. 교육목회의 목회 현장인 교회 외에 가장 관심을 가지고 교육목회를 실시해야 하는 곳은 가정이다. 지금까지 교회가 심방을 하거나 구역 모임이나 소그룹 모임에만 사용되는 공간을 이제는 전도와 교육을 할 수 있는 곳 나아가서 복음의 전진기지로 사용할 수 있다. 특히 어린이 전도협회[124]에서는 새 소식반을 교사들의 집을 활용하여 예배도 드리고 교육도 하는 교육목회는 아주 좋은 실례가 되고 있다.

이 외에 교육목회의 장소를 다양하게 하고 지역사회와 공공기관, 가정을 연계한 교육목회 프로그램의 실제적인 적용 방법을 다음 장에서 구체적으로 살펴보도록 하겠다. 특히 성경공부와 학교공부를 연계함으로 성경공부의 효율성을 높일 수 있는 방안도 살펴보도록 하겠다.

---

124) http://www.cefkorea.org/

교육목회 적용방법

앞 절에서 초대교회를 모델로 하여 현대교회 현대한국교회에 교육목회 프로그램으로 4가지 방안을 살펴보았다. 첫째, 주일 중심의 목회에서 매일의 교육목회를 통해 교회성장, 둘째, 특정 연령층 중심의 목회에서 전 연령층으로 확대한 교육목회를 통한 교회성장, 셋째, 성경공부 중심의 목회에서 전인교육으로 교육목회를 통한 교회성장, 넷째, 교회(예배당) 중심의 목회에서 사회 공공기관(장소)을 연계한 교육목회 등을 살펴보았다. 그러면 본 장에서는 앞에서 제시한 4가지 방안을 구체적으로 현대한국교회에 적용 가능한 방법을 살펴보도록 하겠다.

제1절 매일교육목회

매일의 교육목회를 위해 앞 절에서 제시한 여러 프로그램들은 단기간에 끝날 수 있는 것이 아니며 주일만으로는 효과적이지 못함으로 주중에 교육목회를 실시할 수 있는 프로그램들이다. 그렇다고 이 모든 프로그램을 다 구체적으로 살펴볼 수 없음으로 앞에서 지적한 예배, 기도, 전도, 성경공부는 한국의 대부분교회들이 전통적으로 주일 중심으로 실시하고 있으나 본 연구에서는 이 4가지 프로그램을 매일 효과적으로 실시할 수 있는 적용방법을 찾아보도록 하겠다.

1. 매일영적성장예배

(1) 매일예배의 현대적 문제와 필요성

현대 한국교회에서 사용할 수 있는 전통적인 프로그램은 예배다. 이 예배 프로그램이 본래 아침, 저녁에 예배를 드리는 것을 전통으로 여기던 교회들이 이제는 변화되어 가고 있다. 그나마 수요예배도 사라지고 있다. 주일 오전만 드리는 교회도 있고 주일 저녁예배를 오후로 돌리거나 소그룹 모임으로 대체되어 가고 있다. 심지어 주일학교 어린이, 청소년, 청년들의 수요예배는 대부분 사라지고 수요 저녁예배 참여도 일부 성인들을 중심으로 드려지고 있다. 이것이 오늘날의 한국교회 예배의 현실이다. 왜냐하면 예배드리는 것보다 생활의 삶의 가치가 더 중요하다고 생각하기 때문이다.

따라서 현대인들의 중요한 욕구를 충족해 줄 수 없는 것이 오늘의 목회 환경이다. 그러나 교인들의 필요를 채워주면서 바른 예배관계를 회복할 수 있다면 그것은 또 다른 교회성장의 기회가 될 것이다. 이를 위하여 매일의 예배를 통한 영성이 회복되고, 예배에 대한 바른 이해 그리고 한국교회 예배 문화와 프로그램이 활성화되기를 바라는 측면에서 과거 성공사례와 현실적인 사회문제를 병행하여 새로운 예배 프로그램을 제시하겠다.

(2) 매일예배의 성경적, 신학적 근거

본래 예배는 하나님을 믿는 신자들이 하나님의 은혜에 대한 믿음의 대표적인 행위[1]로서 언약 백성에 대한 하나님의 요구요(창15:9, 레1장~3장, 신27:5~7, 요4:23, 24. 롬9:4절 ets.) 의무(시100:1~5)이다. 그러므로 예배를 통해 하나님과 만나며(출29:42, 43 시50:5 요12:20 행8:27; 24:11), 하나님의 계시의 응답(삼상3:21 고후1:21, 엡1:15~22, 히11:6)하시며 하나님께 영광을 돌리는 거룩한 은혜의 행위이다.[2] 우리는 예배를 통해 하나님, 세상, 인간의 본질을 배우며 하나님의 형상으로 회복되며 삶이 전환되는 직접적인 계기를 체험하게 된다. 또 성도들의 영적 수준이 성장하게 되며(롬9:4 히9:1) 하나

---

1) 총회 헌법, 「예배지침 제1장 2조」(서울: 대한예수교장로회총회, 2001), p.239.
2) 강용원, 「기독교교육의 과제와 전망」, *op. cit.*, p.224.

님과의 삶으로 한 걸음씩 성장시켜 나가는 것이다.[3]

　　예배는 교회교육의 첫째가는 교육경험이며[4] 예배를 포기하는 것
은 신앙을 소실하는 것이다.[5] 그러므로 예배는 우리의 삶에 제일 중
요한 삶의 가치를 누리는 종교교육의 강화[6]이다.

　　오늘날의 예배는 삶의 최고의 가치를 할 수 있다면 매순간 날마
다 누릴 수 있도록 해야 한다. 그러나 현실적으로는 그렇지 못하다.
일주일에 한 번 정도로 만족하는 사람들이 많다. 또 중요성을 인식
하고 있다고 할지라도 예배에 대한 기회를 주일만 가지고 있다. 그
러나 성경기록과 교회사[7]에 의하면 매일의 예배[8]와 아침, 낮, 저녁

3) James Smart, *The Teaching Ministry of the Church, op, cit.*, p.119.
4) John H. Westerhoff Ⅲ, 김재은 역, 「기독교교육 논총」(서울: 대한기독교
　　출판사, 1978), p.99.
5) John H. Westerhoff Ⅲ, 정웅섭 역, 「교회의 신앙교육」(서울: 대한기독교
　　교육협회, 1992), p.108.
6) Rober G. Raybun, *"Worship in the Reformed Church", Presbyterian Covenant
　　Seminary Review,* 6(Spring and Fall, 1980), p.26. "Calvin은 제네바교회 교
　　인들을 양육하기 위해 활용한 교육 프로그램 중 중요하게 여긴 것은 예배
　　교육이다. 예배를 통해 하나님을 경외하며, 하나님의 위엄을 상기시킬 수
　　있다."고 말하였다.
7) James F. White, 「기독교예배학 입문」, 정장복 역(서울: 도서출판 엠마오,
　　1993), pp.137~141.
8) 성경에서는 다음과 같이 예배드리는 날이 기록되어 있다. ① 날마다 드리
　　는 예배: 출애굽기 29장 38절, 39절, 민수기 28장 1절~8절; 29장 1절~40
　　절 행 2장 46절 ② 매 주일 드리는 예배: 민수기 28장 9절, 10절 역대상
　　23장 31절 사도행전 15장 12절; 17장 1절~4절; 18장 4절; 20장 7절 고전
　　16장 2절 요한계시록 6장 10절 ③ 삼일(수요일)예배: 레위기 16장 29절;
　　23장 26절~28절 민수기 29장 7절 ④ 금요일 고난예배: 시편 118편 24절,

예배[9]를 드리도록 기록되어 있다. 예배는 예배를 받으시는 하나님께서 규정하신 것[10]이다.

매일의 예배 경건을 위한 삶(딤전4:7 벧후1:3)의 가치를 새롭게 하는 것은 매우 중요한 일이며 마지막 때에 우리의 삶의 자세는 초대교회 때처럼 모이기에 힘쓰는 교회(행2:46절 히10:25)가 되어야 한다.

본 연구에서는 오늘날에 관심 있는 분야 중에 영적 성장을 위해 다양한 측면, 즉 선교적 교육적 그리고 예배학적 측면에서 외국어예배, 오전예배, 저녁예배, 가정예배, 새벽기도회를 도입하여 드리도록 권하고자 한다. 예배에 대한 다양한 체험을 통해 영적 상장과 예배의 본질을 회복하는 목적을 두고 주일예배와 연계하여 프로그램으로 사용하기를 바란다.

(3) 매일예배 교육목회 프로그램

1) 외국어예배

(ㄱ) 외국어 예배의 배경: 매일의 예배를 드림에 있어 외국어 예

마가복음 15장 42절, 누가복음 23장 54절 요한복음 19장 30절, 31절.

9) ① 새벽(해뜨기 전 아침)예배: 출애굽기 29장 39절 민수기 28장 1절~4절 역대상 23장 30절 예수님께서도 새벽 미명에 기도하심(마가복음 1장 35절, 누가복음 4장 42절) ② 낮(오전9시~오후3시 사이) 예배: 사도행전 2장 15절; 10장 3절, 10절. ③ 저녁예배(해질 때): 출애굽기 29장 39절~41절 민수기 28장 1절~4절 다니엘 9장 21절 요한복음 20장 19절.

10) 예배는 하나님이 정하신 것으로서 예배 참여자의 임의로 행하여져서는 안 된다.(레1장~3장, 민28:1~10; 29:1~40)

배[11]를 드리는 목적은 첫째, 예배의 본질을 회복하고, 둘째, 예배 문화의 현대화이며, 셋째, 배우며 모여드는 예배로의 전환을 위해서이다.

기대효과는 첫째, 예배에 대한 가르칠 기회를 확보하게 된 것이고, 둘째는 전도의 한 방편이 되었고, 셋째, 평신도 지도자를 활용함으로 효과적인 운영을 할 수 있음이다. 무엇보다 주변에 교회나 다른 기관(심지어 학교에서조차 영어 예배에 관심을 가짐)에서 맛보지 못하는 영어찬양 기도 예배 등의 배움을 통해 학생들이 즐거워하는 결과를 가져오는 것이다.

외국어 예배에 있어서는 영어, 일어, 중국어 등으로 사용할 수 있는데 이것을 연령과 모임의 성격에 따라 자유롭게 적용할 수 있을 것이다. ① 교회 규모에 따라 어린이, 청소년, 청년, 성인 중심으로 분리해서 운영할 수 있다.(전 연령층을 통합하여 교육해도 효과적이다) ② 오전은 주로 주부, 일반 성인 등 중심으로 할 수 있고, 저녁은 청소년, 청년 중심으로 진행하면 효과적이다. ③ 전체가 함께 예배드릴 수도 있지만 소그룹이이나 개별사항에 따라 자유롭게 모임을 가질 수 있도록 한다.

---

11) 본 연구에서 외국어 예배를 드리도록 하자는 것은 현대인들의 중요한 언어문제를 해결해 주자는 것도 있지만 예배의 주목적이 하나님께 영광을 돌리며 예배의 본질을 회복하자는 것이 우선적인 목적이다. 따라서 이 부분을 분명히 하지 못하면 교회가 학원화되어지거나 예배의 본질이 왜곡될 수 있다. 그러나 현재 많은 교회들이 영어 예배 일어 예배, 중국어 예배 등으로 외국인들에게 도움을 주며 나아가 선교적 사명을 키우며, 교회성장의 한축으로 많이 도입되고 있음으로 본 연구에서는 교육목회적인 측면에서 프로그램을 소개한다.

　진행방법: 예배 30분 전에 모임(전체 진행 1시간 30분) ㉠ 15분 예배를 위한 찬양 배움과 나눔. ㉡ 10분 예배 진행 전 사회자, 기도자, 설교자의 진행원고 학습 ㉢ 5분 예배를 위한 순서에 따른 준비와 예습 등 ㉣ 30분 예배 진행(예배드림) ㉤ 15분 예배 후 성경공부(설교원고를 중심으로 & 오늘의 본문을 중심) ㉥ 15분 예배 마침과 나눔.(오늘예배를 위해 깨달은 것 나눔과 익힘－암송, 정리)

　(ㄴ) 사역자(인도자, 교사, 자원봉사자 모집): ① 효과적인 것은 담임 목사님을 중심으로 전체 교회가 관심을 가지고 함께하는 것이 좋다. ② 효과적인 운영을 위해 전문 사역자 중심으로 한다. 교회 내부에 전공자를 사역자로 봉사케 하거나 외부에 도움을 받아 사역자로 봉사케 한다.(각 대학의 외국어 교수, 전공자원자, 선교회나 단체의 도움을 받아 운영) 비전공자들 중 열심 있는 자들을 자원 봉사케 한다.

　(ㄷ) 운영을 위한 준비지침: ① 외국어 공부를 위한 모임으로 전락하지 않도록 한다.(예배의 목적을 흐리지 않도록 주의, 예배를 위한 모임이 되도록 지도한다.) ② 연령, 단체(group)의 교육 수준에 따라 적절하게 진행한다. ③ 예배에 참여하는 이들이 함께할 수 있도록 각 순서, 진행에 평신도 사역자들을 봉사케 한다.(순서 순서를 각인들에게 맡아 주관케 한다.)

　(ㄹ) 외국어 예배를 드리는 효과와 문제점: ① 효과는 현대인들의 관심과 열심을 이끌어 낼 수 있다. ② 전도의 한 방법으로 자리잡을 수 있다. ③ 예배의 본질을 회복하고 교육적 기능을 새롭게 적용할

수 있다. ④ 그러나 준비되지 못한 예배는 의미가 상실될 수 있고, 교회가 학원으로 전락할 수 있다. ⑤ 목회자 혼자 감당하기 어려운 부분은 평신도들의 도움을 받는 것이 효과적이다.

2) 매일오전예배, 저녁예배

(ㄱ) 예배의 배경: 매일 드리는 오전예배는 보통 학생들이나 직장인들의 출근 이후 집에 있는 성도들을 중심으로 경건의 생활을 위해 오전예배를 드릴 수 있다. 예배를 통해 건강한 신앙생활을 할 수 있는 기회를 만들어 준다. 이런 시간들을 활용하여 목회의 비전, 체계적인 성경공부를 병행함으로 교회의 영적, 질적 수준을 향상시킬 수 있다. 매일 드리는 저녁예배는 학생들이나 직장에서 돌아온 성도들에게 하루의 생활과 삶의 가치를 점검하고 회복시키는 데 매우 중요한 시간이며, 이런 기회에 목회자와 성도 간의 깊은 신앙지도를 받으며, 신앙과 삶의 일치를 구체적으로 적용하며 배울 수 있는 기회를 찾게 된다.

ㄴ) 진행방법: 매일 드려지는 예배는 주일의 말씀을 연장선상에서 설교하는 것이 좋으며, 대상에 맞추어 이해하기 쉽게 강해식 설교를 하는 것이 좋다. 즉 주일 설교말씀을 이어가며 주중에 생활과 연결할 수 있는 구체적인 적용을 강조하거나 성경강해 하는 방법으로 성경내용을 일정하게 매일 부분 부분, 단락 단락을 나누어 계획을 세워 진행하면 좋다. 그리고 예배 담당자들을 세워 사회, 기도, 찬양인도 등을 맡기고 목회가자 직접 설교를 하거나 위임하여 담당자들에게 진행을 하도록 하는 것이 효과적이다.

ㄷ) 주의점: ① 매일의 예배가 형식으로 흐르지 않도록 주의한다. ② 대상에 맞추어 진행한다. ③ 예배 전과 후에 반드시 예배에 대한 이해를 가르칠 필요가 있다.

3) 매일가정예배

(ㄱ) 예배의 배경: 가정예배는 교회교육목회의 가장 기초적인 중요한 교육목회 중의 하나이다.12) 가정예배의 회복은 곧 가족의 회복이다. 현대 한국사회는 매일 가족들과 함께할 시간이나 여건이 되지 않는다. 그러나 할 수 있으면 매일, 매일이 안 되면 가족들이 모일 수 있는 시간을 활용하여 가정예배를 드리는 것이 좋다.13) 이것은 단순히 예배드리는 그 이상의 가족에 대한 기중성과 하나님께 대한 신앙의 회복으로 이어짐으로 가족들이 함께 예배드리며 말씀을 나누는 것은 가족들의 신앙과 삶을 일치시키며, 회복시키는 진정한 교육목회가 가정에서부터 이루어질 수 있을 것이다.

(ㄴ) 진행방법: ① 가정에서 가장(아버지)이 진행하는 것이 원칙이지만 가족들이 순번을 정해서 돌아가면서 사회, 기도 등의 담당을 정하여 드리는 것이 좋다. ② 예배순서로는 찬양-기도-성경읽기-설교(가장이나 연장자가 설교하는 것이 좋다)-읽고 들은 말씀 나눔(가족들의 생각과 느낌을 나눈다. 이때 가족 개인의 기도 제목이나 부

---

12) Paul H. Vieth ed., *The Church and Cristian Education*(St. Louis: The Bethany Press, 1960), p.77.
13) Leon Smith and Edward D. Staples. *Family Ministry Through the Church* (The General Board of Education of The Methodist Church: n. d.), pp.40~41.

탁의 말들을 함께 나눈다.)−함께 기도하기(서로를 위한 기도 가족과 교회, 나라를 위한 기도)−주기도(사도신경) 등으로 마친다.

(ㄷ) 주의점: ① 모든 가족들이 다 참여하는 것이 좋다. ② 형식적인 예배가 되지 않도록 주의한다. ③ 예배의 목적이 흐려지지 않도록 하며 설교를 담당한 사람은 반드시 말씀에 대한 미리 준비하는 일이 중요하다. 그렇지 않다면 성경말씀 그대로 읽고 정리하는 것이 좋을 것이다.

4) 매일새벽예배

(ㄱ) 예배의 배경: 지금까지의 한국교회의 성장 동력 중의 하나인 새벽기도회는 한국교회 대부분교회들이 실시하고 있다.[14] 그리고 일부 교회들은 새벽기도회를 통해 크게 성장하고 있으며, 특별새벽기도회를 통해서 전교인들이 참여하도록 하며 새로운 교회성장 프로그램으로 정착하고 있다.

그중에 실제로 새벽기도회를 통해 성장한 명성교회[15]의 경우는

---

14) 박삼열, "한국 개신교 신학생들의 신앙생활에 관한 의식조사 Ⅰ", 「목회와 신학 2005년1월호」(서울: 두란노, 2005), p.129. "새벽기도 실시하는 교회가 약 93.2% 실시하지 않는 교회 6.8%이다"

15) 전용수, "사도행전에 나타난 교회성장에 관한 연구"(목회학박사학위논문, 미국: 센프란시스코신학대학교, 1999), pp.115~117. 명성교회가 1980년 7월 개척 이후 짧은 기간에 이렇게 급속도로 성장하게 된 것은 전적으로 새벽에 도우시는 주님의 은혜로 된 것입니다. 매일 새벽 5000여 성도들이 성전에 나와 교회와 가정, 나라와 민족을 위해 부르짖는 기도가 놀라운 성령의 역사를 만들어 내고 있습니다. 특히 3월과 9월 특별새벽 집회는 명성교회뿐 아니라 서울, 나아가서는 한국교회를 깨우는 귀한

설립 초기부터 새벽기도회에 승부를 걸고, 설교에 집중적인 열정을 쏟았다고 한다.[16] 이처럼 매일의 새벽기도회는 교회성장을 이룰 수 있는 좋은 예배 프로그램이며 한국교회의 대표적인 성장 동력이다.

(ㄴ) 진행방법: 실제로 명성교회도 찬양, 기도, 성경봉독, 설교 등의 단순한 그러나 특별히 다르다면 단순하고 평범한 목사님의 설교이지만 감동 있는 설교와 기도의 체험을 통해 교인들이 새벽기도회에 찾아온다는 것이다.[17]

(ㄷ) 주의점: 단순한 예배 진행만으로는 교회성장을 이룰 수 있는 것은 아닐 것이다. 즉 목회 행정적 지원이나 성장요소(장소, 교인수준, 환경, 기타 부교역자들의 역할 등)들이 복합적으로 작용되어 성장한 것이다. 보통의 새벽기도회는 목회자가 준비하고 모든 순서를 진행한다. 그러나 예배의 한 부분이라도 교인들이 봉사할 수 있는 일들을 맡기며 참여케 함으로 더 많은 교인들이 협력과 참여가 이루어질 것이다.

역할을 감당하게 되었습니다. 1980년 교회 창립 이후 첫 9월 특별새벽집회에 25명이 참석한 것을 시작으로 매년 출석 교우가 꾸준히 늘어 5부로 나누어 드리게 되었고 참석인원도 지난 9월 새벽집회에는 41,000명에 이르게 되었습니다.

16) 안기석, 새벽기도 2만 명 '기적의 명성교회' 성장 비결, 「신동아 2000년 5월호. 사회면」
(http://www.donga.com/docs/magazine/new_donga/200005/nd2000050320.html)
17) *Ibid.,*

2. 영성회복과 기도회

(1) 매일기도의 현대적 문제와 필요성

현대 한국교회는 기도에 대한 교육과 훈련이 필요하다. 한국교회 기도를 통해 오는 부작용과 오해가 심각하다. 그 이유는 과거 한국교회에 신비주의적인 사고와 오해, 그리고 기도에 대한 기초지식의 부족으로 인해 교회 내부에 기도로 인해 일어나는 문제가 심각하다.

특별히 목회자가 기도에 대한 지식의 부족으로 교인들을 지도하지 못하고 갈급한 교인들이 기도원이나 기도에 대한 훈련이 없는 무분별한 이들에게 기도의 응답이나 지도를 받음으로 인해 한국교회의 신앙지도에 큰 혼선을 겪고 있다. 무조건 기도원이나 집회를 가는 것을 막을 수도 없고 그렇다고 기도의 지식이 부족한 목회자가 교회 내에 기도로 인해 일어나는 여러 문제들을 감당할 수 없는 위협을 어떻게 극복할 수 있을 것인가? 이것은 바로 교육목회로 가능하다. 기도에 대한 바른 성경적인 지식을 가지고 가르치며, 적절한 훈련과 이해를 이끌어 줄 때, 교회의 기도로 인해 일어나는 문제를 해결할 수 있다.

기도는[18] 신앙을 훈련시키며 기도에 의해 매일매일 하나님께로부터 은혜를 받는 우리는 바울사도의 말처럼 기도에 대해 배우고, 받고, 듣고, 믿음으로 하나님을 찾으며 기도하게 되어 있다.(롬10:14~17)[19]

---

18) John Calvin, *Institutes of the Christian Religion, op. cit.,*, vol.Ⅲ. Ch. 20.
19) *Ibid.,*

즉 우리가 하나님을 찾고 사랑하며 섬기겠다는 열성이 불붙기 위해 기도해야 한다. 또 부끄러운 욕망이 없이 하나님 앞에 우리의 심정을 토로하며, 진정한 은혜에 감사와 고마움을 나타내며(시145:15~16)[20] 기도의 응답을 통해 큰 즐거움과 기쁨의 확신 그리고 기도를 통해 하나님의 응답이 우리의 신앙을 더욱 성숙하게 하는데, 이런 기도의 훈련을 통해 하나님을 찾게 하고 간구함으로 큰 유익을 얻게 하는 것이 바로 교육목회이다.

오늘날의 기도에 대한 오해와 바른 기도의 문화를 만들어가기 위해 기도에 관련한 교육목회의 활성화를 통해 매일 기도가 실행될 수 있도록 해야 한다. 그러나 실제로 개인기도나 그룹기도 연합기도 등 다양한 기도를 실시하고 있지 못한 것이 대부분의 중소교회 현실이다. 목회에 전념하는 목회자 역시 개인기도의 시간을 많이 갖지 못한다고 한다.[21] 또한 함께 기도하는 시간 역시 그리 많지 않다. 그러나 매일의 기도 활성화를 통해 교회성장을 이룰 수 있다.

---

20) *Ibid.*,
21) ① 박삼열, "한국개신교 신학생들의 신앙생활에 관한 의식조사 Ⅱ", 「목회와 신학 2005년2월호」(서울: 두란노, 2005), p.128. 한국 신학생들의 기도시간 설문조사에 의하면 30분 미만 14.6% 30분~1시간 미만이 29.5%로 전체 약 44.1%이고 기도하지 않는 사람이 7.2%로 나타났다" ② 한국교회문제연구소, 목회자와 설교, 한국교회 연구 시리즈 1(서울: 한국로고스 연구원, 1994), p.335. "목회자의 기도시간이 1시간 이내 약 28.6% 특별히 기도하지 않는 사람 20.3% 2시간 이상이 26.3%이다.

(2) 매일기도의 성경, 신학적 근거

성경은 우리에게 쉬지 말고 기도하라(살전5:17), 기도를 항상 힘쓰고(골4:2) 모든 일에 기도와 간구하라(빌4:6) 무시로 성령 안에서 기도하고(엡6:18) 이런 말씀들은 모두 매일 기도하도록 강조하고 있다. 기도는 하나님의 요구이며 명령이다.(사1:18; 43:26 겔36:37 렘33:3 마7:7)

우리는 기도로 하나님께 영광을 돌리며(시50:14, 15, 23 요14:13,14), λειτουργία우리의 도우시는 하나님 우리의 소원을 들으시고 응답하시는 하나님 우리의 죄를 사하여 주시는 하나님께 우리는 기도해야 할 것이다.(삼상1:10, 11, 26, 27 시145:19 마7:11 요14:13, 14; 15:16; 16:23, 24 눅18:7, 8; 11:13 행4:24, 31; 16:25 빌1:19 ets.) 기도로 하나님께 나아가 우리의 마음을 내려놓고, 하나님을 의지하는 자에게 하나님은 성령을 선물로 주시며, 마지막 때 성령의 능력으로 살아갈 수 있도록 인도하신다.(대하7:14 시32:5; 51:17 잠28:13 행2:38 요일1:9)

기도는 하나님과의 대화요 영적 교통이며, 영적 호흡이다.(시91:15 사1:18; 43:26; 58:9 롬12:12 고후13:13 살전5:17)[22] 그러므로 우리는 하나님께 구하며 찾으며 두드리는 신앙의 행위인 기도가 반드시 이루어져야 한다.

존 칼빈(John Calvin)은 우리가 매일 기도해야 하는 이유를 6가지

---

[22] George A. Buttrick ed., *The Interpreter's Dictionary of the Bible vol. III* (New York: Abingdon Press, 1962), p.857.

로 말하고 있다.23) 첫째, 우리의 마음은 주님을 찾고, 그를 사랑하고, 그를 섬기려는 열정이 불붙어야 하기 때문이다. 둘째, 하나님의 증거자로 부끄러움이 없이 우리의 모든 것을 하나님 앞에 제시하며 배우기 위해서이다. 셋째, 하나님은 은혜에 감사함으로 수용할 준비가 잘되게 하기 위해서이다. 넷째, 확신과 열정으로 인도받기 위해 끊임없이 기도해야 한다. 다섯째, 기도의 확신과 인정하는 모든 것을 기쁨으로 받기 위해서 항상 기도해야 한다. 여섯째, 하나님의 섭리를 더욱 확실히 믿기 위해서 항상 기도해야 한다.

(3) 매일기도교육목회 프로그램

매일기도교육목회 프로그램은 개인기도뿐만 아니라 서로를 위한 도고(禱告)의 기도, 함께하는 기도, 나눔의 기도 등으로 기도를 활성화할 수 있다. 그 대표적인 것인 연합기도회(전교인이 함께 기도하는 모임), 소그룹기도회, 개인기도회, 특별기도회 등을 통해 매일 기도하는 교회로 만들어 갈 수 있겠다.

1) 전교인 매일기도회

(ㄱ) 전교인 매일기도회의 배경: 합심하여 기도한다는 것은 기도의 효율성을 높일 수 있으며, 기도에 대한 체험이 없는 사람이나 기도하지 못하는 사람들에게 기도에 대한 이해를 쉽게 할 수 있도록 하며(마18:19) 혼자서 기도하기 어려운 문제를 쉽게 해결할 수 있다. 매일새벽기도회를 통해 성장한 교회들은 앞에서 살펴본 명성교회를

---

23) John. Calvin, *Institutes of the Christian Religion. op. cit.*, Ⅲ. ⅩⅩ.3.

비롯하여 주안장로교회, 군포영광교회, 숭의감리교회 등[24] 대부분의 한국교회들[25]이 새벽기도회를 통해 은혜를 체험하고 있다. 그러나 이제는 새벽뿐만 아니라 낮에나 아니면 밤 시간에 모여 기도하는 교회들이 하나 둘 늘어나고 있다. 이런 현상은 기도회를 통해 전 교회가 영적 갈급함을 채우고, 교회 전체의 부흥을 체험하며, 주변교회들과 함께 연합하여 기도회를 할 수 있는 역사들이 이루어질 때, 한국교회는 성장할 수 있을 것이다.

(ㄴ) 진행방법: 전교인들을 대상으로 매일 기도회를 인도한다는 것은 쉽지 않은 결단과 인내가 요구된다. 그러나 그만큼 하나님의 은혜도 체험하고 교회의 성장도 기대할 수 있다. 그러나 대부분의 교회가 생각한 것처럼 성장을 이루지 못하는 이유는 많이 있겠지만 무엇보다 인도하는 목회자의 열심과 의지 그리고 기도에 대한 바른 지식을 가지고 인도할 때 가능한 일이다.

특별히 목회자의 기도 시간이 교회성장과 직결될 수 있으며 기도의 열정이 있어야 교인들은 바르게 인도할 수 있다. 따라서 진행에 앞서 반드시 ① 목회자의 기도에 대한 열정을 가져야 할 것이다. ② 기도를 하기에 앞서 반드시 성경말씀과 목회적 지도가 있어야 한다.

---

24) 김일배, "새벽기도를 통해 교회성장 연구"(목회학박사학위논문, 미국: 아메리칸 크리스찬대학 박사원, 2005), pp.100~108.
25) 박삼열, "한국 개신교 신학생들의 신앙생활에 관한 의식조사 Ⅰ", *op. cit.*, p.129. 한국 개신교 신학생들의 신앙생활에 관한 의식조사에 의하면 새벽기도회를 실시하는 교회가 약 93.2%, 실시하지 않는 교회가 6.8%로 나타났다.

즉 기도에 대한 바른 이해를 가르쳐 주지 않고, 기도만 하라고 한다면 그 기도회는 성공적으로 진행될 수 없다. ③ 전교인이 기도에 참여할 수 있도록 하기 위한 홍보나 교육이 필요하다. ④ 매일기도회를 위해 찬양, 말씀, 공동기도제목 등을 미리 준비하여 진행한다.

(ㄷ) 주의점: ① 매일 기도회 모임이 처음부터 부담이 될 수 있음으로 미리미리 이해를 구하며, 참여할 수 있는 다각도의 방안은 찾아 홍보해야 한다. ② 기도회 참여하는 사람들과 참여하지 못하는 사람들의 이원화를 염두에 두고 항상 서로 배려하며 협력하도록 촉구한다. ③ 처음 실시하는 교회들은 정착될 때까지 일정한 간격을 두고 진행해도 좋을 것이다. 그 좋은 예로 금요철야기도회[26]나 특별새벽기도회 등은 한국교회에 매일 기도모임의 대체효과를 나타내는 기도회로 소개되고 있고 많은 교회들이 도입하고 있다. ④ 새벽기도회나 매일저녁예배와 연계하여 기도회를 하는 것도 효과적이다.

2) 소그룹기도회

(ㄱ) 소그룹기도의 배경: 오늘날의 한국교회는 소그룹운동이 활성화되고 있고 교회성장의 한 방법으로 도입되어 전국적으로 확산되고 있다. 이 소그룹 모임은 매일 모이기는 힘들지만 자주 모임을 가질 수 있는 효과적인 모임이 된다. 이 소그룹을 통해 기도회뿐만 아니라 성경공부, 이웃초청, 사회봉사활동, 은사 나눔 등을 통한 다양한 신앙공동체를 이룰 수 있다.[27]

---

26) *Ibid.*, p.126. "77.0%가 실시하고 있고, 23.0%가 아직 실시하지 않고 있다"
27) Bill Donahue & Russ RoBinson, 「소그룹 중심의 교회를 세우라」 오태

소그룹의 모임을 통해 대그룹에서 얻지 못하는 신앙의 즐거움을 누릴 수 있음으로 신앙생활의 한 방법으로도 좋은 모임을 이룰 수 있다. 신앙생활의 역동성과 활력을 통해 교회의 성장을 이끌 수 있다.[28] 소그룹 기도회는 이런 점에서 그룹상호 간에 서로를 위해 기도하며 함께 대화하며 나눔을 통해 영적 교제가 깊어지며 효과적인 신앙의 동력자들이 되어 교회 전체에 균형잡힌 성장을 이룰 수 있다.

(ㄴ) 진행방법: ① 소그룹 리더자를 세우고 훈련을 통해 소그룹 인도할 수 있도록 가르친다. ② 소그룹모임을 통해 공동체의 교제와 양육, 전도가 병행되고 서로를 위한 영적 교통이 이루어지며, 신앙생활에 대해 서로서로 도와주며, 함께 기도하는 모임이 되도록 한다. ③ 공동체의 관심사와 구성원들의 의견을 잘 반영하면서 항상 모임을 통해 하나님을 의지하는 믿음과 기도의 모임은 전 교회를 역동적으로 활성화시킬 수 있다. ④ 무엇보다 교회와 연계한 모임이 되도록 하며, 함께 전도의 대상을 위해 기도하는 것뿐만 아니라 교회를 위한 기도를 통해 항상 교회 내의 소그룹의 본질을 찾도록 해야 한다. ⑤ 그룹의 모임은 시간과 장소를 가정에서 모임을 가지지만 다른 장소를 활용하여 효과적으로 운영할 필요도 있다. ⑥ 소그룹의 크기는 4~10명 전후로 하되 10명이 넘을 때는 두, 세 개의 그룹으로 나눠 성장케 하는 것이 효과적이다. ⑦ 모임 횟수는 매주일 모일 수도 있지만 기도회 모임은 매일 공동기도회 모임 전후로 함께 모여 기도하는 것도 효과적이다. ⑧ 그룹의 형태는 여러 가지 특징에 따

____

　　균 역(서울: 국제제자훈련원, 2005), pp.113~138, 281~292.
28) 안재은, 「소그룹과 교회성장」 *op. cit.*, pp.53~59.

라, 연령별, 기능별, 흥미별로 모일 수 있다.

(ㄷ) 주의점: ① 리더자가 자기 역할을 제대로 하지 못하면 그 그룹은 심각한 문제에 봉착하게 된다. ② 소그룹 기도회모임이 퇴색되지 않도록 주의하며 항상 말씀과 기도, 전도와 교제를 함께 병행하는 것이 효과적이다. 특별히 공통기도제목을 나누며, 함께 기도하는 것은 효과적이다. ③ 소그룹 구성원 간의 개인적인 문제가 전체 소그룹에 영향을 줄 수 있음으로 항상 서로 배려하는 일이 필요하다. ④ 기도회 모임에 환경적인 문제가 매우 중요하며 소그룹의 기도모임 자체로 인해 주변 환경에 영향을 줄 수 있음으로 항상 연두에 둬야 한다.

3) 매일의 개인기도

(ㄱ) 매일의 개인기도의 배경: 개인기도회는 우리 모두에게 매우 중요한 경건의 훈련이다. 과거 믿음의 조상들 역시 개인적으로 시간을 정해서 기도하며, 다니엘(단6:10~13) 같은 사람도 하루 세 번씩 예루살렘을 향해 기도하였다. 예수님께서도 한적한 곳에 가셔서 기도하셨으며 제자들 역시 개인적으로 기도한 장면들이 성경에 많이 나타나 있다.

개인 기도를 통해 경건의 삶을 이어가며 개인기도가 집중적으로 오래 지속할 수 없는 사람들은 잠깐이라도 기도를 통해 자신의 문제를 하나님께 아뢰며, 도움을 받는 것은 믿는 사람으로서의 바른 삶이다.

(ㄴ) 진행방법: ① 매일 개인기도를 통해 신앙의 성장을 이룰 수 있음으로 반드시 목회자와 주변의 신앙연조가 깊은 분들의 도움을 받는 것이 효과적이다. ② 개인기도회 시 반드시 성경을 통해 말씀을 묵상하고 개인적으로 기도해야 할 것들을 살펴 기도한다. 이때 마음의 준비나 사전준비 없이 기도를 하게 될 경우 기도가 깊이 이루어질 수 없다. ③ 기도는 하나님과의 영적 교제임으로 산만하거나 분주한 분위기에서는 기도가 어렵다. 그리고 깊은 기도의 시간을 가질 경우 경험이 많은 기도의 동력자들의 도움을 받으면서 기도하는 것이 효과적이다. ④ 개인기도회 시작 시 반드시 추가될 것은 회개와 시험에 들지 않도록 하는 기도는 반드시 필요하며 기도에 방해될 것들을 미리 정리하는 것이 좋다. ⑤ 기도시작 전에 미리 찬송과 말씀의 묵상이 있어야 한다. ⑥ 하루의 일과와 자신의 개인적인 삶을 돌아보며 하나님의 도움을 필요한 것들을 생각하며 기도할 부분들을 찾는다.

(ㄷ) 주의점: 개인기도 시 주의할 것들은 먼저 ① 기도의 방해요인들을 제거해야 한다. ② 성경말씀의 묵상과 찬양을 통해 하나님의 뜻을 분별하며 기도하는 것이 효과적이다. ③ 일정한 시간을 정해서 기도하며 기도의 장소를 정해서 기도하는 것도 효과적이다. ④ 혼자 기도가 어려운 일은 주변의 믿음의 동력자들에게 도움을 청할 수 있겠으나 극히 개인적인 문제를 논의할 때 시험에 들지 않도록 주의해야 한다. ⑤ 기도 후 하나님께서 이루어 주실 것을 믿으며 하나님의 뜻을 찾는다.

3. 전도교육목회

(1) 매일전도교육의 현대적 문제와 필요성

지금까지의 전도 프로그램이라면 교인 개개인이 직접 전도 실시하는 것만을 강조해왔다. 하지만 실제로 매일 전도가 쉽지 않다.[29] 그의 대부분이 전도의 사명과 열심을 가지고 전도를 하려고 하지만 전도에 엄두가 나지 않는다는 것이 대부분의 교인들의 반응이다.[30] 그러나 실제로 전도 왕들의 간증을 들어보면 단순하지만 전도의 열매가 분명히 나타난다. 그래서 한국교회는 각종 전도 프로그램[31]이 발표되고 또 교회들마다 전도활동을 실시하지만 대형교회나 특별히 급성장 교회들 외에는 별다른 전도의 결과를 얻지 못하고 있다. 이는 전도에 대한 훈련이 부족하다는 증거나 전도에 부담을 가지는 사람들 중 어떤 사람들은 부끄러워하거나 방법을 몰라서 전도를 못한다고 한다.[32]

---

29) 이숙희, "맞춤전도로 장벽 뛰어넘기", 「빛과 소금 2005년 8월호」(서울: 두란노, 2005), p.33.

30) *Ibid.*, p.35. "7월 8일~14일 두라노 닷컴 회원들에게 설문조사 한 결과 전도에 부담감을 가지는 사람이 40%, 전도를 실천하지 못하는 이유를 부끄럽고 용기가 나지 않는다. 33%, 방법을 모른다. 14%, 바빠서 19% 등으로 나타났다. 10명 중 4명 전도에 부담"

31) 일대일전도, 예수전도, 전도 폭발, 이슬비전도, 그룹전도, 알파전도, 70인 전도대, 전도특공대, 관계전도, 고구마전도, 오이코스 전도, 바나바전도, 꿀벌전도, 추수꾼 전도, ets.

32) *Ibid.*

실제로 이런 반응들은 전도 훈련이 되어 있지 않기 때문이다. 훈련이나 준비가 없이 전도를 한다는 것은 특별한 경우를 제외하고는 대부분 전도의 사명을 감당하기 힘들다. 그러므로 매일전도 교육목회를 통해 전도이론교육과 실습 그리고 실제 전도에 앞서 지역사회에 섬김과 봉사를 통한 직, 간접적인 전도도 병행하며, 나아가 선교활동의 비전을 만들어 간다면 더 효과적으로 실시할 수 있을 것이다.

(2) 성경적, 신학적 근거

전도는 예수님의 지상명령(마28:19~20, 막16:15)이요, 하나님의 뜻을 따라 하나님께 영광을 돌리는 거룩한 사명을 순종함으로 이행하도록 우리에게 맡기셨다.(요14:7; 17:24 엡1:4~5, 17; 3:11 빌2:6~8)[33] 그러므로 하나님께 영광을 돌리며(롬16:25~27 딤전1:11), 하나님의 나라 확장과 영혼구원을 위해 우리는 전도의 일을 쉬지 말아야 한다.(하나님 나라: 마4:23; 9:35; 24:14 눅4:43; 8:1; 9:2,60 고전8:6 롬11:36; 15:20. 영혼구원: 겔18:23 마18:12~13, 눅15:8~9 벧후3:9) 때를 얻든지 못 얻든지 항상 전도에 힘쓰는(딤후4:2) 한국교회가 되기 위해 매일전도교육목회가 필요하다.

매일전도 교육목회를 실시해야 하는 것은 전도는 하루아침에 이루어지는 것이 아니기 때문이며, 전도에 대한 이해와 훈련을 병행함으로 더욱더 효과적인 전도를 실시할 수 있다. 지금까지의 전도에 대한 여러 문제점[34]을 살펴보면 제일 큰 문제가 전도는 목사나 전도

---

33) Roger L. Shinn, *op. cit,.* p.18.
34) Michael Geen, *Evangelism through the Local Church: A Compreehensive*

사가 하는 것으로 오해하는 경우, 교인들 가운데 아직 구원의 확신
이나 이해가 부족한 경우, 신앙의 깊은 체험이나 이해가 부족한 경
우, 전도에 대한 오해(시간 많이 들거나 경제적 부담 등), 즉 전도에
희생이 많다는 생각과 자신의 신앙생활에 부족을 핑계하는 경우, 전
도를 두려워하거나 부끄러워하는 경우, 전도에 대한 지식의 부족, 주
변에 전도 대상이 없다는 생각들이 그의 대부분 사람들의 전도를 못
하게 하는 이유들이다. 이런 이유들을 살펴보면 전도에 대한 교육과
훈련이 반드시 필요함을 말하는 것이다.

(3) 매일전도교육목회 프로그램

본 연구에서 제시하고자 하는 매일전도교육목회 프로그램은 다른
각종 전도 프로그램에 새로운 프로그램을 소개하고자 하는 것은 아
니다. 그러나 각종 프로그램의 단회성 교육을 지속적으로(연속적인
교육) 시행하자는 뜻에서 작용방법을 제시하도록 하겠다. 첫째, 전도
에는 교육, 훈련, 실시방법과 정책 등이 고려되어야 한다. 둘째, 전
도에 대한 적용을 다양하게 해야 한다. 셋째, 현대전도 방법의 실제
적인 대안이 필요하다.(개인전도, 아파트전도, 거리전도 등의 방법을
대체하여야 한다.) 그러므로 전통적인 전도 방법으로는 한계가 있다.

이제는 현대교육목회를 통해 전도의 기본적인 패러다임을 전환할
필요가 있다. 즉 모여 있는 곳, 모이는 곳에 전도할 수 있도록 해야

Guide to All Aspects of Evangelism(Nashville, TN: Oliver-Nelson Books,
1992), p.12.

한다. 본 연구에서는 매일전도프로그램으로 첫째로, 기르는 전도교육목회로, 둘째로, 모여드는 전도교육목회, 셋째, 전도영역확장 교육목회를 소개하도록 하겠다.

1) 기르는 전도교육목회 프로그램

(ㄱ) 기르는 전도의 배경: 기르는 전도교육목회는 믿지 않는 이들을 양육하여 교인(신앙인)이 되도록 하는 것이다. 즉 과거 어린이 보육을 위해 어린이선교원을 교회들이 많이 도입하여 상당한 전도의 효과가 있었다. 그러나 지금은 교육정책이나 교육환경의 변화로 선교원이 문을 닫고 있다. 하지만 경기침체나 교육여건의 부제로 상당수의 전도 대상이 방취되고 있다. 다행한 것은 이런 점을 착안해 각 교단에 정책이 바뀌고 있어 좋은 결과를 가져올 것으로 기대한다. 앞으로 교회가 교회 내에서나 밖에 기관과 연계하여 교육장(시민대학, 방과후학교, 지역도서관 유치 등)을 통해 기독교 신앙을 교육하면서 전도의 장이 되도록 해야 한다.

(ㄴ) 진행방법: 교회가 매일 전도하려 찾아다니는 방법에서 기르는 방법으로 바뀜으로 생겨나는 전문지도자가 필요하며, 교육정책을 수립할 행정적인 지원이 필요하다. 그러나 중소교회서는 현실적으로 불리하다. 하지만 교육받을 학생들을 모으고 교육을 실시하면서 복음을 전하는 방법은 매우 좋은 효과를 발휘한다.

따라서 기르는 전도교육목회는 ① 교육할 수 있는 공간 확보가 중요하다. 공간 확보는 교회 공간 활용이나. 아니면 교인들의 가정, 학원 등을 통해 장소를 확보할 수 있지만 무엇보다 학교기관의 도움을 받아 방과후학교 시설을 이용하여 교육의 장으로 활용하면 좋을 것이다. ② 교회 내 전문인(전공자)들을 도움을 교육을 실시하게 하고, ③ 일정한 교육과 병행한 신앙교육(전도), 기독교 문화 활동 등을 통해 ④ 직, 간접적인 전도를 실시하고 교회와 연계하여 교회 행사나 정기 집회에 참여토록 한다.

(ㄷ) 주의점: ① 전도의 목적이 변하지 않도록 주의한다. 기르는 전도교육목회의 본래 취지가 변질되지 않도록 한다. ② 교회 행사에 강제성을 동반한 무리한 요구로 오히려 효과가 떨어질 수 있다. ③ 전도의 기회를 만드는 것임으로 항상 교회 정기적인 모임과 병행하면 효과적이다. ④ 전문사역자들과 협력하여야 한다.

2) 모여드는 전도 교육목회 프로그램

(ㄱ) 모여드는 전도의 배경: 모여드는 전도교육목회로 모여들 수 있도록 하기 위해 교회의 문턱을 낮추고, 일반인들이 참여할 수 있도록 해야 한다. 한 좋은 예로 새들백교회 릭 워렌(Rick Warren) 목사의 구도자 예배가 좋은 방법이다.[35] 이뿐 아니라 예배부부, 아버지 어머니 학교, 노인대학, 청소년 초청 등 각종 사회교육, 사회문화 등 다양한 활동을 할 수 있도록 장을 열어 모이도록 하며, 교회 교인들을 중심으로 지역민들이 함께 참여할 수 있는 사회봉사 활동이나 섬김을 통해 전도의 기회를 찾아야 할 때가 되었다. 즉 교회가

---

35) Rick Warren, *The Purpose driven church, op. cit.*, pp.281~310.

교인들만 모이는 곳이 아니라 교인들과 비기독교인들이 함께 모여 활동에 참여할 수 있도록 하자는 것이다.

(ㄴ) 진행방법: 모여드는 전도교육목회를 진행하기 위해서는 먼저 교회교인들에게 전도할 기회를 만들어 주는 것임으로 찾아가는 전도교육훈련보다 더 강화된 교육목회가 필요하다. 즉 철저한 모여들 수 있도록 하기 위한 교회환경변화도 중요하지만 ① 교인들의 이해 개념, 비기독교인들이 참여할 수 있도록 하는 배려가 필요하다. ② 전도 훈련된 이들이 전도뿐만 아니라 사회봉사개념도 함께 훈련되어야 한다. ③ 참여하는 사람들과 함께하면서 전도에 대한 기회를 찾을 수 있도록 철저한 준비가 필요하다.

(ㄷ) 주의점: ① 교회의 본래 기능이 사회활동으로 변질되어서는 안 된다. ② 전도의 기회를 찾기 위해 교회에 대한 이해가 부족한 이들에게 무리하게 참여를 강요해서는 안 된다. ③ 교회를 찾고 싶고 교회를 통해 항상 필요를 채울 수 있다는 필요의 장이 되도록 하면 효과적이다. ④ 사회 봉사활동이나 교양교육을 받을 수 있다는 것은 교인들에게만 좋은 것이 아니라 주변인들의 지적 수준을 높일 수 있다. 그러므로 교회를 통해 생활과 삶의 질을 높일 수 있다는 생각이 들 수 있도록 교회가 봉사와 가르치면 모일 수 있도록 기회를 마련해 주는 것이 좋을 것이다.

3) 전도 영역 확장 교육목회 프로그램

(ㄱ) 전도 영역 확장의 배경: 전도는 모든 곳에서 어디서나 실시된

다. 그러나 효과적으로 지속적으로 전도의 전진기지로 활용할 수 있는 장소는 많지 않다. 하지만 전도 영역 확장 교육목회 프로그램을 통해 지속적이면서 교회를 비롯하여 모든 곳이 전도의 전진 기지요 지속적인 확장을 이룰 수 있도록 함으로 전도의 효과를 나타낼 수 있다. 과거 기독교학교를 설립하여 전도의 장으로 많이 활용하였다. 그러나 더 확장하기 위해 이제는 삶의 공간 모든 곳 예를 들면 직장, 주민 복지 센터, 뿐만 아니라 교인들의 가정을 전도의 전진 기지로 사용하면 효과적으로 전도를 할 수 있는 전도의 전진 기지가 될 수 있다.

(ㄴ) 진행방법: 전도의 전진 기지를 사회 곳곳에 설립함으로 전도의 영역을 확장할 수 있는데 무엇보다 모일 수 있는 장소가 교회가 아닌 세상의 모든 곳이 될 수 있다. 하지만 모임이 효과적이지 못한 장소나 모이기에 무리가 있는 곳이면 오히려 부작용이 생길 수 있음으로 ① 장소 준비가 확실하게 이루어져야 한다. ② 전도를 위해 사역을 감당할 평신도 지도자를 양성하고 훈련되어야 한다. ③ 교회와 긴밀한 연결을 통해 복음을 효과적으로 전할 수 있다. ④ 같은 직업, 같은 동료들을 통해 만남으로 복음의 효과는 더욱더 클 수 있다. 그러므로 전도를 위한 다양한 준비와 모임을 건전하게 이끌어, 교회 출석까지 연결할 수 있도록 한다. ⑤ 모임은 일주일에 일(한)회를 정기적으로 모이도록 하고 필요한 시에 모일 수 있겠다. 모일 때마다 사역자들을 통해 복음의 메시지를 전할 수 있도록 해야 한다.

(ㄷ) 주의점: ① 장소의 선정과 사역자의 열정이 잘 조화를 이룰

수 없다면 모임이 효과적이지 못하다. ② 장소를 확보한 담당자와 협력하는 사람은 비기독교인의 참여를 이끌 수 있도록 항상 노력하며 전도의 장을 만들어 가기 위해 노력해야 한다. ③ 모임의 취지가 퇴색되지 않도록 하며, 다른 모임으로 인해 모이는 것이 차질이 생기지 않도록 철저하게 관리해야 한다. ④ 무엇보다 모임을 열심히 하도록 사역자는 열심히 인도해야 하고 교회와 연관을 이어줄 수 있도록 노력해야 한다. 그렇지 않으면 단순한 모임으로 전락할 수 있다.

4. 매일성경공부운동

(1) 매일성경 교육의 현대적 문제와 필요성

모든 성도들이나 초신자들에게 성경교육은 매우 중요하다.[36] 성경공부를 하는 것은 그리스도를 아는 것과 그리스도의 인격으로 성장하며 교회와 정상적인 관계를 가지며 신앙의 깊은 체험을 하도록 돕는 것이라고 바울베스(Paul H. Vieth)[37]는 말하고 있다.

또한 루이스 세릴(Lewis J. Sherrill)[38]도 교회가 성도들에게 성경

---

36) John. Calvin, *Institutes of the Christian Religion. op. cit.*, Ⅰ. ch.6. "Calvin은 창조주 하나님을 알려 하는 모든 사람들에게 안내자와 교사로서 성경이 필요하며, 성경을 통해서만이 하나님에 대한 실제적인 지식을 알 수 있다"고 말하였다.
37) Paul H. Vieth, *The objective of christian Education*(New York: Harper and Brothers, 1968) pp.80~88.

을 가르치는 것은 그들이 그리스도의 몸 된 지체로서 제자의 수행을 깨닫고 잘 감당하도록 함에 있다. 그렇기 때문에 교회가 성경공부를 한다는 것은 그리스도를 토대로 시작하여 예수를 만나 진정한 한 인간으로서의 삶의 의미를 되찾고 그리스도를 닮아가며 그 안에서 열매를 맺으며 신앙공동체의 생활과 사명을 감당케 함에 있어서 각자의 재능을 발휘케 하여 그리스도께서 위탁하신 증인과 봉사 직무를 감당하는 데 있다.39)

그러므로 성경공부를 위한 교회의 교육목회는 교회성장에 매우 중요한 위치를 차지한다. 그러나 일주일 중 하루 그 하루 중에 한 시간도 되지 못하는 성경교육에 대한 심각한 문제를 이제는 극복할 수 있도록 하기 위해 한국교회는 결단을 해야 한다. 즉 매일성경교육목회를 통해 새롭게 교회성장을 이뤄 갈 수 있도록 해야 할 것이다.

(2) 성경적, 신학적 근거

매일성경교육목회의 성경적 근거는 구약성경 쉐마교육(Shema Education; 신명기 6장 4절~9절)이 대표적인 것인데 이 쉐마교육(Shema Education)40)은 "이스라엘아 들어라 우리 하나님 여호와는 오직 하나인 여호와시니", 즉 이스라엘 백성들은 하나님의 말씀을

---

38) Lewis J. Sherrill, *The Rise of Christian Education*(Grandrapids, Zondervan publishing co., 1967), p.105.
39) 윤상갑, "성경공부를 통한 교회성장 방향성 연구"(신학박사학위논문, 서울: 총신대학교 목회전문대학원 2005), p.10.
40) 현용수, 「IQ는 아버지 EQ는 어머니 몫이다」(서울: 국민일보사, 1996), p.181.

들고 순종하며 지켜 행하라는 간절한 하나님의 소원이 담겨져 있는 교육이다.

이스라엘의 쉐마교육(Shema Education)은 평생교육으로 대대로 이 어지는 유대교육의 뿌리이기도 하다. 특히 학사 겸 제사장 에스라를 통해 이스라엘 백성들을 교육하여 모든 불신앙과 이방신앙을 끊어 버리게 하며, 하나님의 말씀으로 돌아오도록 가르쳤는데 그 가르침 이 새벽부터 정오까지 계속되었다.[41]

또한 예수님의 가르치심은 날이 저물어 저녁때까지 하나님의 나라 에 관한 말씀을 가르치셨으며(마14:13~21), 그 가르침에 놀란 백성 들에게 말씀뿐만 아니라 그들의 먹을 양식도 베풀어 주셨다. 즉 예 수님 역시 가르치심을 쉬지 않으시며 날마다 저녁이 되어도 가르치 셨다.

그리고 사도바울도 그 가르침에 열정을 보였는데 아주 재미있는 사건 중 하나는 드로아에서 말씀을 강론함이 밤이 깊어지는 중에 계 속되었는데 강론을 들든 청년 중 유두고가 창에 걸터앉았다가 졸다 가 떨어진 사건(행20:7~11)이 있었다. 이런 사건들을 볼 때 성경공 부의 깊이는 당시 구약시대나 신약시대초대 교회 모든 역사에서 볼 때 성경공부는 모든 이들의 신앙에 중요한 위치를 차지하며 특히 매 일성경교육이 깊이 있게 실시되었음을 알 수 있다.

---

41) 윤상갑, *op. cit.*, p.12.

지금까지의 한국교회 내에서 실시한 사경회, 주일학교, 구역공부 외에 대학생선교회(C.C.C.) 네비게이토(Navigator), 기독학생회(I.V.F.), 대학생성경읽기선교회(U.B.F.) 등이 전문선교단체들로 통해 간접 성경공부의 기회를 찾게 하였다. 교회 자체가 개발된 성경공부를 주도하지 못하지만 교회 밖에서나 전문기관의 도움을 통해 성경공부를 전적으로 시행해 오기도 하였다. 하지만 이제는 교회가 기존 교인들을 대상으로 교육하는 성경공부와 새 신자 그리고 주일학교 학생들을 매일 불러 교육하는 매일학교 등을 통해 성경공부가 생활화되도록 해야 할 것이다.

(3) 매일성경교육목회 프로그램

1) 매일성경대학을 통한 매일성경교육목회

(ㄱ) 매일성경대학의 배경: 오늘날의 한국교회 중대형교회는 교회 내에 성경교육과 관련한 교육들이 실시되고 있으나 그 외 중소형교회 대부분은 효과적으로 성경교육이 진행되지 못하고 있다. 그 이유는 여러 가지 있겠으나 실제로 교육할 교육내용(교재)과 교육전문가 그리고 교육을 받을 수요가 적음으로 인해 효과적으로 실시되지 못하고 있다. 또한 성경교육이 실시된다고 해도 효과적으로 운영되지 못하는 경우가 있다.

그러나 교육목회를 통해 체계적인 교육이 실시되도록 함으로 성경교육뿐만 아니라 관련된 교육을 통해 계획을 세워 진행한다면 효과적으로 진행할 수 있을 것이다. 교회가 반드시 실시해야 할 성경교

육은 기초교리, 구약성경, 신약성경, 전도훈련, 봉사훈련, 평신도제자
훈련(사역자훈련), 새가족 훈련, 교사교육 등을 통해 교회교육이 이
루어져야 한다.

　(ㄴ) 운영방법: ① 목회자 혼자서 모든 교육을 감당하기란 상당히
어려움이 있고, 교육의 질이 떨어질 수 있음으로 평신도사역자를 통
해 양육하거나 주변에 협력하는 목회자들과 함께 교육하면 효과적이
다.(중소교회: 중대형교회는 부교역자나 교회중진들이나 사역자들로
통해 봉사케 하면 효과적이다.) ② 중소형교회에서 성경대학을 운영
하려면 교육의 내용이나 다양한 교육을 하기란 쉽지 않음으로 주변
교회들과 연합하거나 교육을 실시하는 교회와 연계하면 효과적이다.
③ 교회 자체서 교육하기 위해서는 먼저 목회자가 가르칠 교육자료
를 준비해야 한다. ④ 처음부터 다양한 모든 교육을 무리하게 계획
을 세워 진행하기보다는 한 가지부터 순차적으로 교육을 진행하면
효과적이다. ⑤ 교육대상에 따라 적절하게 교육을 해야 한다. ⑥ 교
육이 지루하지 않도록 시간을 정해서 하면 좋다. ⑦ 일주일간의 교
육계획을 따라 시간을 효과적으로 운영하도록 한다.

　(ㄷ) 주의점: ① 성경대학 운영을 단시일 내에 결과를 기대해서는
안 된다. ② 목회자 혼자서 무리하게 추진하지 말고 주변의 도움을
받는 것이 효과적이다. ③ 교육에 참여할 교인들의 상황에 맞추어
교육하는 것이 필요하다. ④ 매일성경대학을 효과적으로 운영하기
위해서는 교육 기간을 적절하게 정하여 일정한 기간에 운영하고 쉬
어 주는 것이 필요하다. 예를 들면, 10주간 교육 후 1주간 방학(휴

강), 다음 새로운 강의를 통해 계속될 수 있도록 단계를 높여 가면 흥미를 가지고 참여할 수 있다. 그러나 무리하게 쉬지 않고 운영하는 것은 교육자와 참여자 모두를 힘들게 한다.

2) 매일교회학교 교육목회

(ㄱ) 매일교회학교의 배경: 주일학교 학생들을 매일교회학교로 전환하여야 한다. 이유는 일주일 한 번의 신앙교육으로는 한국교회 미래를 기대할 수 없다. 교회학교의 학생 감소 원인 중에 학생들의 인구 감소도 주원인이지만 실제로는 교회에서 신앙교육 하는 시간이 부족함으로 주일학교 학생들의 신앙이 성숙해지거나 교회출석이 높아지지 못한다. 이유는 일주일에 한 번, 한 시간도 못되는 신앙교육으로 기독교인이 되도록 할 수 없다.

그러므로 매일교회학교 교육목회를 통해 학생들이 교회로 몰려오도록 해야 하며, 궁극적으로는 신앙성장을 위해 교육의 기회를 많이 확보해야 한다. 그러나 현실적으로는 학생들이 교회에 참여할 수 있는 교육적 환경이 매우 열악하다. 예를 들면 학교 수업 마치면 대부분의 학생들이 학원을 간다. 그리고 입시생들은 밤늦게 집으로 돌아가기 때문에 교회에서 매일교회학교를 하기란 결코 쉬운 일이 아니다. 그러나 대안은 없다. 반드시 매일교회학교를 통해서만이 현재 한국교회 주일학교 교육의 위기를 극복할 수 있다. 과거 어린이 선교원이 매일 운영되었다. 한때 한국교회의 성장에 좋은 하나의 예가 되었다. 이처럼 이제는 교회에서 주일학교 학생들을 위한 교육기관이 설립 운영되어야 하는데 이것이 바로 매일교회학교교육목회로 대안을 찾도록 하자.

(ㄴ) 운영방법: ① 매일교회학교교육을 위해 학생들이나 교인들 그리고 주변 학부모들에게 홍보하며 이해를 촉구하고 학생들을 모입한다.(학원문제나 기타 학업문제점 분석) ② 학생들의 학업생활을 무시할 수 없는 현실적인 문제 또한 매일교회학교가 다 감당할 수 없다. 그러나 할 수 있으면 감당할 방안도 마련되어야 한다. ③ 현실적으로 목회자가 다 할 수 없음으로 반드시 평신도 자원 봉사자들의 도움을 받아 진행하면 효과적이다. ④ 참여하는 학생들에게 반드시 신앙교육과 학업을 병행하는 것이 효과적인데 할 수 없을 경우 신앙교육을 매일 실시하는 것만으로도 매일교회학교는 성공할 수 있다. ⑤ 교육시간을 무리하게 많이 계획을 세우지 말고 적절한 시간 배정이 필요하다. 대략 성경공부시간 1~2시간, 그 외 학교관련 교육을 병행할 경우 2~3시간 이내의 교육이 효과적이다.

(ㄷ) 주의점: ① 매일교회학교 운영 시 학교생활과 병행하도록 하는 것이 효과적임으로 방과 후 학교나 방학 중에 학교 등으로 운영하는 것이 좋다. ② 학원이나 주변에서 교육에 대한 민원이 생길 경우를 대비하여 종교교육 및 학교교육을 같이 병행하는 곳에서는 미리 관할 관청에 허가를 받아야 한다. ③ 매일교회학교 운영 시 보육을 염두에 두어야 한다.(경제가 열악한 가정의 아이들을 돌볼 수 있는 장소가 필요함으로 교회는 이런 점을 잘 활용하면 교인들을 확보할 수 있다) ④ 평신도 자원봉사나 주변 대학생들의 도움을 받으면 운영에 효과적이다. 그러므로 미리 자원봉사에 대한 교육을 병행하

여야 한다. ⑤ 교회의 본래의 목적이 퇴색되지 않도록 주의해야 한다.

3) 대중매체를 이용한 매일성경교육목회

(ㄱ) 대중매체 이용한 매일성경교육의 배경: 중, 대형교회는 자체 홈페이지를 활용하여 사이버 교육을 실시하는 것도 좋겠지만 중, 소형 교회나 재정이 어려운 교회는 무료카페나 저렴한 홈페이지 구축이 가능한 곳을 선택하여 운영하면 효과적이다. 한국사회의 정보화시대에 현대인들을 대상으로 한 사이버 교육이 부족하다. 오히려 사이버 문화에 부작용이 많이 있는 이때 교회가 건전한 사이버문화를 만들어가고 신앙생활을 위한 정보교환이나 지식을 습득할 수 있는 공간을 만들어 운영하는 것은 매우 지혜로운 선택이다. 문자서비스 사이트를 이용하여 문자메시지를 통해 성경구절을 보내는 등의 활동도 매우 효과적이다.

(ㄴ) 진행방법: ① 홈페이지나 무료카페를 만들어 운영하는 교회는 교회 사이트 관리를 잘해야 한다. ② 미리 교육할 것들이나 홍보할 자료들을 잘 정리하여 둔다. ③ 교인들이 관심을 가질 만한 자료들을 올려놓아 흥미를 갖게 한다. ④ 무엇보다 교회 현장교육을 돕는 기능, 즉 주 교육 기능을 다할 수 없음으로 보충기능으로서의 역할을 잘 활용해야 한다. ⑤ 미리 사이트를 운영함으로 편리한 점도 있지만 수시로 관리를 하지 않거나 자료를 수시로 추가 보충하지 않으면 교인들의 이용이 줄어든다.

(ㄷ) 주의점: ① 꾸준한 관리와 노력이 필요함으로 목회자가 홈페

이지 관리하는 봉사자들을 두어 도움을 받는 것이 좋다. ② 사이트 관리상 항상 신학적인 문제나 기타 사이버문화에 불건전한 자료들이 올라오지 않도록 주의해야 한다.

제2절 교육목회 대상 확대

1. 어린이 매일교회(Everyday Church)학교

(1) 어린이 교육목회의 필요성

어린이 교회교육의 문제는 어제 오늘의 일이 아니다. 상당한 비중을 차지하는 교육수요자이지만 실제 어린이를 위한 교회교육목회는 별로 많지 못하다. 또한 현재 한국교회 감소의 주요요인 중에 하나가 주일학교 학생들이 급격히 줄어 간다는 것이다.[42] 뿐만 아니라 학원의 증가나 학생들 생활환경의 급격한 변화, 놀이 문화가 발달 등으로 인해 교회 출석이 점점 감소하고 있다.

그보다 더욱더 심각한 것은 교회 내에 목회자의 교육목회에 대한 인식이 부족하며, 교육 부서를 담당하는 지도자들의 전문성 부족과 교사들의 교육적 지식이 부족함으로 인해 교회 출석하는 학생들에 대한 신앙교육의 부재가 심각한 이유 중의 하나이다. 또한 교회교육의 기회조차 부족하며, 교육여건도 부실하고 무엇보다 세대 간의 격차를 줄일 수 없는 그야말로 총체적인 교육의 위기를 맞고 있다. 이제라도 교회가 정책적으로 어린이 교육에 대한 관심과 대책을 세워야 한다.

---

42) 박연훈, "교회학교의 정체와 감소현장의 분명한 원인", 「교육목회 2003년 여름호」(서울: 한국장로교출판사, 2003), p.157.

어린이교육에 대한 관심과 열정이 교회 전체로 확대되어, 어린이교육에 재정과 관심과 인력이 투입되어야 한다. 무엇보다 교회와 교회, 교회와 사회(학교), 교회와 가정과의 연계를 통한 교육의 상호협력, 그리고 교회를 통해 어린이교육이 새롭게 변화를 가져와야 할 것이다.[43]

최근에 성장하는 여러 교회들의 어린이 교육을 보면 주일중심의 교육에서 매일교육으로 전환해 가는 교회들이 간혹 생겨난다.[44] 학생들의 필요를 채워줄 수 있고 무엇보다 신앙교육을 매일 할 수 있다는 점에서 매우 유익한 정책으로 평가된다. 심지어 매일교육으로 인해 아이들이 능동적으로 변화되었다는 반응도 나타나고 있다.[45]

또한 매일교육으로 인해 미래의 교회지도자들을 미리 양육할 수 있어 매우 좋은 기회를 만들며, 무엇보다 학생들이 매일 교회에 나오면서 교회에 대한 친밀도가 높아지고 함께 공부하는 학생들과 교회 교사들의 관계성이 깊어진다. 그리고 교회학교의 모든 행사에 학생들이 없어 걱정할 필요가 없으며 교회 봉사하는 학생들이 늘어나 교회와 가정, 학교의 생활공간이 삶의 중요한 영향을 줄 수 있음으로 전도의 새로운 기회를 제공해 준다.

---

43) John Calvin, "*Articles Concerning the Organization of the Church*", *in Calvin; Theological, trans.* K. K. S. Reid, Lcc; vol. XXIII(Philadelphia: the Westminster Press, 1945), p.54.
44) 배태훈, "주중교육필요를 채워주는 맞춤식 교육", 「목회와 신학, 2006년 7월호」(서울: 두란노, 2006), pp.74~81.
45) Ibid.

(2) 어린이이해와 교육원리

어린이 교육목회를 효과적으로 시행하기 위해서는 어린이에 대한 이해가 필요하다. 이는 교육수요자인 어린이의 눈높이에서 교육이 진행될 수 있도록 해야 한다. 아직까지 우리 교회교육은 일방적인 교육이 진행되고 있다.46) 어린이 본성에 적합한 어린이 중심의 교육이 이루어져야 한다.

화란의 바터링크(Waterrink)는 "하나님께서 자리 잡아 주신 모든 생활 영역에서 그에게 영광을 돌리며, 인류의 복지를 위하여 하나님께서 주신 제 기능들을 잘 사용할 수 있고 또 하나님의 말씀에 입각하여 하나님을 섬기는 독립적인 인격으로 아동을 형성하는 것이다."47)라고 주장하였다. 즉 어린이의 존재를 인정하고 그들의 시기의 중요성을 깨달으며, 그들에게 삶의 가치를 부여하여 주며 그들을 이해하며 그들의 필요를 채워줄 때 어린이교육이 이루어질 수 있다.

미취학 아동은 그 아동들의 특성48)에 따라 교육이 이루어져야 한

---

46) 강용원, "어린이 중심의 교육을 향하여", 「교회와 교육 2002년 여름호」 (서울: 총회교육위원회, 2002), p.26.
47) Ibid., p.29.
48) ① Robert E. Clark, 「미취학 아동 이해와 교회교육」 한상식 역(서울: 나침반, 1991), pp.27~35. 미취학 아동의 특성을 육체적, 지적, 정서적, 사회적, 영적 특성을 구별하여 볼 때 육체적으로는 매우 활동적이며 쉽게 지칠 수 있고, 개인별 발달 성향의 차이가 크며, 질병에 취약하다. 지적으로는 감각적 욕구가 강하며, 어휘력은 제한적이고, 시간, 공간, 수의 개념도 제한적이며, 관심 지속시간이 짧다. 정서적으로는 자기 통제력이 제한적이며 불안정하고 두려워한다. 사회적으로는 자기중심적이

다. 교사가 어린이를 이해하기 위해 각별한 지혜를 구하여야 하며 어린이를 사랑하는 마음으로부터 시작하여 어린이를 정확히 이해하고 적절한 시기에 맞춤식교육이 이루어진다면 더없는 큰 효과를 발휘하게 될 것이다. 무엇보다 어린이와 교사와 교회가 좋은 관계를 이어갈 수 있도록 다각도의 노력이 뒷받침되고, 교회가 생활의 중심이 될 때 비로소 어린이 교육이 본 궤도에 오를 수 있을 것이다.

따라서 한국교회 교육을 위한 목회자의 노력과 인식이 매우 중요하다. 왜냐하면 어린이를 교회의 미래요 하나님 나라 확장에 중요한 주역으로 인식하고 교육목회를 한다면 한국교회는 반드시 지속적이고 건강한 성장을 이룰 수 있을 것이다.

며 타인들과 관계 맺는 것을 배우는 시기이다. 영적으로는 단순한 성경 개념들을 이해하며 하나님을 실제 사람으로 생각한다. 그러므로 미취학 아동들에게는 그들의 생활을 관찰하여 개개인의 흥미, 재능, 필요를 발견하여 채워 줄 수 있도록 미리 준비하는 것이 효과적이다.

② David E. Jenkins, 「어린이 이해와 교회교육」 한상식 역(서울: 나침반, 1993), pp.27~34. 초등학생들의 특성들을 살펴보면, 신체적으로는 매우 활동적이고 성장이 빨라지기 시작한다. 보고 흥미로우면 행동으로 옮기려 한다. 또래 집단과의 경쟁을 통해 성취감을 느끼는 시기이다. 정서적으로는 호기심이 강하며, 다양한 활동과 일정을 감당하며 읽고 쓰는 기술이 발달하며, 무엇보다 어휘력이 발달함으로 자기 표현력이 뚜렷하게 나타나며, 개념과 논리적인 사고가 발달한다. 사회적으로는 나름대로의 관계성이 형성되며, 책임감이 싹트는 시기이다. 집단 놀이 문화가 발달한다. 모방심리가 발달한다. 정서적인 면으로는 강하지만 불안정한 감정, 감정의 폭이 심하며, 좌절, 실망, 두려움을 쉽게 느낀다. 영적인 면으로는 듣는 것을 바로 믿기 때문에 성경관, 구원관 등을 바르게 가르칠 필요가 있으며, 단순하지만 구원의 확신을 표현할 수 있는 나이임으로 개인적인 신앙생활, 성경읽기, 기도하기 등의 기초적인 활동을 가르쳐 주며, 매일 헌신과 성장을 위한 지도가 필요한 시기이다.

(3) 어린이 교육목회 프로그램

한국교회의 주일학교 교육프로그램은 더 이상 어린이의 교육에 영향을 줄 수 없다. 단순한 성경지식전달만으로 어린이의 영혼을 책임질 수 없다. 따라서 본 연구에서 제시하는 교육목회 프로그램인 매일교육목회 프로그램을 통해 어린이 교육목회로 통해 교회성장의 새로운 돌파구를 마련하고, 미래 지도자들을 양성하며 효과적인 교육목회가 이루어질 수 있도록 하기 위해 매일교회 교육목회를 위한 프로그램을 제시하도록 하겠다.

그동안 한국교회는 직간접적으로 매일 교육을 실시하였는데 과거 초기 한국교회 주일학교운동 초기 매일 학생들을 교회로 불러 성경공부와 읽기 쓰기, 말하기 등과 인성교육을 가르쳤으며 무엇보다 매일 이들의 필요를 채워주는 실제적인 교육이 이루어졌고[49] 현재는 교육의 대안으로 매일학교를 개설하여 교회성장과 어린이교육에 새로운 방향을 제시하고 있다.[50] 또한 70년대 후반부터 2000년 이전까지 한국교회에 어린이 선교원을 통해 어린이들을 위한 교회교육이 매일 실시되었고, 선교적, 교회성장학적인 측면에서 상당한 기여를 하였다. 그러므로 우리는 오늘날에 불어 닥친 한국교회의 위기와 한국 어린이 교육의 위기의 대안으로 매일교회학교를 개설하여 교회교육의 새로운 대안이 되기를 바란다.

---

49) 교사의 벗, "어린이 특별활동 열린교육방법", 「교사의 벗 2005년9월호」
    (서울: 교사의벗사, 2005), pp.44~48.
50) 배태훈, *op. cit.*, pp.74~81.

　　매일교회학교교육목회 프로그램은 국가에서 공식적으로 지원이 실시되는 방과후학교 운영[51]이나 순수한 교회교육을 위한 매일교회학교를 통해 교회교육목회를 실시하는 것이 좋다. 교회교육목회를 위한 매일학교를 운영하는 교회들의 프로그램을 보면 수원성교회의 경우[52] 아기학교, 잉글리시 어와나, 연극교실, 축구교실, 독서교실 등을 운영하고 있고, 광양대광교회의 경우[53] 무지개교실을 통해 관현악교실, 피아노교실, 드럼교실, 축구교실, 탁구교실, 농구교실, 영어교육과 신앙교육을 위한 영어성경반, 제자반 등을 운영하고 있다. 이외에도 여러 교회들이 매일학교를 운영하고 있다. 그러나 실제 매일학교 운영을 위한 교회교육목회 프로그램은 아직 제시된 자료들이 부족한 것이 현실이다. 대부분 일반 사회(학교, 학원 등)에서 실시하는 교육이나 특기적성 중심으로 교육이 실시되고 있다. 하루속히 교회신앙교육 프로그램도 개발되어야 할 것이다.

　　매일교회학교운영을 위해 본 연구자는 다음과 같은 교육목회 프로그램을 제시하도록 하겠다. 매일교회학교는 어린이 신앙교육을 중심으로 필요한 인성교육과 지성교육을 병행하였다. 기초자료는 학교교육의 방법을 병행하였지만 실제 성경공부와 학교 공부를 연계하여

---

51) http://www.moe.go.kr/news/nw_02_list.jsp?pageSize=10&cp=1 교육인적자원부는 2006년 9월 5일 다양한 교육 수요를 학교 내로 흡수하고 저소득층에게 양질의 교육·보육 기회를 제공하기 위해 '06년부터 본격 시행되고 있는 방과후학교의 상반기 운영 성과를 분석하고, 아울러 하반기 지원계획 및 운영방향을 발표하였다.
52) 배태훈, *op. cit.*, p.75.
53) *Ibid.*, pp.78-81.

교육방법을 착안하였다.

  구체적으로 운영방법을 살펴보면 다음과 같다. 첫째, 참여하는 학생들에게 학원과 학교에 양해를 구하고 매일교회학교에 참여케 한다. 둘째, 지도교사들을 두어 전문 과목을 감당하도록 한다. 예를 들면 성경읽기, 쓰기, 논술(표현하기), 말하기(발표력), 연극, 찬양, 미술지도(기독교성경미술지도), ets. 셋째, 교육시간은 새벽반, 오전반, 오후반 저녁반을 나누워 운영하였는데 대부분의 학생들이 모든 반에 다 참여케 한다. 넷째, 교육 전후 간단한 기도회와 찬양을 한 후 교육을 실시한다. 다섯째, 다양한 학습방법을 동원하여 학생들의 교육에 지루함을 해결한다. 여섯째, 주말에는 공개수업을 통해 부모들의 관심과 이웃사람들의 관심을 이끌었고, 격주로 야외학습(견학) 등을 통해 실제적인 교육이 되도록 한다. 일곱째, 반드시 주일교회출석을 원칙으로 하며, 주일출석을 빠지지 않도록 철저하게 지도한다.

  매일학교교육의 효율성을 높이기 위해 시간대별(새벽반, 오전반, 오후반, 저녁반)로 연령에 맞춤식 교육을 한다.
  주로 ① 새벽반은 성경암송과 읽기, 쓰기, 기도하기 등을 통해 개인 신앙 성장에 주력하고, ② 오전반은 소그룹(연령별)으로 개인학습(하루계획서 작성−저학년은 상급학생들의 도움을 받아 하루의 계획을 같이 생각하여 작성함−성경 읽고 문장 이해하기와 토론하기 등을 통해 자신의 의견을 발표하게 하고 다른 사람의 의견을 함께 기록하는 등의 토론식 수업을 진행하고, 나머지 시간은 개인학습(학교공부)을 통해 보충하도록 하였는데 이때 자원봉사자들의 도움을 받아 개인숙제, 부족한 과목보충을 하게 한다.

③ 오후반은 새벽반이나 오전반에 참여 못하는 학생들과 전체 학생들을 위한 전체 성경 기초 지식 쌓기 교육을 통해 성경의 기본 이해를 높이는 수업을 진행하였고, 성경역사 공부를 병행하면서 세계사와 기독교역사를 함께 공부한다. 간혹 주간 3일 정도는 세계역사문화를 동시에 공부함으로 세계를 보는 시각을 넓혔다. 교육 후 학생들에게 선교의 비전을 심어주기 위한 영화상영이나 중요자료를 감상하도록 하며, 선교편지쓰기, 자신의 미래계획 등을 생각하는 시간을 가진다.

④ 저녁반은 성경암송과 단계별 신앙교육(제자훈련, 사역자훈련, 미래지도자 훈련 등), 교회와 국가, 지역사회와 가정 등의 교육을 통해 사회를 바라보는 시각을 넓혀주고, 관련된 사회문제나 미래비전을 심어주는 이야기들을 서로 나누며, 하루의 공부들을 마감하게 한다. 물론 각반별로 개인학습을 도와주는 도우미들을 통해 학교학과공부를 보충해 주고, 필요에 따라 오후반과 저녁반은 특별, 적성반을 운영하여 개인별 예체능교육을 실시한다.

운영을 위한 조직구성은 목회자와 자원봉사(도우미)대학생이나 집사님들 중 자원자들의 도움을 받아 운영하도록 하고, 교육계획은 미리 전체적인 방향을 목회자가 정하고 세부적인 것은 담당자들을 세워 맡긴다. 매일교육목회는 말 그대로 매일 운영하는 교회학교인만큼 교회교육목표를 단장기적으로 세워야 하며, 구체적인 교육방법도 연구되어야 한다.

그러나 교육진행하다 보면 교육자료 부족이나 교육방법의 문제가 야기될 수 있음으로 수시로 교육에 필요한 새로운 자료도입이나 교육방법은 목회자나 담당자들은 항상 교육에 대한 정보 수집과 교육세미나를 통해 공급받고 외부 특별한 교육 프로그램을 도입할 계획이 있다면 교회 환경과 여건에 따라 적절하게 고려되어야 한다. 무엇보다 무분별한 교육프로그램 도입은 교회 재정의 어려움과 교육의 혼란을 초래할 수 있음을 염두에 두고 운영하면 효과적이다. 또한 매번 정기적으로 학생들을 통해 홍보도 해야 하지만 무엇보다 간단한 행사들을 열어 지역주민, 학부모 등을 초청하여 홍보하는 것도 효과적이고 학교나 마을 공동체공간을 이용한 발표회형식의 홍보도 좋은 방법이다.

2. 청소년 비전(Vision)학교

(1) 청소년 교육목회의 필요성

청소년 교육목회 역시 한국교회에 미래가 달려 있다.[54] 오늘의 청소년들은 교회의 미래를 바라볼 수 있는 척도요 귀한 일꾼들이다. 만일 이러한 청소년들이 교회에서 머물지 못하게 된다면 한국교회의 미래는 없다. 지금 한국교회는 청소년 목회에 눈을 돌려야 할 때이다. 왜냐하면 교회가 질적으로 상장하지 않는 가장 큰 원인이 청소년 목회에 대한 중요성을 잊고 있기 때문이다. 지금은 청소년에 대

---

54) 최정성, 「청소년교육핸드북」(인천: 엘멘출판사, 1990), p.11.

한 교회의 관심과 연구가 절실히 요구되는 시점이다.[55] 따라서 지속적인 건강한 교회 성장을 위해서는 청소년 교육목회는 매우 중요한 위치를 차지한다.

영국의 복음전도자인 톰 리이즈(Tom Rees)는 "모든 영국 그리스도인 가운데 75%가 14세 이전에 주님을 영접하였으며 14세에서 21세 사이는 20%, 21세 이후 주님을 영접한 사람은 겨우 5%에 지나지 않는다는 사실을 발견하게 되었다."[56]

헨드릭(J. R. Hendrick)은 말하기를 "청소년기는 그 생애에 있어서 종교적으로 가장 활동적인 시기인데 이 시기에 회심경험이 가장 많으며 주님에 대한 헌신과 봉사 전도에 대한 열정이 강하며 가르침을 받기 쉬운 때이다.[57]"라고 말하였다. 이러한 복음을 받아들일 수 있는 기회가 있는 청소년들에게 우리는 관심을 기울여야 한다.

클렌 루드윅(Glenn E. Ludwig)은 그의 저서에서 청소년의 중요성을 말하면서 그는 "청소년들은 지금 하나님의 백성의 일부분이라는 점과 청소년들을 교회 목회의 수납자일 뿐 아니라 공헌자라는 점을 파악하지 못하고 있다."[58]고 말하고 있다. 오늘날의 청소년들은 분명

---

55) 강보길, "청소년목회 패러다임전환을 통한 교회성장 방안연구", 「개혁주의교회성장학회지 창간호」(서울: 개혁주의교회성장학회, 2006), p.8.
56) Tom Rees, 「교회와 청소년 교육」 박영호 역(서울: 기독교문서선교회, 1991), p.12.
57) J. C. Hoekendijk, 「흩어지는 교회」 이계준 역(서울: 대한기독교서회, 1982), p.7.

히 미래의 주인공일 뿐만 아니라 현시대와 동반자이며 객체가 아니라 주체들인 것이다. 그러므로 청소년 목회도 청소년들을 효율적으로 변화시키려는 목적을 위해 청소년 교육목회를 시행하여야 하며 청소년들의 신앙성장을 위해 교회는 관심과 협력이 절대적으로 필요하다.

오늘날의 청소년 교육목회를 위해 교회가 관심을 가지고 개선해 주어야 할 부분을 살펴보면 다음과 같다. 먼저 목회자의 목회와 교육을 분리하여 생각하고 있다. 그로 인해 성인중심의 목회가 시행됨으로써 한편으로 소외된 교회교육이 결국 청소년교육의 무관심으로 이어진 것이다.[59]

그러므로 외적 요인으로는 교회교육의 환경문제, 재정지원문제, 교육을 위한 교사의 자질문제 등이 나타나고 내적으로는 교육방법론의 문제와 교육 프로그램의 한계, 가정과 교회, 학교와 연계되지 않는 동떨어진 교회교육, 사회변화에 따른 심리적 불안과 맹종의 모습 등이 한국 청소년을 위한 교회교육에 문제들로 등장하고 있다. 이러한 청소년 교육목회에 일어나는 문제들을 해결하기 위해서는 청소들에 대한 멘토링 사역(Relational Ministry, Mentoring)[60]과 목적인 분명한

---

58) Glenn E. Ludwig, 「청소년목회론」 박주익 역(서울: 대한기독교출판사, 1992), pp.34~36.

59) 김수현, "교회 청소년교육연구"(석사학위논문, 서울: 성경신학대학원대학교, 2004), pp.26~40. "57.4%가 관심이 부족 작은 교회일수록 관심 부족이 평균 72.8% 나타났다. 뿐만 아니라 교육비 지출도 부족하다는 응답이 50%이고 작은 교회일수록 교회재정지원의 만족도가 낮게 나왔다"

60) 김청봉, "건강한 청소년교육을 위한 모델", 「신학과 현장 제11집 신학논총 13호」(서울: 학술정보자료사, 2004), pp.256~279 "의미 있는 관계: 성육신

사역(Intentional Ministry)[61] 및 적절한 프로그램이 있는 사역
(Programmatic Ministry)[62] 그리고 무엇보다도 이들이 그리스도인으
로의 삶이 변화할 수 있는 교육목회 패러다임이 필요하다.

(2) 청소년이해와 교육원리

청소년이란 말은 라틴어 adolescere에서 유래된 말로서 성장 또는
성숙하고 있는 사람을 뜻한다.[63] 즉 청소년이란 심신의 모든 부분이
아동의 상황으로부터 성인의 상황으로 옮겨지는 과도기라고 정의할
수 있다.[64] 청소년 시기는 대개 사춘기가 시작되는 12세~13세부터
22세~24세에 이르는 10년의 기간을 청소년기로 본다.[65]

이 시기에는 신체적으로 성숙하여지며 정신적인 발달과 심신의 급
격한 변화가 일어나는데 그 특성을 살펴보면 첫째, 신체적인 특성으
로는 신체적 변화가 급격한 성장을 이루면서 눈에 띄게 키 몸무게
근육이 강화되며 얼굴과 체형도 성인의 모습을 갖추게 되고, 생식기

원리, 아가페 사랑원리, 섬김의 원리, caring and mentoring relationships"
61) 청소년들을 하나님께로(교회로) 인도하기 위한 대책, 하나님을 만남의 기
회를 제공, 선교, 교제, 교육, 나눔의 사역 원리에 따른 분명한 사역 방
향설정.
62) 청소년의 영적, 육적, 지적, 성장의 모든 영역에 필요한 모든 것을 교육
프로그램으로 활용하되 분명한 목적과 우선순위에 따라 적절하게 협의
하여 이끌어 간다.
63) 송정두, 「청소년 이론」(경북: 계명대학교 출판부, 1981), p.10.
64) 민영순, 「발달심리학」(서울: 교육출판사, 1984), p.271.
65) 고용수, "청소년 이해와 교육적 과제", 「장신논단」(서울: 장로회신학대학
출판부, 1987), pp.223~224.

관의 성숙이 후기에 거의 완성되어 보통 소년들은 14~15세에 사정
이 가능하고 소녀들은 체형의 공격이 갖춰지면서 유방의 확대, 월경
의 시작 등 생식능력이 거의 완성되는 시기이다.[66]

둘째, 심리적 특성으로는 지적 발달이 두드러지면서 추상적 능력
이 발달하고 논리적인 사고와 태도가 두드러진다. 그러나 생리적인
성장과 지적 발달이 상호 보완적으로 병행하며 발달하지만 이때 성
인들의 역할과 감정과 판단에 대해 평가하는 능력도 생기지만 스스
로 당황하는 시기이기도 하다. 이 시기의 특징[67]으로는 청소년들은
외부의 간섭을 싫어하는 특성을 나타내며 스스로 독립하여 해결하려
는 면을 보이고 스스로 죄책감도 느끼며 우울증도 나타내기도 한다.
신체와 인격의 내부적인 변화로 인해 정서적 안정과 긴장을 이겨낼
수 있는 힘과 자기 통제 능력이 증가하는 시기이기도 하다.

셋째, 사회적 특성으로는 적극적이고 자아의식이 확고한 자아정체
감을 형성하는 시기[68]로서 생활의 주 공간이 가정, 학교, 교회 등
한정된 공간에서 교사나 동료들로부터 이상적인 모델을 찾게 되는
데, 이때 부모 가족과의 관계와 이해(가치관)가 급격히 수정되면서
이에 대한 반응으로 또래집단이나 여러 사회 공동체에서 갖는 사회

---

66) 조아미, "신체발달", 「한국청소년학회, 청소년학 총론」(서울: 양서원, 1999),
    p.89.
67) Abraham H. *Mativation and Personality*(New York; Harper and Row,
    1970), pp.37~46. Gray. R. 「크리스챤 카운슬링」, 이혜련·피현희 역(서
    울: 두란노서원, 1984), p.181. 재인용.
68) 권이종, 「청소년 심리학」(서울: 양서원, 1996), p.25.

적인 이해 집단 소속의식이 가족중심의 개념에서 새롭게 변화하게 되고 여기서 친한 친구,[69] 즉 우정이 생겨나며 동성보다 이성에 대한 이해가 급격히 발달하여 가면서 믿을 만한 친구나 다른 사람들과 깊은 마음의 대화를 통해 자기 정체성을 확립해 나간다.

넷째, 영적 특성으로는 청소년 시기에 인생의 목표와 방향의 필요성이 절실히 요구되는 시기임으로 이때 신앙태도와 형성에 직접적인 영향을 미친다.[70] 그러므로 이 시기에 청소년들에 효과적인 신앙교육이 이루어져야 하며 청소년들의 문제와 장래에 대한 바른 해답을 줄 수 있을 때 청소년들은 긍정적인 방응을 보이지만 문제의 해결을 받지 못하거나 오히려 문제를 야기하게 되는 이 시기에 교회를 떠나는 경우가 발생한다. 또한 이 시기에 신앙이 확고해지지 못하면 또 다른 종교나 다른 분야에 관심을 가지기가 쉽고 인생을 쉽게 전환하게 된다. 그러므로 청소년 시기에 적절한 지도와 관심은 일생을 좌우하게 되는 놀라운 경과를 가져옴으로 교회에서 청소년을 지도할 때 분명한 가치관을 형성하고 변화에 대한 다양한 대처방안이 마련되어야 청소년들을 교회로 이끌 수 있을 것이다.

(3) 청소년 교육목회 프로그램

청소년 교육목회 사역은 청소년들의 장래와 삶에 방향을 정하고 미래 비전을 세울 수 있도록 지도해야 하며 이와 병행하여 삶의 변

---

69) 고용수, *op. cit.*, pp.226~227.
70) Bill Bynum. 「청소년 이해와 교회교육」(서울: 나침반, 1991), p.30.

화를 줄 수 있는 신앙훈련이 이루어질 수 있도록 교회는 다각도의 신앙훈련의 장이 되어야 한다. 따라서 본 연구에서는 청소년들의 영성교육, 선교교육, 비전교육, 문화사역, 생활지도 등의 프로그램을 살펴보도록 하겠다.

1) 영성교육

첫째, 청소년의 영성교육은 인생의 길을 분명히 밝혀 주는 아주 중요한 교육이다. 영성교육을 통해 삶의 문제를 해결하고 영성교육을 통해 미래를 개척하며 꿈을 키워나가도록 하는 아주 중요한 교육이다. 청소년의 영성교육에 제일 중요한 위치를 차지하는 것은 예배교육이다.

지금까지의 예배가 교사의 지도에 의해 이끌려 가는 교육이었으나 이제는 참여하고 함께하는 예배가 되도록 한다. 또한 설교를 하는 목회자(교역자, 담당교사)는 청소년들의 교육방법을 분명히 이해하고 청소년들의 삶의 방향을 제시하며, 신앙과 생활의 일치를 이룰 수 있도록 하는 말씀교육이 병행되어야 한다. 예배에 참여하는 청소년들에게 예배에 일정한 부분을 직접 체험하게 한다. 예를 들면 사회, 찬양봉사, 기도, 봉헌, 안내 등 간단한 부분이지만 기도하며 준비하고 섬김과 봉사를 어릴 때부터 교육하여 미래 교회 사역자로 성장할 수 있도록 지도하며 청소년들의 예배와 일반 공예배와 연계한 예배교육이 필요하다.

둘째, 주말(토요)기도회 등을 정기적인 모임을 통해 청소년들이 자발적으로 기도모임을 할 수 있도록 지도하며, 자신의 미래와 교회, 이웃, 국가, 사회, 복음 선교 등 다양한 기도제목들을 함께 나누며, 사회에 대한 이해와 책임감을 심어주고, 공동체의 일원으로서 소속감을 심어준다.

셋째, 방학 중 프로그램을 통해 영성교육(새벽기도회모임, 큐티모임, 제자훈련모임)과 수련회, 그리고 학업보충교육과 교회도서관(자습관)활용을 교회에서 개인학습활동과 신앙활동을 병행할 수 있도록 장소를 마련해 주고, 신앙교육의 기회를 삼아야 한다.

넷째, 주중에 학부모기도회를 통해 청소년들과 학부모의 만남이 교회를 통해 이루어짐으로 자연스럽게 교회 중심의 삶으로 이어지며, 교회가 청소년들의 장래 비전의 터전이 되도록 하고 부모와 함께 만들어 가도록 한다.

2) 선교교육

청소년 선교교육은 매우 중요하다. 선교훈련을 통해 세계화된 사회 변화 속에 자신의 삶과 비전을 세워가며 나아가 선교에 준비된 훈련된 현신의 사역자로 양육될 수 있다. 또한 당면한 학생들의 학업에 새로운 교육의 기회를 삼을 수 있고 재정이 허락된다면 선교지 방문을 통해 복음전도의 기회를 만들어가며 학업과 연관된 새로운 지식을 습득하고 준비함으로 신앙교육에 새로운 흥미와 도전을 받게 될 것이다.

선교교육에 있어서 첫째, 언어교육(영어, 일어, 중국어, 러시아어 등)을 통해 전도와 선교의 지혜를 배우고 학교공부에도 도움이 될 뿐만 아니라 선교지 탐방(봉사 사역 등)을 통해 언어의 장벽을 허물 수 있다. 둘째, 선교비전을 심어주며 장래의 꿈과 미래 비전을 계획하게 한다. 셋째, 선교지 방문을 준비하면서 세계의 여러 나라(선교지방문)에 대한 관심과 이해 간단한 지식 습득을 통해 학업에도 도움을 주며, 다른 일반훈련 받지 않은 사람과 다른 지식의 표현들이 자신감과 용기를 얻게 해 준다.

3) 비전교육

청소년들의 비전교육은 장래의 길을 열어주는 것이며, 청소년들의 꿈과 희망을 현실로 만들어 갈 수 있는 토대를 세우는 것임으로 교회가 비전교육을 해야 한다. 청소년들의 장래를 위한 삶의 모델을 성경(인물, 역사, 사건 등)을 통해 바른 신앙교육과 비전을 제시해 주고, 오늘날에 청소년들의 삶의 가치와 직업관, 진학에 대한 이해와 진로를 바르게 세울 수 있도록 하여야 한다. 그러기 위해서는 비전교육을 통해 구체적인 꿈과 비전을 가지고 기도하며, 소망을 품고 하나님을 의지하는 믿음을 가지게 함으로 교회가 장래에 중요한 기도의 터전이 되도록 하여야 한다.

4) 문화사역

현대사회의 문화홍수에 기독교문화의 정체성을 회복하고 청소년의 올바른 문화정립을 위해 문화교육을 실시해야 한다. 단순히 교회출석하고 예배드리는 정도의 문화가 아니라 하나님을 찬양하는 찬양문화 하나님께 예배하는 예배문화 하나님께 기도하는 기도문화가 청소

년들의 정서와 삶의 제일 귀중한 가치가 되도록 하며 그 외에 청소
년들의 스포츠 문화, 영상문화, 인터넷문화, 통신문화, 여가활용, 놀
이문화 등을 건전하게 이끌 수 있도록 하기 위한 문화사역은 현대
무분별한 문화를 건전하게 정착시키며 신앙활동을 통한 기독교문화
의 활동으로 새로운 삶의 기쁨을 함께 체험할 수 있도록 교회는 다
양한 문화 교육을 실시해 청소년신앙 활성화가 이루어질 수 있도록
관심과 지원이 있어야 할 것이다.

5) 생활지도

청소년의 생활지도는 멘토(mentor)로서 멘토링(mentoring)[71]을 하
기를 요청한다. 오늘의 시대에 청소년들이 그들의 삶의 목적을 이룰
수 있도록 꿈을 줄 수 있는 영웅을 만나지 못하고 있다. 그래서 연
예인이나 스포츠 오락 산업의 부산물들을 그들의 우상으로 삶고 있
으며 잘못된 모델을 쫓아가기 위해 시간과 열정을 소비하고 있다.
누가 이 시대의 진정한 모델이 될 수 있는가? 그 대안을 교회가 제
시해 주어야 한다.

---

71) 네이버 백과사전(http://krdic.naver.com/detail.nhn?kind=newword&docid=
1141) mentor는 Odysseus가 아들의 교육을 맡긴 지도자 mentor에 의해
유래된 단어인데, 선도자, 좋은 조언자, 지도교사 스승을 말하는 것으로
서 다른 사람을 돕는 좋은 조언자, 상담자, 후원자를 'mentor'라 하고,
mentor의 활동을 'Mentoring'이라고 한다. Mentoring이란 현장 훈련을
통한 인재육성 활동으로 정의할 수 있다. 즉 회사나 업무에 대한 풍부
한 경험과 전문 지식을 갖고 있는 사람이 1:1로 전담하여 구성원
(Mentee)을 지도, 코치, 조언하면서 실력과 잠재력을 개발, 성장시키는
활동이라 할 수 있다.

청소년들의 삶의 방향을 제시해 주고, 이들의 삶의 비젼을 위해 바른 신앙교육을 바탕으로 삶을 그려갈 수 있도록 해야 한다. 그러기 위해서 교회와 교사들은 청소년들을 인도하는 목자로서 우리를 인도하시는 목자장이 되신 예수그리스도의 심정으로 청소년들을 이끌어 주어야 할 것이다.

청소년들의 실생활을 비판하거나 부정할 것이 아니라 청소년들의 생활을 이끌어 주며 건전한 삶을 이어 갈 수 있도록 하기 위해 함께할 수 있는 공간을 열어 주고, 만들어 갈 수 있도록 해야 할 것이다. 평일은 학교, 학원중심의 생활을 하던 청소년들이 주말이나 주일에 교회 나오지만 예배와 성경공부 외에 별다른 신앙생활을 경험하지 못하며, 교사들과의 만남이 별로 없음으로 인해 자신의 삶이 변화되지 못할 뿐 아니라 그들의 관심이 세상으로 향하는 원인이 된다. 따라서 교회는 교사들의 멘토(mentor)로서 청소년들을 잘 인도한다면 한국교회 미래에 안정적인 교회성장이 이루어 질수 있다.

3. 청, 장년 볼런티어(Volunteer)교육원

(1) 청, 장년 교육목회의 필요성

오늘날의 청장년 교육목회는 현실적인 문제이다. 대부분 성인 중심의 목회를 하고 있다고 하지만 실제 교육이 이루어 지지 못하고 교회 봉사(사역)가 이루어지고 있다. 이로 인해 교회의 갈등의 요소가 되기도 한다. 그러나 교육목회를 실시하고 있다면 효과적으로 목회를 할 수 있을 것이다.

존 씨쎄모어(John T. Sisemore)가 "어린이는 모레의 희망이며 청소년은 내일의 희망이나 청장년들은 오늘의 또 하나의 희망이다. 어린이를 잃으면 교회는 그 세대 뒤에 쇠해질 것이고, 청소년을 잃으면 1세대 내에 쇠해질 것이나, 청장년을 잃으면 교회는 지금의 세대에서 쇠해질 것이다."[72]라고 지적하듯이 교회의 지속적인 성장과 관련해서 청장년은 미래의 희망인 어린이나 청소년의 교육환경의 질을 결정하는 교사일 뿐만 아니라 그들의 인격형성과 사회화(Socialization)의 대행자이며 또한 현재 가정과 교회, 사회, 세계에서 교육적, 사회적, 경제적 책임과 결정권을 지닌 사회적 주체이다.

따라서 이들을 교육하고 훈련시키는 교육목회는 이들의 삶을 도와주며 성장세대에 삶의 모델이 되도록 하며, 신앙을 강화하여 개인적인 신앙성장과 교회를 내적으로 튼튼하게 하게 세우며, 복음전도와 지역사회 봉사를 통해 하나님 나라 확장, 그리고 기독교문화발전을 위해 청장년을 대상으로 한 교육목회가 중요하며, 교육의 필요성이 절실히 요구되고 있다.

특히 청장년 교육을 통해 교회의 실질적인 사역을 감당하며 목회

---

72) John T. Sisemore, *"The Challenge of Adult Christian Education", in Adult Education in the Church*, ed., Roy B. Zuck and Gene A Getz (Chicago: Moody Press, 1980), p.14.

자와의 협력, 교우들과의 교제, 나눔, 협력들을 효과적으로 수행할
수 있도록 한다. 또한 청장년의 교육은 자신의 개인적인 신앙성숙뿐
만 아니라 가족, 이웃까지 영향을 주며, 교회사역에서 다른 교우들에
게도 상당한 영향을 줌으로 반드시 교회교육은 이루어져야 하며, 나
아가 그리스도의 제자로서의 삶을 영위할 수 있도록 목회자는 이들
을 반드시 교육하여 현대 한국교회의 성장을 함께 이끌어 가야 할
것이다.

(2) 청·장년이해와 교육원리

청장년을 이해한다는 것은 곧 그 교회의 성장을 이해할 수 있는
척도가 된다. 즉 청장년이 교회의 중심적 역할을 하는 연령임으로
그 중요성이 매우 크다. 그러므로 청장년의 교육 또한 큰 비중을 차
지하는데 먼저 이들을 바르게 이해하여 교육목회를 실시하면 더 효
과적인 목회가 이루어질 것이다. 청장년의 시기는 자신의 일과 사회
교회의 모든 일에 주도하며 직접 책임을 지는 연령임으로 이들의 이
해에 따라 결정과 책임을 스스로 배우며 감당한다.
코메니우스(Johann A. Comenius)는 범교육론(Pampaedia)에서 그는
"전체 인류를 위하여 세계는 개벽부터 종말까지 하나의 학교이듯이
개개인의 인간들에 있어 요람에서 무덤까지 하나의 학교이듯이 개개
의 인간들에 있어 요람에서 무덤까지의 전 생애는 하나의 학교"[73]라
고 말하고 있다. 이는 모든 사회적 상황뿐만 아니라 교회에서 일어

---

73) Johann Amos Comenius, 「코메니우스의 범교육학」 정일웅 역(서울: 그
리심, 2003), p.115.

나는 모든 상황까지 포함하여 모든 것이 교육되며, 모든 것이 실천되면서 나타나는 사회적 책임과 의무가 동반되어 나타난다. 즉 교회교육목회에서 바른 신앙교육과 전인교육을 통해 교회의 건전한 문화와 교육이 발전하고 교회성장의 지속적인 교육을 통한 성장은 이들 연령층의 적극적인 역할이 수행될 때 비로소 그 진가가 나타난다.

청년 시기[74]에 신체적인 특징은 육체의 골격이 완성되어 절정에 이르며 서서히 굳어지는 시기이기도 하지만 활동력이 왕성하여 심하게 일을 하거나 육체를 무리하게 사용하여 자신의 체력을 과신하기도 한다.

정신적으로는 정서의 안정과 적극적인 열의로 인해 가끔은 자신의 능력 밖의 일들로 도전하려는 열심을 보이기도 하고, 다른 일들이나 문제들을 쉽게 받아들여 나름대로 평가하며, 결론을 통해 표현의 되는 것이 상대방에게 영향을 줄 수도 있다.

사회적으로는 가족 중심의 사고가 발달하며 또래 집단에 응집력이 강하여지는 시기로서 이때 배우자를 선택하여 함께 사는 방법을 배우고 나아가 자신의 가정과 사회 그리고 교회에 대한 책임감과 봉사를 통해 사회를 체험하고 배우며 자신의 삶의 영역을 넓혀 간다. 또한 자신의 직업과 생활에 대한 결정과 삶의 가치를 비교하며 인생의 진로를 개척하는 시기임으로 이때 교회교육을 통해 이들의 정서가

---

74) Paul E. Loth, 「장년이해와 교회교육」 한상식 역(서울: 나침반, 1991), pp.28～29.

안정되며 신앙의 터전을 만들어 갈 수 있도록 가르쳐야 할 것이다.

감정적으로는 자신의 감정을 의지적으로 제어할 수 있으며 동시에 분명한 표현으로 인해 상대방에게 상처를 줄 수도 있고 도움을 줄 수도 있으며 나아가 교회활동에서도 자신의 감정표현의 바른 이해가 없다면 그로 인해 문제가 발생할 수도 있다. 따라서 이 같은 문제들을 해결하기 위해 영적 훈련과 정신적 훈련을 통해 자신의 인성과 지성, 영성을 다듬어가며 그리스도인의 삶을 이어 갈 수 있도록 해야 할 것이다. 특별히 영적인 생활의 영위함을 통해 일생의 경건한 삶이 이어질 수 있는 아주 중요한 시기이다.

장년의 시기[75]에는 육체적으로는 감퇴기가 시작되는 시기로서 육체적인 한계를 깨닫게 되며 운동량이 작은 일들을 좋아한다.

정신적으로는 자신을 중심으로 한 주변 가족이나 사회 교회를 생각하며 참여하거나 주도하는 열심을 나타내 보이는데 이는 정신적으로 주체적인 사고를 가지고 항상 주도하며 이끄는 사회적인 책임감을 함께 나타낸다. 그러나 이 시기에 잘못 가르치면 심각한 문제로 인해 사회성이 파괴될 수 있으며 사회 중심의 역할을 통해 자체 구성원에게까지 영향을 준다. 특별히 가족들을 책임지며 세대 간의 연결고리를 이어주는 역할을 통해 사회활동이 왕성해진다.

---

75) *Ibid.*, pp.29 – 30.

감정적으로는 자신의 표현이 강하며 동시에 세대 간의 협력을 통해 자신의 감정보다 세대 간의 감정을 우선하며 협력하려는 노력이 나타난다.

영적으로는 자신의 장래와 과거의 인식을 재확인하면서 새로운 삶의 가치를 위해 영정적인 노력을 나타내는 시기임으로 영적으로 이때의 자신의 신앙에 대한 강한 학습력과 봉사력을 동시에 나타낸다. 그러므로 이 시기에 교육목회를 통해 진정한 그리스도인의 삶 제자화의 삶을 통해 몸 된 교회를 세워나갈 수 있도록 교육해야 할 것이다.

(3) 청·장년 교육목회 프로그램

청, 장년교육목회 프로그램은 교회성장에 중요한 역할을 감당하는 연령임으로 교회에 실제적인 일, 즉 목회에 동역자로서 사역을 감당할 수 있도록 교육해야 하며 나아가 예수님의 제자로서의 삶을 살아갈 수 있도록 교육목회를 시행하여야 한다. 그러므로 오늘날에 청장년교육목회 프로그램은 개인 신앙성숙과 함께 교회를 봉사하며 가정과 이웃을 돕는 섬김과 나눔의 사역을 통해 복음전도의 기틀을 마련하고 교회성장의 중추적인 역할을 감당하도록 교육해야 할 것이다.

따라서 본 연구에서는 청, 장년의 교육목회 활성화를 위해 개인 신앙성숙을 위한 교육과 교회평신도 사역자로서의 청지기 훈련, 가정과 자녀들을 위한 교육 그리고 지역사회 봉사와 선교에 대해 살펴보도록 하겠다.

1) 개인신앙교육

개인 신앙성숙을 위해 예배, 기도회, 제직(새신자, 새가족)교육을 비롯하여 기초성경공부를 할 수 있도록 지도하며, 그룹 활동 등을 통해 성경적 삶을 모델로 하여 함께 탐구하며, 기독서적들을 통해 기독교세계관을 통해 바른 의식개혁을 위한 나눔과 토론, 찬양사역을 통한 은혜체험과 은사개발을 위한 나눔과 훈련이 필요하다.

2) 청지기훈련

직분자 훈련을 통해 교회사역에 대한 이해를 높이고, 장단기적인 교육을 통해 리더자, 교사로서의 섬김을 위한 훈련, 구역이나 소그룹을 인도하며, 공동체 활성화를 위해 지도할 수 있는 리더십교육, 교회봉사와 헌신을 위한 다양한 교회사역 훈련(조직관리 교회행정-회계, 사무, 회원관리, 안내, 봉헌위원 훈련, 교회관리, 협력 훈련 등), 목회를 돕는 일, 성도들을 돕는 일 등을 교육과 훈련을 통해 체험하고 헌신하도록 한다.

3) 가정생활교육

가정생활에 대한 교육목회가 아주 중요하다. 예를 들면 청년들의 가정교육은 부모님에 대한 이해와 섬김 그리고 예비부부를 위한 결혼 준비, 이성에 대한 교육 기독교인 가정을 위한 결혼 전 예비부부 교육을 실시하여 건강한 가정을 만들게 한다. 장년의 가정생활은 부부생활을 돕기 위한 부부세미나 결혼생활의 위기 극복 또한 아버지학교 어머니학교 등의 교육을 통해 자신의 위치와 자녀와 가족의 행복을 추구하는 목적 신앙교육 등을 이끌 수 있는 지도력을 실제로 체험하며 소그룹을 통해 함께 나눔으로 삶의 지혜를 얻을 수 있도록 교육해야 한다. 또한 자녀양육 문제나 상담을 위한 자녀교육을 위한 전문인들을 초청하여 교육을 받게 하거나 상담을 받을 수 있도록 교회가 교육하여야 한다. 가정의 윤리와 건전한 가족 문화를 바로 세우기 위해 함께 노력하며 협력하고 함께 나눌 수 있는 교육과 축제행사에 온가족이 참여하도록 하는 등의 교육목회를 통해 체험할 수 있는 교육목회 프로그램이 필요하다.

4) 지역사회 봉사와 선교

지역사회의 고통과 문제를 다 감당할 수 없지만 교회가 감당할 수 있는 일들을 함께 나누며 협력함으로 한국교회가 지역사회 봉사와 선교의 터전을 구축해야 할 것이다.

단순한 전도의 차원을 넘어 교회와 지역사회가 함께하며 삶의 아름다운 가치를 복음으로 가르치며 함께 공유할 수 있도록 하기 위해서는 교회의 규모와 능력에 따라, 어린이, 청소년, 노년 등의 연령층을 돌보는 봉사활동, 제가봉사활동, 사회에서 돌봐주어야 할 사람들을 찾아가는 봉사 이웃의 고민(자녀교육, 가정문제 등)을 함께 풀어갈 수 있도록 하기 위해 사회 저명인사나 교회에서 전문가를 초청하여 세미나 등을 개최하거나 구역, 기관, 소그룹을 통해 교회 전체가 감당할 수 없는 부분을 함께 나누며 선교활동을 통해 교회가 지역사회에 봉사하며 지역사회의 문제를 함께 나눌 수 있는 환경을 만들어가며 청장년들의 봉사 선교활동을 통해 교회성장을 이룰 수 있다.

4. 노년 평생교육원

(1) 노년 교육목회의 필요성

한국사회는 지금 고령화 사회(Aging society)에서 고령사회(Aged society)로 진입하는 기간이 세계에서 가장 빠르다고 한다.

한국의 경우 2019년에는 노인의 인구가 14.4% 되어 고령사회가 되고 2030년에는 19.3%가 되어 초고령사회로 진입하게 될 것으로 예상하고 있다.[76]

한국교회는 노년층에 대한 관심을 가져야 한다. 그리고 노년층에 대한 사회적 책임과 이해가 선행되기 위해서는 교회가 노년에 대한 이해와 교육이 필요하다. 그러나 지금까지 노인들의 사회적 책임과 의무를 문제시하거나 지난 선거 때(17대 국회의원) 노인폄하(老人貶下)발언으로 인해 사회적 논란이 되고 노년층 역시 이런 분위기에 적응하듯이 다소 체념적인 것으로 나타나고 있어 우려가 된다.

지금까지 대다수 한국교회의 관심은 유년부에서 장년부에 이르기까지였다. 특히 유년부나 중·고등부를 위해서는 재정적인 투자를 아끼지 않았다고 한다면 그와 반대로 노년층에 대해서는 그들을 장년부에 편입시키거나 또는 전혀 관심의 대상으로 생각하지 않는 경우가 대부분으로 노년층을 위한 예산 수립이나 유년부와 청년부처럼 노년부를 독립부서로 조직화한 교회는 거의 없다.[77]

---

76) 김기원, 「기독교사회복지론」(서울: 대학출판사, 1998), p.279.
77) 이강석, "노인복지목회 원리와 필요성에 관한 연구", 「개혁주의교회성장

그러나 이제 교회가 노년부에 대한 관심을 높이고, 노인문제를 의식화하면서 노인교육목회에 교회가 적극적으로 투자할 필요가 있다.

노년층을 사회의 문제나 돌보는 대상으로만 볼 것이 아니라 함께 나누며 협력하며, 서로 돌봄을 통해 성장하는 중요한 동반자다. 그러므로 노년층들의 자기결정력과 자주성을 격려하고 노인 상을 회복하며 협력하여 성장할 수 있도록 하기 위한 노력과 교육이 교회들에 의해 시행되어야 한다.

이와 관련하여 독일교회들의 노인사역의 형태를 살펴보면[78] 한국교회 교육목회에 유익할 것이다. 첫째형태, 돌보는 교회(Betreuungkirch)의 모델이다. 이 모델에서는 교회에 속한 모든 개개인은 돌봄의 대상이며 모두가 목사가 담당할 과제의 영역을 본다. 이런 모델 아래서 노인사역 역시 돌봄의 대상으로서 단지 보호와 도움을 필요로 하는 돌봄의 대상으로 전락하고, 자신의 기대에 부응하는 행위를 할 기회가 주어지지 않는다.

둘째형태, 특정한 목표를 가진 그룹들의 필요를 공급하는 교회(Gemeinde als Organisation mit zielgrupenapezifischen Angeboten)이다. 이 모델은 일종의 시장경제적인 모델로서 수요와 공급의 관계를 중시한다. 즉 노인그룹, 노인반을 구성하여 노인들에게 매력적으로

학회」(서울: 개혁주의교회성장학회, 2006), pp.253~278.

78) Peter Hennig, *Altenarbeir*, G. Adam / R. Lachmann(herg.), (Gemeindepa-dägogisches Kompendium; Göttingen, 1987), pp.426~428.

느껴지고 그들이 호응하면서 활발히 참여할 수 있도록 프로그램을
개발하여 관심을 이끌어 참여를 독려한다.

셋째형태, 기초공동체(basisgemeinde) 지향적인 교회 모델이다. 하
나의 공통된 목표를 가지고 교회 모든 구성원들이나 소그룹이 모여
총체적인 기본 틀을 바탕으로 다른 조직이나 모든 회중들과 지속적
인 연관관계를 갖는다는 의미에서 그리스도의 공동체를 형성한다.
이런 형태들은 각각의 문제를 안고 있으나 가장 좋은 노년 사역
을 불필요한 것으로 만들어 버릴 것이 아니라 노년들을 노년의 테두
리에서 뛰어넘어 젊은이들과 만남, 함께 나눔을 통해 교회사역을 감
당하며 자신을 돌아보며 함께 나누며 서로서로 돌볼 수 있는 사회적
인 책임과 협력을 가르쳐야 한다.

오늘날의 한국교회교육목회의 새로운 노년목회는 사회문제를 책임
지는 차원이 아니라 사회와 시대의 흐름에 함께 적응하며 몸 된 교
회와 더불어 세워가는 삶으로 이끌어 가야 할 것이다. 그러기 위해
교회교육목회는 노년의 마지막까지 삶의 가치를 함께 나누며, 누릴
수 있도록 가르치며 협력하고 도와주며 바른 이해를 구하는 평생교
육의 차원에서 노년교육목회가 이루어져야 한다.

(2) 노년 이해와 교육문제

일반적으로 노년기 특성은 노화(Aging), 즉 신체적, 정신적, 사회
적, 감정적으로 노화한다는 말인데, 이때 이 노화현상은 개인적인 차

이나 상황의 차이에 따라 달리 평가될 수 있으나 우리나라에서는 노인복지법(1981)에 따라 65세를 노인으로 지칭한다.[79]

노년의 신체적인 특징은 육체적인 한계를 느끼는 시기이며 활동이 줄어들고 행동이 둔화되어가며 활동의 반응 속도, 문제해결, 기억력 등이 현저히 느려지고 시력이 약화되거나 피부의 주름, 피로감 등이 나타난다. 신체 내부의 각종 장기의 기능도 현저히 떨어진다.

정신적 특성은 노년에 사회적인 활동과 정신적인 활동이 이루어지는 한 계속적인 배움과 노력을 나타내며 축척된 경험을 통해 주변인들에게 상담도 하며 때로는 화상에 젖기도 한다.

사회적 특성은 돈독한 사회적인 관계를 경험하며 다른 사람에 대한 반응이 예민해져 친절, 호감, 비평, 무시 등이 직접적으로 나타나는 경우가 있다. 자신의 가족과 깊은 유대관계를 맺으며 자녀나 손자들에 의해 대리만족감을 갖기도 한다. 그러나 친구나 주변에 가족들이 없다면 쉽게 고독해지기도 한다.

감정적 특성으로는 감정반응 체계가 고정되어 주변의 변화와 이해가 고정되고 변화하지 않으려 한다. 생활의 안락을 원하며 오래 살기를 원한다. 그래서 노년에 적극적인 인생을 즐기려는 사람들이 많으며 자신의 생각과 이해에 타인이 동의하지 않아도 습관적으로 자

---

79) 임춘식, "노인, 그들은 누구인가?", 「목회와 신학 59호」(서울: 두란노서원, 1994), p.40.

신의 방식을 고집하기도 한다.

영적 특성으로는 종교적 견해와 태도에 좀 더 공정되어 있어 받아들일 때는 신속하지만 거부할 때는 매우 강직하다.

현재 한국사회의 노인교육의 대부분은 교육시설 부족으로 적지 않은 어려움을 겪고 있다. 노인들이 이용할 수 있는 시설이 있다 해도 신체적 특성을 고려하지 못한 교육시설, 그리고 교육을 할 수 있는 교재개발 교육 전문 강사도 구하기 어려워 지속적인 교육이 이루어지지 못하고 있다. 또한 대부분의 노인학교들은 재정적인 어려움과 전담기구의 지원이 절대 부족한 현실 속에 있다.
그러면 교회는 어떠한가? 교회 대부분의 교육환경이 그렇듯이 그의 대부분이 매우 열악하며 노인에 대한 교육적 이해 또한 부족하여 대부분의 교회들은 전문적인 교육이 전혀 이루어지지 못하고 있다.[80] 하지만 노인들은 지역사회에서나 교회에서 존경을 받아야 하며 교육을 받을 대상이다.

교회에서 노년기에 있는 이들을 교육한다는 것은 그들만의 교육이 아니라 그들의 가족과 자녀들 그리고 주변인들에게 전도의 기회를 제공해 주며 교훈을 가르치며 산 경험의 지식을 전달할 수 있다는 이점이 있다. 그러므로 노년의 사람들을 교회가 교육한다는 것은 매우 중요하며 이들을 학습능력 역시 부정적이지만 실제로 학습하고자

---

80) 김일순, "목적 관점에서 본 교회노인교육의 방향", 「이화교육논총, Vol.8」
　　(서울: 이화여자대학교 교육대학원, 1997), p.10.

246

하는 의욕은 젊은이들과 별 차이가 없다.[81]

노년의 교육은 자신들의 남은 전 생애 목적과 삶의 가치를 높이는 것이며, 교육을 통해 세대 간의 차이, 사회적 변화, 삶의 지혜를 새롭게 갖추며 무엇보다 교회 신앙생활의 바른 활성화를 이룰 수 있음으로 노년의 교육이 이루어져야 한다.

노년교육목회에 있어서 반드시 이루어져야 할 것은 첫째, 자신들의 삶 속에서 알고 있는 지식과 기독교적 삶의 가치에 대한 바른 성경적, 신학적 이해로 이루어질 수 있도록 해야 한다.

둘째, 자신의 능력과 재능을 발전시켜 헌신 봉사할 수 있도록 함으로써 자신의 삶에 계속적인 활력을 줄 수 있도록 한다.

셋째, 자기관리를 통해 신체적, 정신적, 경제적, 사회적으로 적절한 사용과 적응을 할 수 있도록 가르쳐야 한다.

넷째, 신앙생활의 바른 이해를 통해 헌신의 모습을 다른 교우들과 후배들에게 모범을 보여주며 서로 상호 관계 속에 삶의 즐거운 가치를 느낄 수 있도록 해 주어야 한다.

다섯째, 기초적인 성경지식, 역사, 언어, 전문 분야 교육을 통해 자신의 지식 습득과 함께 헌신을 통해 만족감을 가지게 해 주어야 한다.

여섯째, 단순한 돌봄의 단계에서 세대 간의 조화와 나눔, 협력의 공간을 마련해 줌으로 사회의 중심, 가족의 중심, 교회의 중심적 역할을 할 수 있도록 기회를 만들어 주어야 한다.

---

81) Ibid.,

(3) 노년 교육목회 프로그램

노년 교육목회는 평생교육의 차원에서 시행되어야 한다. 노년에게
는 개인적인 신앙생활 증진, 공동체와의 조화, 성경에 기초한 지식습
득과 신앙생활의 체험(헌신 봉사), 삶의 가치를 회복하며, 자발적인
노력을 통해 자신과 이웃 그리고 교회에 연장자로서의 책임감과 소
속감, 자신의 욕구를 효과적으로 활용하여 삶의 조화를 이루며, 함께
나눌 수 있도록 하는 지속적인 교육 프로그램이 필요하다. 따라서
노년교육목회를 위해 필요한 교육프로그램을 신체적, 지적, 정서적,
사회적, 영적 특징에 따라 교육 프로그램[82]을 소개하도록 하겠다.

1) 신체적 영역활성화를 위한 교육 프로그램

줄어가는 체력과 건강을 위해 간단한 운동과 체조, 놀이 등 정기적
으로 규칙적인 운동을 함께할 수 있도록 가르치며 건강유지에 필요한
식생활 지식을 가르치고 지병과 쇠약으로 인해 오는 건강치료(진찰,
약처방, 물리치료, 등)를 통해 지속적으로 교회에 올 수 있도록 한다.
간단한 이·미용을 병행하여 봉사 겸하여 실시하면 효과적이다.

2) 지적 영역 활성화를 위한 교육 프로그램

세대 간의 차와 사회 변화에 대한 이해하기, 은퇴생활에 필요한
지식과 생활 배우기 정치 경제 사회 문화에 대한 최신동향 알기, 창
의적이고 새로운 지식을 쌓을 수 있도록 하는 기초교육 필요하다.

---

82) 유네스코·한국평생교육기구 공편, 「평생교육의 기초와 체제」(서울: 법
무사, 1985), p.226.

3) 정서적 영역 활성화를 위한 교육 프로그램

소외감이나 허무감을 극복하고 인생의 의미를 찾게 하는 교육, 배우자 사망 후에 생활 적응, 동료와 자신의 죽음에 대한 심리적인 준비, 취미생활 등을 통한 여가활용, 각종 레저 활동 참여, 여행 등을 통해 정서적인 안정을 찾게 한다.

4) 사회적인 영역 활성화를 위한 교육 프로그램

동년배 노인들과의 친교, 친구사귀기, 모임 등을 통한 사회성 키우기, 가정과 직장, 사회에 책임 맡은 일들을 물려줄 수 있는 이해를 배우며, 가정의 역할을 나눠주며 불우한 이웃돕기 소외된 곳 방문 사회봉사 등을 통해 자신의 삶을 새롭게 변화할 수 있도록 교육, 가정에서나 사회에서 어른으로서의 위치와 원만한 관계를 이어 가도록 가르쳐 주어야 한다.

5) 영적 영역 활성화를 위한 교육 프로그램

노화로 인한 생동감 상실을 신앙의 열정으로 극복하고 심리적인 불안감과 압박감을 해소시키기 위해 신앙적인 격려하기 인생 낙오심과 자살 충동을 극복하기 위한 가치관과 소망을 새롭게 가지도록 하며 동료들과의 교제와 만남을 통해 마음을 나누게 하고 서로 기도하며 협력할 기회 만들기, 말씀을 통해 영혼 구원과 내세의 소망을 말씀을 통해 확신을 가지게 해 주고 특별히 교회에서 자신의 일들과 사명을 감당할 수 있도록 기회를 만들어 주며 동시에 맡은 직분을 잘 수행할 수 있도록 변화 발전에 대한 교육을 통해 자신의 헌신에 만족을 누릴 수 있도록 해야 한다.

제3절 전인교육목회

오늘날의 한국교회의 교회교육은 대부분 성경공부를 중심으로 이루어지고 있다. 그러나 본 연구에서는 성경공부뿐만 아니라 교회성장을 위한 각 그룹의 활성화를 위한 소그룹 공동체 교육, 목회를 협력하고 공동체를 이끌 사역자 양육교육, 교회와 지역사회를 위한 섬김과 봉사교육, 기독교문화 활성화 교육을 통해 진정한 교회성장의 대안을 찾을 교육목회 프로그램을 살펴보도록 하겠다.

1. 소그룹(Small-Group) 공동체 교육

(1) 공동체 활동의 중요성

오늘날 우리 사회는 깊은 인간관계가 절실하게 필요하다. 클라이드 레이드(Clyde Reid)는 현대사회는 사람들이 어느 곳에 있든지 사람들은 깊은 인간관계에 목말라 한다. 사람들은 급박하게 변하는 대중 사회 속에서 자신들에게 안정감과 소속감을 줄 수 있는 그러한 관계를 필요로 한다. 소그룹은 또한 수백, 수천 명의 군중들 속에서는 절대로 발견할 수 없는 사랑과 용납의 인간관계를 제공해 줄 수 있다.[83]

---

83) Clyde Reid, 「소그룹이 살면 교회가 산다」 전요섭 역(서울: 쿰란출판사, 1996), P.15.

또한 미국 사회 역사학자 엘빈 토플러(Alvin Toffler)는 사회 변화
에 대해 말하면서 소그룹의 필요성을 강조하고 있는데 그 내용을 살
펴보면 "변화는 충돌의 과정이다. 역사적으로 충돌 없는 변화는 없
다. 변화는 비선형(NonLinear)이다. 조그만 요인이 전체에 엄청난 변
화를 불러온다. 예측이 불가능하고, 불확실하고, 조그만 사건이 엄청
난 결과를 불러오는 것은 이 때문이다"[84]라고 말하였다.

도날드 맥가브란(Donald A. McGavran)은 교회성장의 열 단계에서
"교회의 앞문과 뒷문이 같이 열려 있는 한 복음전파는 비효과적이
다. 큰 몸인 교회 안에 작은 그룹들이 있어 새로 온 교인들을 단순
하게 환영하는 것이 아니라, 참으로 그들과 함께 교제케 하지 않는
한, 뒷문은 열린 채 그대로 있는 것이다.[85]

교회 내에서 소그룹은 공동체를 체험할 수 있는 가장 확실한 한
방편으로서 개개인의 의사나 생명을 중요시하는 동시에 교회의 공동
체로서 그리스도의 몸을 세우는 궁극적인 목표 또한 이룰 수 있
다.[86] 이런 점에서 소그룹은 바람직한 운영과 함께 교회 공동체 속에
서 소그룹들의 유기적인 짜임새가 잘 갖춰지게 된다면 결과적으로
지체가 되는 각 성도들의 삶과 믿음이 더 잘 다져질 뿐만 아니라 교

---

84) Gareth W. Icenolge, *"Building Christian Community Through Small Groups"*,
「강의안」(F. T. S., 1996), p.41. 안재은, 「소그룹과 교회성장강의안」, *op,
cit.*, pp.6∼7. 재인용.
85) Donald A. McGavran & W. Arn, *op. cit.*, p.86.
86) 명성훈, "교회성장과 소그룹 공동체", 「교회성장가이드」(서울: 교회성장
연구소, 1998), p.4.

회 전체의 내실 있는 성숙한 양적 성장까지도 이룰 수 있을 것이다.

그렇다면 소그룹이 왜 이처럼 중요한 것일까? 이에 대한 해답으로 명성훈은 다음과 같이 말하고 있다.[87] 첫째, 소그룹은 성경에 나타난 하나님의 뜻이기 때문이다. 소그룹은 사람들이 임의로 만들어낸 현대적 발상이 아니다. 소그룹은 하나님의 속성에서 기원한다. 아담과 하와의 가정 소그룹, 노아의 소그룹, 모세의 소그룹 형태의 리더십, 소수의 남은 자를 통한 구속, 예수님의 제자 소그룹, 초대교회의 소그룹, 바울 사도의 팀 전도사역에 이르기까지 소그룹은 성경 전체를 통해 나타난다.

둘째, 소그룹은 교회성장의 원동력이 될 수 있기 때문이다. 소그룹은 그의 목적을 불신자를 전도하여 구원하는 일에 두어야 한다. 전도 지향적인 소그룹이 되도록 노력할 때 교회가 성장하게 된다. 성장형 소그룹이 되기 위해서는 기도, 빈 의자 전략, 공동체 전도, 배가사역에 초점을 맞추어야 한다.

셋째, 소그룹은 교회의 리더십을 극대화하기 때문이다. 평신도의 리더십 개발은 소그룹에서 효과적으로 할 수 있다. 소그룹을 통해 교회의 사역은 선택된 소수의 손에서 모든 평신도의 손으로 옮겨질 수 있다. 생명력 있는 소그룹은 새로운 평신도 지도자를 잉태하고 출산한다. 소그룹에서는 미래의 예비지도자가 항상 훈련되고 있어야 한다.

---

87) 명성훈, 「소그룹 성장마인드」 *op, cit.*, pp.17-33.

넷째, 소그룹은 교회의 본질인 코이노니아를 가능하게 하기 때문
이다. 신앙은 새로운 관계 속으로 들어오는 것이다. 신약성경에서는
다른 성도들과의 관계를 설명하면서 '서로'라는 말을 50회 이상 사
용하고 있다. 소그룹은 그리스도인들 간의 풍성한 관계를 돕는 하나
님의 계획이다. 소그룹은 고독에 허덕이는 현대인들을 치유하는 공
간이다.

다섯째, 소그룹은 성도 개개인의 영적 성장을 가능하게 하기 때문
이다. 명목상의 그리스도인이 생겨나는 원인 중에 하나는 예배에만
참석하고 소그룹에 참여하지 않기 때문이다. 지금 교회에 치명적인
영향을 주고 있는 개인주의적 영성은 소그룹에서 극복될 수 있다.
소그룹에서는 상호 영향, 상호 섬김, 상호 치유를 통해 영적 성장을
이루게 한다.

(2) 공동체 활성화

소그룹은 이미 여러 가지 방법으로 교회 안에서 활용할 수 있는
데 그 방법을 클라이드 레이드(Clyde Reid)는 9가지로 제시하고 있
다.[88] 첫째, 소그룹은 교육 목적으로 사용되고 있다. 소그룹은 교회
학교 교육과 성인 교육에서 다양하게 활용되고 있다. 개인적인 학습
효과를 비롯하여 순수학문연구 실적을 높일 수 있다.

둘째, 소그룹은 각종 모임이나 위원회를 활성화시킨다. 교회들이

---

88) Clyde Reid, *op, cit.*, pp.17-33.

교회 행정과 운영을 위해 각종 소위원회를 구성하고 있는데, 이는 평신도 그룹에서 개인적인 신앙문제뿐만 아니라 봉사활동에도 활발하게 참여케 한다. 이는 함께 참여한 성도들에게 공동체의 일체감과 함께 고통을 감당하게 함으로 멤버십을 키워 모임이 더욱 활발하게 한다.

셋째, 소그룹은 성경 연구와 기도, 토론에 매우 유익하다.

넷째, 소그룹은 다양한 활동에 참여케 한다. 그룹 내에 개개인이 경험할 수 없는 일들을 여러 활동을 통해 그룹이 모여 활동하게 함으로 여러 가지 문제들의 경험을 새롭게 할 수 있으며, 관심을 충족시킬 수 있는 역할도 하게 된다.

다섯째, 소그룹은 교회력에 따른 예배와 행사내용을 더 풍성하게 한다. 많은 교인들에게 지루하지 않고 모두 참여케 할 수 있는 것은 역시 소그룹의 역할이다. 이 소그룹이 모여 교회 행사나 절기에 일부분을 함께 담당하게 함으로 더 풍성한 참여와 효과를 누리게 된다.

여섯째, 소그룹은 설교전달에 큰 도움을 준다. 설교에 대한 소그룹의 토의는 확실히 청중들이 설교를 듣는 데 민감함을 더하여 준다.

일곱째, 소그룹은 개인의 인격성장에 중점을 둘 수 있다. 소그룹에 소속한 성도들은 서로에게 듣고 배우며 서로의 짐을 나눔으로 서로의 인격형성에 많은 영향을 준다.

여덟째, 소그룹은 선교를 활성화시킨다.

아홉째, 소그룹은 치료를 목적으로 모일 수 있다. 집단치료요법을 통해 자신과 타인에게 강한 확신과 믿음을 회복하며, 훈련받지 못한 오염된 문제들을 올바르게 판단하고 삶의 균형을 유지할 수 있도록 도우며 용납하는 동안 소그룹에 속함으로 치료의 효과를 얻을 수 있다.

이 소그룹의 활용을 통해 그 첫째로 일반 교회의 목사가 소그룹을 그의 임무 중 중요한 부분으로 깨닫는다면, 그 교회의 목회사역은 크게 향상될 것이다. 둘째로 모든 종류의 그룹 활동에는 공통의 역동적 과정이 있으며 이는 모든 그룹 지도자에 유익을 준다. 셋째로 교회에서 소그룹 사역은 목회사역에 변화를 주며, 무한한 잠재력을 가진다. 넷째로 소그룹은 인간관계 훈련에서 실험적으로 사용되는 그룹의 지도력분담의 가능성은 교회의 미래에 큰 희망이 될 수 있다.

(3) 공동체 활성화 프로그램

기존 교회에서 새롭게 전환하는 소그룹을 효과적으로 활성화하기 위해 몇 가지 변화와 전략을 세우는 것이 소그룹 정착에 도움이 된다. 그 첫째로 정기적인 모임의 기존 조직체에 활동성을 가지도록 모임의 환경과 분위기를 바꿔라. 모든 소그룹은 자칫하면 업무중심의 건조한 모임이 되기 쉬운데 소그룹의 여러 모임 속에 관계 지향적인 모임이 되는 것이 중요하다. 기존의 당회는 사안에 따라 수시로 모이고, 매일 교역자 직원 예배를 드리고 있으나 연중 계획 속에 모이는 것 외에도 긴밀한 협력 체제를 만들어 수시로 창의적 의견을 수립하고, 각 전도회 등의 평신도 지도자들과도 일상적인 모임만 할 것이 아니라 담임 목사님을 돕거나 협력하기 위해 모임 장소도 탄력적으로 모여 친근한 분위기를 만들어 역동적인 모임이 되도록 한다.

둘째로 그 운영의 성격을 명령, 하달, 복종이 아니라 경험의 공유, 책임의 분담, 역할의 나눔을 통해 소그룹의 원리로 전환하라. 모든 일을 업무나 행정 직무를 위해서만 아니라 모든 부분에서 목회자 혼자서 하는 것이 아니라. 평신도 중에서 목회를 위해 봉사할 수 있는 지도자를 발굴할 뿐만 아니라 소그룹을 활용하여 목회에 필요한 일들을 함께 나누며, 계획 수립, 과제 수행, 업무분담 등 일정한 책임과 권한을 나눌 수 있도록 체제를 전환하여 목회가 일인 체제에서 소그룹이나 평신도 지도자들의 협력체로 전환하여 일을 분담하고 많은 이들이 함께 참여하도록 한다.

셋째로 기존 자치단체(전도회기관 등)를 소그룹으로 전환하라. 활동의 성격과 모임의 성격 등에 따라 적절한 인원으로 구성하여 활동적이고 효율적인 그룹으로 형성하기 위해 각 자치단체의 여러 목표를 세우게 하여 모임을 형성하게 한다. 예를 들면 성경연구모임, 사회봉사모임, 선교모임, 기도모임, 찬양모임 등으로 모임 성격에 따라 모임 구성원들의 관심과 흥미를 이끌어내어 활성화시키는 것이 좋다.

넷째로 각 소그룹의 활동을 각기 단체의 장들의 관할하에 운영하도록 권한을 주고 일정한 활동 보고를 받으며 각 소그룹 간의 교류가 이어질 수 있도록 적절한 운영이 필요하다. 그렇게 함으로 교회 전체가 활동하는 분위기를 성숙시키는 것이 교회성장의 좋은 실례가 될 수 있다.

그러므로 우리는 소그룹 공동체 활성화를 통해 한국교회의 교육목회가 효과적으로 이루어져야 한다. 따라서 본 연구에서는 미국의 대표적인 소그룹 중심의 교회들의 교육목회 프로그램을 통해 한국교회 소그룹 공동체가 활성화되며, 전인교육적인 교육목회가 이루어질 수 있는 방안을 찾게 되길 바란다.

2. 평신도 사역자 양육

(1) 평신도 사역의 필요성

오늘의 한국교회가 무너져 가고 있는 가장 중요한 요인은 각각의 그리스도인들이 사역으로 부름을 받았다는 사실을 견고하게 붙잡고 있지 못하기 때문이다. 많은 평신도들은 자신이 사역자로 부름을 받았다는 사실을 모른 채 살아가고 있다.[89] 그리고 대부분의 한국교회는 아직도 목회자 중심의 목회를 진행하고 있다. 그러나 현대 목회의 효율적인 사역을 위해서는 평신도들의 사역이 절실히 요구된다. 또 어떤 교회는 평신도 사역을 통해 교회성장을 이루어 가고 있는 교회들도 있다.

---

89) 안재은, 「제자훈련과 교회성장」 *op. cit.*, p.25.

　이것은 평신도의 사역이 얼마나 중요한지를 결과적으로 나타내주는 말인데 실제로 핸드릭 크래머(H. Kraemer)는 "모든 그리스도인은 디아코노이, 즉 사역자들로 부름을 받았다.(all Christians are diakonoi, ministers)"[90] 즉 모든 그리스도인들은 영적 은사의 활용을 통해서 무엇인가 봉사의 일을 가지고 있으며, 성경에 충실하기 위해서는 모든 그리스도인이 평신도(하나님의 백성; Laos)이며 사역자인 것이다.[91]

　하나님은 모든 이들에게 은사를 주셨으며 몸 된 교회를 세울 수 있도록 하셨다.(고전12장) 만일 각 그리스도인이 은사를 받은 것이 사실이라면 그 은사들은 다른 사람들의 유익을 위해 사용되어야 하며 그때 우리가 각기 사역자로 부르심을 받았다는 사실이 명확히 나타날 것이다.[92] 우리 모든 사람은 서로 돌보는 목자요 또 양으로 여기는 일은 매우 중요하다.

　교회 지도자들이 모든 양떼들의 궁핍을 다 감당하기란 불가능하다. 우리는 하나님 앞에서 서로 돌보아야 할 책임이 있다.[93]
　평신도 한 사람 한 사람이 가진 가치를 볼 때, 이 땅에서 하나님의 영광을 드러낼 사람은 목회자가 아니라 평신도이다. 왜냐하면 사

---

90) 신화철, "건강한 교회를 위한 평신도 사역자의 새신자 양육의 실제"(박사학위논문, 서울: 총신대학교 목회신학전문대학원, 2004), p.56.
91) Howard A. Snyder, 「21세기 교회의 전망」 김기찬·박이경 역(서울: 아가페출판사, 1994), p.124.
92) Ron Kincaid, 「제자 삼는 교회」 김진우 역(서울: 생명의말씀사, 1993), p.136.
93) John F. MacArthur, 「주님의 교회 개혁」 최치남 역(서울: 분도출판사, 1978), p.91.

회 각 분야에서 불신자들을 만나는 사람은 정작 평신도들이기 때문이다.[94] 교회는 평신도가 만든다고 말할 정도로 평신도의 역할이 점차 강조되고 있다. 따라서 오늘날의 한국교회는 평신도들을 교육해야 할 필요가 있으며[95] 이들과 함께 목회를 이끌어 가야 할 것이다.

(2) 평신도 양육원리

오늘날의 평신도 교육은 대체적으로 성경공부 외에 직분자 재교육 새신자 교육을 하거나 제자훈련과 병행하여 진행되기도 한다. 하지만 실제로 평신도를 교육하여 사역자로 헌신할 수 있도록 훈련시키는 교육은 거의 하지 못하고 있다. 그러나 평신도를 사역자로 교육하고 훈련시켜 사역을 감당케 한다면 목회의 협력자 나아가 지도자로서의 사역을 함께할 때 교회성장의 좋은 결과를 얻을 수 있을 것이다.

옥한흠 목사는 "제자훈련 외에 평신도 지도자를 만들어 낼 수 있는 다른 길은 없다."[96] 즉 그리스도인의 생활에서 영적으로 성숙해지도록 돕고, 영적으로 재생산하도록 키우는 영적 작업이다.[97] 오늘날의 평신도 교육의 궁극적인 목적은 에베소서 4장 12절의 말씀과 같이 성도를 온전케 하며, 봉사의 일을 하게 하며, 그리스도의 몸을 세우게 하기 위해 교회는 평신도들을 교육하며 훈련시켜 헌신된 평

---

94) 옥한흠, 「이것이 목회의 본질이다」(서울: 국제제자훈련원, 2004), p.33.
95) 신화철, *op. cit.*, p.65.
96) 옥한흠, 「다시 쓰는 평신도를 깨운다」(서울: 국제제자훈련, 2003), p.177.
97) 김남식, 「제자훈련을 통한 새신자 양육」(서울: 정음출판사, 1983), p.130.

신도 사역자가 되도록 하여야 한다.

평신도를 사역자로 양육하기 위해서는 첫째, 평신도 사역자 교육은 일하는 동기가 부여되어야 한다. 둘째, 평신도 교육에서 교육방법이 어떠한지 제시해야 한다. 셋째, 사역자들의 헌신과 결단이 있어야 한다. 넷째, 재생산 훈련이 되어야 한다. 다섯째, 지속적인 사역이 되도록 반복교육과 훈련이 지속적으로 이루어져야 한다.

따라서 평신도들을 사역자로 교육하고 훈련할 성경적인 원리[98]는 다음과 같다. 첫째, 교육을 통해 깨닫게 하며(이해), 둘째, 교육을 통해 변화시키며(개혁), 셋째, 교육을 통해 은사배치를 하고 헌신케 하며(위임) 넷째, 교육을 통해 기다리며 투자케 하고(인내), 다섯째, 교육을 통해 조화와 협력을 가르치며(균형), 여섯째, 교육을 통해 목회철학을 공유케 하고(동의), 일곱째, 교육을 통해 헌신의 분명한 목표와 동기를 부여하고(확신), 여덟째, 교육을 통해 열매를 평가하며(평가), 아홉째, 교육을 통해 사명을 재충전하고(비전), 열째, 새로운 자제를 만든다.(재생산)

(3) 평신도사역자 양육 프로그램

평신도를 사역자로 교육하기 위해서는 교육에 요구되는 사항 5가지를 기초로 하여 다음과 같이 프로그램을 소개하고자 한다. 이때 평신도들을 교육하는 방법에 있어서 강의, 소그룹 토의, 질의응답,

---

98) 안재은, 「제자훈련과 교회성장」 *op. cit.*, pp.134~140.

모의 실습, 정기적인 훈련, 일시적인 훈련, 집단 훈련, 개인훈련 등 다양한 훈련 방법을 각 교회와 상황에 맞게 병행하면 효과적이다.

① 교육목회를 위한 동기 부여를 위해서는 신학적인 기초를 위한 성경공부(교회의 기원과 본질, 지도력의 성경적 배경, 원리, 평신도의 위치와 역할, 그리스도의 용서와 공동생활, 청지론 등)

② 영적 훈련을 위한 교육으로 성경공부와 말씀 훈련(조직신학, 신구약개론, 교회사, 성구 암송, 성경묵상, 성경공부방법), 기도훈련, 전도훈련, 교육훈련, 예배훈련, 교제훈련, 봉사훈련.

③ 자기개발을 위해 성서적인 인간이해, 심리학개론, 심리검사 방법들(ego, gram, mbti)을 통한 자아발견, 인간관계 훈련을 통한 심성개발.

④ 리더십 교육으로 교회 지도력의 원리, 평신도 지도자의 기능과 역할, 지도력의 유형과 특성, 성경의 지도자 연구, 리더십 기술 개발 훈련(조직이론, 인간관계론, communication training), 상황적 지도력 측정 평가, 예비 리더훈련 등을 통한 사역 지도자교육을 할 수 있다.

⑤ 사역훈련을 위한 교육으로 집단 역할(집단 이해, 공동체 지도자론, 개인과 조직, 소그룹의 형성과 발전 단계, 조직활동 평가와 정책 활동) 프로그램 이론과 실제(계획, 실습, 평가) 소그룹 성경공부 인도법, 시간관리, 경비관리 등을 통해 평신도를 사역자로 훈련시킬 수 있다.

3. 섬김과 봉사 교육

(1) 섬김과 봉사 교육의 필요성

한국교회는 교회 내의 섬김과 봉사활동에 대한 교육은 간헐적으로
실시되고 있어나 사회적인 측면에서의 교육은 실시되지 못하고 있
다. 하나님은 교회뿐만 아니라 세상을 우리에게 주셔서 이 세상을
정복하고 다스리게 하셨으며 하나님의 영광이 이 땅에 충만하도록
하기 위한 교회의 사명을 다해야 한다.(창1:27, 28) 그러나 오늘의
한국교회는 사회봉사와 책임의 의무를 다하지 못하고 있다.[99] 또한
사회적 책임을 다한다고 해도 구제비나 구호품을 보내는 정도로 끝
나는 경우가 대부분이다.

그렇다고 사회의 중요한 문제들을 감당한다는 것도 현실적으로 어
려운 문제들이 많이 있으며 제도적으로나 법적으로 불가능한 부분들
이 있다. 또한 사회적 책임을 감당한다고 하는 목회자들 중에는 오
히려 악의(惡意)적인 사회복지활동으로 인해 교회와 복음 전파에 심
각한 방해요인을 만드는 경우도 있고, 심지어 교회의 본래의 기능이

---

99) Stephen C. Mott, *Biblical Ethics and Social Change*(Oxford University
Press, 1982), pp.114~115. "기독교인의 비기독교적 사회 변화에 별 기
여하지 못하는 것은 자신이 그리스도인답게 살고 있지 않다는 것을 종
종 망각하고 있다고 한다. 이는 사회의 악(불의)에 대한 이야기를 듣기
싫어하며, 사회에 대한 책임과 의무에 관한 설교보다는 그리스도인의
축복에 관한 설교를 듣기를 원한다. 이로 인해 사회에 대한 관심을 애
써 외면해 버리는 경우가 많다"

사회복지로 바뀌는 경우도 있다. 어떤 교회는 교회인지 사회복지기관이지 구별이 되지 않을 정도로 심각한 문제를 내부적으로 겪고 있는 교회들도 있다.

교회가 사회봉사를 하며 사회참여 한다는 것은 성경적으로나 교회전도 측면에서 당연히 감당해야 할 책임임을 누구나 동감할 수 있을 것이다. 하지만 실제 교회가 사회참여(Take Part in Social) 사회봉사를 위해 어떻게 하는 것이 옳은 것이며,[100] 효과적인 것이라는 것을 관심을 가지고 배우거나 가르치려는 생각은 하지 못하고 단지 현장 필요에 따라 봉사를 요구하거나 협력하도록 독려한다.

그러나 이런 일들은 교회 전체 구성원들의 동의나 협력을 구하기 어렵고 할 수 있다면 목회자가 임의로 몇몇 교인들과 봉사하는 수준에 거치고 있다. 또한 이런 것의 효과적인 전략조차 없이 무분별한 사회참여(봉사, 복지활동 등)로 인해 신앙의 본질(교회의 기능)을 흐려놓고 있다. 이제는 한국교회가 사회적인 의무와 교회의 본래 기능을 회복하며 사회참여에 대한 책임과 의무를 다하기 위해 교회교육목회가 시행되어 효과적인 사회봉사가 이루어져야 할 것이다.

---

100) Elmer Harrison Wilds, *The Foundations of Modern Education*(N. Y: Rinehant & co., Inc., 1952), p.293. "John Calvin은 정부와 함께 교회가 사회복지를 위한 기본적인 반석이 되어야 한다고 생각하고 있다."

(2) 섬김과 봉사를 위한 교육원리

사회학자인 데이비드 라이언(David Lyon)은 "유럽의 부모들은 자녀들이 주일학교 교육을 받는 것을 바라보고 있다. 그 이유는 모든 부모들이 교회에 가지 않아도 자녀들이 도덕심(道德心)이 없이 자라는 것을 바라지 않는다. 교회교육을 시킴으로 어린이들이 후일에 청소년 범죄자가 되지 않는다고 믿고 있다. 그러므로 교회교육이 어린이 행동발달에 건전한 영향을 주며, 사회악을 방지하고 있다"고 보고 있다.[101] 즉 교회교육목회를 통해 어린이들과 청소년들의 비행과 악을 방지하며 나아가 교회 교인들에 대한 사회악에 대한 바른 이해와 섬김과 봉사의 실제적인 교육을 통해 사회참여 사회봉사가 바르게 이루어질 수 있다는 것을 말해 주고 있다.

교회교육목회에서 섬김과 봉사를 위한 교육원리는 다음과 같다. 첫째, 지역사회 봉사를 위한 바른 이해를 가르쳐야 한다. 둘째, 변화하는 사회의 흐름에 따라 사회봉사참여의 방향과 형태의 변화에 대한 교육이 있어야 한다. 셋째 사회참여와 봉사를 위한 지역사회의 조사와 논의, 이에 대한 정보교육이 있어야 한다. 넷째, 제도적인 대책과 개인봉사의 건전한 균형을 유지하도록 해야 한다. 다섯째, 관련 사회공공기관과 협력하여 효과적인 봉사가 되도록 한다. 여섯째, 전도와 사회봉사를 구별하되 그리스도의 사랑으로 섬길 수 있도록 교육해야 한다. 일곱째, 섬김과 봉사의 순수성을 가르쳐 변질되지 않도

---

101) David Lyon, 「기독교와 사회」 박영호 역(서울: 예수교문서선교회, 1978), p.112.

록 해야 한다. 여덟째, 독선적이고 자기 고집적인 사고방식을 바꿀 수 있도록 해야 한다. 아홉째, 금전이나 다른 이익 때문에 본질을 흐리게 하거나 교회의 순수성이 변질되지 않도록 가르쳐야 한다. 열째, 무엇보다 그리스도의 사랑이 실천되도록 가르쳐야 한다.

(3) 섬김과 봉사 교육 프로그램

지역사회를 위한 섬김과 봉사를 위한 교육을 위해서는, ① 제일먼저 교회가 감당할 수 있는 일들을 살펴야 한다. 즉 주변 환경 사항을 살펴보고, 교회가 감당할 수 있는 부분들을 목회자가 분석하여야 한다.

② 그다음은 실제 교인들과 연대한 관계를 파악하여 구체적인 기획을 해야 한다. 이것은 교회의 전략적 효과를 가져올 수 있다. 따라서 가족 친구(이웃) 구역 봉사단체 등을 통해 구체적으로 파악하고 지역사회를 위한 선교정책을 수립하는 데 중요한 정책 자료가 되기 때문이다.

③ 교회의 지역 특성에 맞는 봉사활동 프로그램으로는 ㉠ 대도시 중심일 경우: 문화센터 운영, 가정 사역 운영(가정문제 상담 등), 도시빈민, 독거노인, 지역아동, 청소년 복지(상담소, 무료공부방, 독서실 운영), 지역시민교육문화원 등을 운영할 수 있다. ㉡ 농어촌 지역일 경우: 의료봉사, 이동식공부방(학교) 지역농촌 문화교육 노인대학(독거노인 결연사업) 보육보호소 마을회관과 연계한 지역민 정서안정교육 등 운영. ㉢ 그 외 지역봉사활동: 교통안전봉사(통행지도) 지역방범 청소년 선도활동 장애인봉사 국내외 봉사기관과 협력 등.

④ 지역사회를 위한 섬김과 봉사를 위한 자원봉사교육이 필요하다. 교육을 하기 위해 목회자가 성경적 신학적 개념 이해와 교육, 봉사사역의 필요성을 교육하며, 지역주민 이해와 적용 교회의 정책과 봉사활동에 대한 이해 등을 교육하여야 한다.

⑤ 교회의 섬김과 봉사에 대한 효과적인 교육이 되기 위해서는 전문교육기관과 연계하여 교육을 하도록 하며, 지역 봉사자들을 초청하여 실습을 하거나 현장에서 봉사하기 위한 정부 공공기관들의 담당공무원을 초청하여 교육하도록 한다.

⑥ 실제 섬김과 봉사의 결과를 위해 헌신된 교회의 노력과 관심 나아가 지역주민과의 협력이 무엇보다 중요하며 모든 활동 후의 자료들을 기록에 남겨 다음 기회에 또 다른 사회봉사를 위해 준비하는 지혜가 필요하다.

⑦ 교회의 섬김과 봉사의 기본 이해에 따라 교회가 감당할 수 있는 능력에 맞게 봉사할 수 있도록 지도하여야 하며 무엇보다 교회의 복음사역에 방해가 되거나 지장이 없는 한에서 봉사할 수 있도록 해야 효과적이다.

4. 기독교문화 활성화 교육

(1) 기독교문화 활성화의 필요성

오늘날의 한국교회의 문화보다 한국사회는 대중문화의 발달이 매우 급속도로 변화하고 있다. 또한 세상문화가 무분별하게 교회로 들어와 교회의 기독교문화가 사라져 버린 것이 아닌가 생각할 정도로 위협적이다. 또한 교회 안에 젊은층들이 사라져 가고 있다.[102] 그 이유는 물질의 풍요로 인한 신앙생활의 무관심, 대중매체의 유혹, 입시위주의 시간활용, 학업점수에 지배당하고, 비디오방 노래방 등의 향락문화와 유흥시설에 유혹되고 있고, 이런 향락문화에 대한 대처가 없이 무조건 거부하려 하며, 죄악시하는 교육으로 인해 교회는 세상과 동떨어진 기독교라는 이미지로 각인되어 버린 교회의 이미지를 가지고 있다고 구정화 교수는 밝히고 있다.[103] 잘못된 교회 이미지와 낙후된 기독교문화가 더 이상 사람들을 교회로 돌아오게 할 수 없는 위기를 맞이하고 있다.

문화란 하나님께서 주신 최고의 삶의 가치이다. 니글 리(Nigel Lee)는 문화의 주가 되시는 하나님의 사명으로서 문화적 명령과 삶의 모든 영역에 있어서의 인간이 하여야 할 일에 관해 폭넓은 면모를 제공해 주고 있다[104]고 말하였다. 이는 하나님이 모든 만물의 주가 되시고 하나님으로 인해 하나님께 영광을 돌리는 이 영광된 삶의 가치가 나타나 결실을 맺는 이것이 바로 기독교문화다.(롬11:36) 하지만 오늘날의 한국 기독교문화는 특별한 선교단체나 일부대형교회를 중심으로 이루어지는 찬양집회, 인터넷방송, 등 단순한 문화사역으로 끝나고 있다. 참으로 안타까운 문화사역의 현장을 보여주는 것이다.

---

102) 신상언, *op. cit.*, pp.253－255.
103) 안환균, *op. cit.*, p.149.
104) Francis Nigel Lee, 「문화성장과정」 최광석 역(서울: 개혁주의신행협회, 1994), p.9.

오늘날의 세상의 대중문화는 우리의 모든 사람의 영역을 잠식하고 주도하고 있으며, 심지어 기독교문화까지 상당한 변화를 주려고 하고 있다. 세속적인 인본주의, 포스트모더니즘, 상대주의와 종교다원주의, 물질주의와 쾌락주의, 지식정보사회에서의 무분별한 상업적인 대중매체, 과학과 신비주의의 혼재, 뉴에이즈 문화 등으로 인해 기독교문화발전에 심각한 타격을 가하고 있다. 그러나 이제 우리 한국교회의 유일한 대안이 교육목회를 통해 기독교문화 활성화를 이룰 수 있도록 교육을 시행하여야 한다. 구체적인 분별력과 비판의식, 그리고 기독교 세계관을 가진 진정한 기독교신앙의 전통성을 회복할 수 있도록 하여야 한다.

(2) 기독교문화 활성화를 위한 교육원리

인간의 모든 삶의 영역에서 기독교문화 교육은 반드시 이루어져야 한다. 대중문화 산업문화 미디어 문화 식생활문화 관광산업 예능산업 등의 모든 문화 영역에 대한 기독교문화의 새로운 발전과 시대적 변화에 대한 교육이 이루어져야 한다. 또한 문화를 바라보는 바른 시각이 있어야 한다. 무분별한 대중문화 유입을 정화하고 바른 문화발전을 위한 기독교문화의 주도적인 역할은 문화를 우리에게 주신 하나님의 사명이며 문화를 정복하고 다스리는 사명을 주신 하나님의 명령을 바르게 수행하는 것임으로 기독교문화 사역은 반드시 이루어져야 하며, 기독교문화 활성화를 이한 기독교문화 교육은 이루어져야 한다.

따라서 기독교문화사역을 위한 그 교육적 원리를 살펴보면 다음과 같다. 첫째, 목회자의 문화에 대한 바른 인식이 필요하다. 둘째, 성경적인 문화발전을 위한 지식을 쌓고 바른 문화전달을 위한 연구와 노력이 필요하다. 셋째, 문화발전을 위해 교회 내에 활성화되어야 할 예배문화, 기도문화, 전도문화, 교육문화, 찬양문화, 미술문화 등을 새롭게 발전시켜야 한다. 넷째, 문화교육을 통해 문화체험을 할 수 있도록 하여야 한다. 다섯째, 건전한 대중문화 활성화를 위해 문화사역의 모니터링을 통한 바른 문화방향을 제시하고 세속적이고, 비기독교적이며, 상업적인 퇴폐한 문화를 정화시킬 수 있도록 교육하여야 한다. 여섯째, 교회와 선교단체와 연합한 문화사역의 협력을 통한 교육효과를 이루도록 해야 한다.

(3) 기독교문화 활성화 프로그램

기독교의 문화교육은 그 자체가 매우 중요하지만 실제로 매주 매일 교육하는 것은 비효율적이다. 단기적으로나 교육을 하거나 교회가 할 수 있는 부분을 중심으로 문화 교육을 하는 것이 좋다. 또한 교회 구성원들의 문화 사역에 대한 이해가 충분히 이루어질 때 좋은 결과를 가져올 수 있다. 아무리 좋은 문화교육이라도 교인들의 수용이 어려울 경우 효과가 떨어진다. 또, 단기적으로나 장기적으로 교육할 때 반드시 교회가 함께 공유하며, 나눌 수 있도록 소그룹화하여 기독교문화를 하나하나 만들어 가며 함께 체험해 나가는 교육 또한 효과적이다.

기독교문화교육을 하기 위해 다양한 문화들을 교육할 수 있는데 대체적으로 ① 영성문화교육을 위해 예배 문화사역을 위해 예배준비 모임, 예배 기획, 예배순서에 따른 이해와 적용 등을 교육할 수 있고 예배의 대상과 종류에 따라 예배의 형식과 방법을 함께 연구하며, 발전시킬 필요가 있다. 그 외에도 기도회 찬양집회 등도 역시 미리 모임을 가지고 준비하며 함께 은혜를 나누기 위해 연구하며 협력하도록 해야 한다.

② 사회영역 중 영상문화 교육을 위해 영화, 텔레비전(television), 인터넷(internet), ets. 함께 감상하거나 서로 토론하거나 미리 미디어 매체에 대한 교육을 시행한 후 함께 감상하는 방식 등을 통해 문화교육을 할 수 있다.

③ 언어문화사역을 위한 교육으로서는 영어 일어, 중국어 등을 통한 교육과 함께 외국 선교사나 통신(편지, 인터넷, 전화 등)을 통해 직접 대화를 하거나 서로의 의견을 나누거나 혹은 국내에 있는 외국인들을 초청하여 외국인과의 만남, 외국나라 기초교육 등을 통해 선교 비전을 심어 주고, 선교지 방문 등을 통해 실제적인 문화교육을 할 수 있다.

④ 생활문화교육을 통해 모인 사람들의 공통된 관심사나 주제와 문제들을 함께 탐구하며 서로 정보를 교환하고 기독교적인 이해를 나누게 한다. 특히 패션 먹을거리 가정 놀이문화 경제 정치 등 다양한 사회생활에 직접적인 문제들을 함께 나누며, 성경적인 지혜를 얻도록 한다.

⑤ 문화체험학습을 통한 교육으로는 예를 들면 피아노 바이올린 기타 등 각종 악기들을 함께 배우고 나누며 훈련을 통해 일정한 연

습이 이루어지면 예배 시나 특별행사 시에 발표회를 가지거나 봉사 활동 등을 통해 문화사역을 감당케 할 수 있을 것이다.

⑥ 문화 활동을 위한 교육의 활성화를 위해 외부 전문가들의 도움을 받아 교육하면 더 효과적이다. 그러나 재정적인 어려움이 있다면 내부의 재능 있는 이들의 자원봉사 통해 도움을 받든지 아니면 주변 교회들과 연합하여 함께 교육을 받고 함께 발표회 등을 통해 사역을 함께 나눌 수 있다면 더 효과적인 문화교육이 이루어질 수 있다.

⑦ 문화사역의 교육 기회는 연중 정기적인 모음으로 가능하지만 교회의 형편에 따라 방학을 이용하거나 주말(주 5일제 근무제도에 따른 환경변화를 잘 활용하면 좋다.)을 통해 문화교실을 운영하여 교육할 수도 있다. 이때는 이론체험보다는 실제 문화체험을 할 수 있도록 하면 좋을 것이다.

⑧ 특별히 문화교육을 교회 내의 교인들만 교육할 것이 아니라 문화교육의 문을 개방하여 지역주민들도 함께 교육을 받을 수 있도록 하는 것도 좋은 방법일 것이다.

제4절 공공기관과 교육목회 연계

지금까지 대부분의 교회들은 교회중심의 목회를 지향하고 있다. 그러나 이제는 교회와 지역사회 나아가 세계복음화를 위한 목회 영역을 과감하게 넓힐 필요성이 대두되면서 최근에 교회 공간 활용 방안을 연구하거나 교회가 지역사회와의 연계로 인해 성장할 방안을 찾고 있는 목회자들이 많이 나타나고 있다. 본 연구에서 일부 교회들이 실시하고 있는 사회와의 연계 방안을 소개하면서 구체적인 접근방법을 찾아보도록 하겠다.

1. 사회 공공기관 활용

(1) 사회 공공기관 활용 이해

현재 한국교회는 약 86.2% 이상의 교회들이 예배당이 곧 교육관이요 모든 특별활동의 장이 되고 있다.[105] 그중에 아직 교회 예배드릴 곳이 없는 교회들도 없어 사회공공기관이나 기타의 장소를 활용하여 교회성장을 이루고 있는 교회들이 나타나고 있다. 협소한 교회 공간에서만 신앙생활, 즉 종교 활동을 한다는 것은 효율적이지 못하다. 그렇다고 교회의 이미지를 완전히 바꿔 세속적으로 나아가도 된

---

[105] 홍전근, *op. cit.*, pp.10~19.

다는 말은 아니다. 그러나 전도 전략과 교회공간을 넓힌다는 측면에서 효과적으로 사회공공장소를 사용할 수 있는 방법을 통해 효율성을 높일 필요가 있다.

성경공부 외에 전인교육을 위해서라도 교회공간을 포함한 모든 공간에서 예배드리며 교육하며, 함께 교제를 나눌 수 있도록 함으로 교회의 협소한 공간에서 교육목회 할 수 없었었든 아니 하지 못하였든 교육프로그램을 실시할 수 있도록 하기 위한 공간을 넓힐 필요가 있다. 교회 재정이나 여건이 허락되어 교회에 필요한 모든 공간을 확보할 수 있는[106] 교회는 별문제가 되지 않지만 그의 대부분의 교회들은 교회의 여건이나 재정상태 등 고려하여야 한다. 무리하게 교회 공간 확보를 위해 문제를 만들면서까지 확장하려고 노력하는 것은 비효율적이다. 오히려 다른 방안(사회공공기관의 공간 활용)을 찾아보는 것이 더 효과적이다.

국가 공공기관을 위탁받아 운영하는 교회들도 있지만, 효과적인 교육목회활동을 위해 공공기관을 활용할 수 있는 정도만으로도 상당한 전도효과와 교회기능의 효율성을 높일 수 있으며, 현장에서 직간접적인 체험과 선교의 방향도 설정할 수 있으며, 교육적인 기능을

---

106) B. J. Kidd, *Documents Illustrative of the Continental Reformation* (1911), p.519.
   "John Calvin은 당시 시대에 가정, 국가, 사회 등 모든 공공기관이 기독교기관의 일부가 될 수 있다고 주장하였다고 한다. 이는 모든 세계가 하나님의 것이며 모든 것이 하나님의 통치에서 이루어짐을 강조하는 말이다."

최대한 현실적으로 접근할 수 있다.

(2) 사회 공공기관 활용 방안

교회 안에서만 이루어지든 교회목회활동 범위를 사회 모든 영역으로 확대하며 성경공부와 신앙지도 외에 전인교육, 가정문제, 교육문제, 여가생활, 사회 환경문제, 직장생활, 학교생활 등에서 일어나는 실제적인 문제들을 함께 고민하고 나눌 수 있는 것은 현장체험교육도 병행되어야 한다. 단순한 신앙지도만으로는 교인들의 모든 생활문제 환경 정서 교육 기타의 문제와 고민들을 현실적으로 답을 줄 수 없다. 그러나 이제는 이런 사회적인 문제뿐만 아니라 개개인의 신앙생활을 포함하여 모든 삶에 대한 성경적으로 해결책을 제시해 주어야 하는 것이 현실이다. 따라서 교회 안에서만 교육목회를 하는 것은 현실적으로 한계가 있으며 효과적인 교육목회를 할 수 없다.

교회교육환경의 부족하고 협소한 교회공간에서 다 해결하려 할 것이 아니라 사회공공기관을 활용하는 지혜가 필요하다. 최근 한 조사[107)에 의하면 학생들만의 전용공간인 학교에서 예배를 드리는 교회가 늘어나고 있다는 기사가 나오고 있다. 내용에 의하면 주말을 이용하여 학교 강당 등에 예배당으로 사용하는 교회가 생겨나고 있는데 서울 잠실동 정신여고에 주님의 교회(문동학 목사)를 비롯하여 숙명여대에 삼일교회, 휘문고등학교에 우리들교회, 승의여대에 높은 뜻 숭의교회, 대광고등학교에 나들목사랑의 교회, 송림중학교에 분당

---

107) 장동석, *op. cit.*, pp.81 − 87.

우리들교회 등이 있다.

이들은 학교의 강당이나 교실 등을 이용하여 예배도 드리고 강의실(교실) 등을 이용하여 교육도 하고 각종 필요한 교육목회의 모든 부분을 학교에서 해결하고 있다.108) 이들 교회들이 학교를 택하여 교회예배와 신앙교육의 장으로 사용하고 있는 이유에 대해 가장 큰 유익은 첫째, 교인들의 안전한 시설을 이용한다. 둘째, 주변에 교회 다니지 않는 낙심자들이 쉽게 교회로 초대할 수 있고 주변에서 교회 행사에 쉽게 참여할 수 있어 공간적인 활용도가 높다고 한다. 셋째 주차장이 확보되어 있어 주차문제를 해결할 수 있다. 넷째, 각 기관의 공간 활용이 다양하게 이루어질 수 있어 매우 효율적이라고 한다.

이 외에도 각 기업들의 사무실이나 모임공간을 이용하여 직장인들을 위한 예배(성경공부, 소그룹모임)공간으로 사용함으로 다른 교회 교인들과 연합하여 비기독교인들을 전도하는 효과도 있고, 모임의 활성화로 인해 교회와 직장 간의 유대관계가 높아져 교회의 인식(이미지)을 높일 수 있다. 또한 각종 공공기관의 문화회관, 체육시설, 복지시설 등을 이용하여 교인들의 현대적 문제들을 함께 나누며 체험함으로 교회가 가지고 있는 공간적 문제 외에 신앙활동 문제를 해결하고 나아가 활기찬 신앙생활을 통해 교인들의 신앙지도에 새로운 방향을 모색할 수 있을 것이다. 그리고 생활의 실제적인 문제를 함께 나눔으로 인해 바른 신앙지도가 가능해질 수 있다. 과거에 비해

---

108) *Ibid.*, 82−83.

현대교회 교인들의 실제생활과 신앙생활의 괴리적인 현상들을 상당
부분 극복할 수 있을 것으로 예상된다.

(3) 사회공공기관 활용 실제

사회공공기관을 활용하는 것은 교회교육목회의 효율성을 높이기
위해 활용 가능한 목회 방안이 될 수 있다. 협소한 교회공간을 넓이
고, 현대인들이 교회를 찾는 문턱을 낮추어 교회전도의 효과도 얻을
수 있지만 실제 중요한 목적은 교육목회의 영역을 넓히고 나아가 효
과적인 교육목회가 이루어지도록 하자는 것이 중요한 목적이다.

그러므로 교회가 사회공공기관을 이용하는 것은 단순한 장소이용
이나 전도만을 위한 것이 아니라 교육목회의 현대적 접근을 새롭게
함으로 교육목회의 효율성을 높일 수 있다. 그러나 실제 사회공공기
관을 이용하기 위해서는 몇 가지 중요한 현실적인 문제가 있다. 첫
째, 목회자의 교육목회 계획이 분명히 세워져야 한다. 둘째, 공공기
관과 연계할 방안을 찾아 구체적으로 사용 가능한 것인지 분석한다.
셋째, 시설사용을 위해 일정한 협의가 체결되어야 한다. 체결이 없이
그냥 사용하는 것은 추후 행정적인 문제로 인해 오히려 교회 활동이
위축될 수 있고, 협력하는 기관에 어려움을 줄 수 있다. 넷째, 사용
하는 공간(시설, 기자재 등)에 대해서 뒷정리가 확실히 되어야 하면
지역사회의 공공기물을 잘 활용 관리하여야 한다. 다섯째, 공공기관
에 필요한 부분을 일부 도와주거나 협력하면 더 효과적이다. 예를
들면 학교시설을 이용할 경우 학생들의 장학금, 교사연구 활동지원

관리비(청소비) 등의 일부분을 지원하면 교회 이미지 관리뿐만 아니라 전도에도 상당한 도움이 된다. 여섯째, 교회와 공공기관의 행정을 일원화하여 원활한 협조가 있어야 한다. 일곱째, 무엇보다 시설이용하는 교인들과 교회가 공공시설임을 인식하고 협력할 수 있도록 교인들의 이해가 필요하다.

중소교회가 공공기관과 연계할 수 있는 프로그램 중(학교시설 이용일 경우) 전도와 교육목회를 효과적으로 할 수 있는 프로그램을 소개하면 ① 주일만 사용할 경우: 예배, 성경공부, 소그룹활동, 교회행사, 주민초청행사 등 다양한 종교행사를 할 수 있다. 단 학교의 공식행사나 시설 사용 요청 시 교회의 적절한 대안이 있어야 한다. ② 주중에 학교시설을 사용할 경우: 극히 제안된 공간에서 사용은 가능하지만 효과는 없다. 그러나 방과후학교 등을 운영하여 교회에서 실시하여 주민들의 교육, 보육문제를 일부 감당하는 것도 효과적이다. 또, 각종 인성교육을 교회서 주최하고 학교 선생님들을 초청하여 주민들과 교인들을 대상으로 한 교육을 병행하는 것도 좋을 것이다.

2. 사회공공기관과 연합

(1) 사회 봉사활동 이해

교회가 지역사회를 위해 봉사활동을 하는 것은 매우 좋은 일이다. 그러나 모든 지역문제를 감당하는 것은 재정적인 면이나 봉사활동

면에서 효율적이지 못하다. 그리고 교회가 독자적으로 봉사활동을 하거나 지역공공기관이나 복지활동 하는 다른 단체와 겹쳐지는 봉사활동은 비효율적이며, 오히려 지역사회에 문제를 야기할 수 있다.(활동기관 간의 경쟁, 행정력낭비, 이미지 실추, 부정적인 운영 등)

그동안 한국교회는 선교 초기부터 사회사업(봉사활동)을 통해 전도와 교회성장에 상당한 효과를 얻은 것은 사실이지만, 무리한 추진으로 교회 내부에 갈등을 만든다든지, 부정과 비리 등으로 인해 교회 외부에 비난을 받기도 한다. 이런 일들은 오히려 교회가 사회봉사에 문제만을 만드는 결과를 가져오기 때문에 더욱이 교회가 할 수 있는 사회봉사에 대한 전반적인 개혁이 필요하며, 사회전문기관의 도움을 통해 전문적인 사회봉사(복지사업) 등이 이루어져야 한다.

교회가 사회봉사를 하는 일은 복음전도의 한 방편이며 사회의 아픔을 감당해 주는 역할을 통해 교회의 이미지를 좋게 하며 교회가 사회에 대한 복음의 사명을 감당하는 것임으로 반드시 사회봉사는 이루어져야 한다.[109] 그러나 이제는 비전문성을 가지고 교회의 필요에 따라 봉사를 하기도 하고 하해 전문적으로 이 일을 감당할 평신도와 전문기관과의 협력을 통해 체계적이고 전문적인 계획과 준비가 된 상태에서 사회봉사가 이루어져야 한다. 그리고 효과적인 재정투

---

109) Mitcahell Humter, *The Teaching of Calvin*(London: James Clarke & Co., Ltd., 1950), p.192. "가난과 구제 등을 M. Luther는 국가가 감당해야 한다고 하였으나 오히려 Calvin은 사회 보장은 교회가 당연히 관심을 가져야 한다고 말하고 실제 교회장로회에서 주도하도록 촉구한다고 주장하였다."

입을 통해 적절한 사회문제를 감당하는 것이 더 효율적이다. 따라서 오늘날 한국교회는 그동안의 열정과 열의만으로 사회봉사를 추진하였다면 이제는 체계적이고 과학적이며, 전문적인 지식과 계획을 가진 구체적인 사회봉사를 위해 전문가의 도움을 받거나 전문기관과 연합하여 사회봉사의 책임을 가하는 것이 효과적이다.

(2) 사회단체와 연계한 지역사회 봉사 방안

교회가 사회봉사를 감당할 수 있는 일들은 상당히 많다.[110] 예를 들면, 제가장애인 돕기, 독거노인 돌보기, 지역 교통정리, 푸트뱅크, 어린이 보호보육, 청소년 공부방, 주민시민교육센터 등 실제적이고 필요한 도움을 줄 수 있는 일들이 주변에 상당히 많이 있다. 그리고 외부 지역의 봉사활동으로는 농어촌 일손 돕기, 자매결연(농수산물 직거래장터), 도서백지 주민초청, 외국인근로자 도움 터, 국외로는 선교활동과 함께 의료, 교육, 사회봉사 등을 봉사할 수 있을 것이다.

이런 모든 것들은 일반교회들이 감당할 수 있는 일도 있겠지만 대부분이 감당할 수 없는 일이 많으며 전문적인 지식이 없으면 불가능하다. 그러나 실제 교회가 이 일을 감당하기 위해 교회차원에서 사회복지 전문의가 있어야 하지만 없는 경우 사회복지 전문가의 도움을 받거나 전문기관의 도움을 통해 가능하다. 또 교회가 봉사 활

---

110) E. Doumergue, Jean Calvin; *Les Hommes et les Choses de son Jemps* <1902>, vol.5. p.258. John Calvin은 당시 제네바 시의회와 함께 가난한 아이들, 고아들을 위해 초등교육과정을 개설하여 무료로 교육하고 의사를 파송해 의료 봉사를 하도록 하였다.

동할 수 있는 길은 교회와 교회 간의 연합, 노회, 총회 차원에서 연합적으로 일을 협력하면 가능할 것이다. 그러나 실제적으로 전문선교단체, 전문일반사회봉사단체를 통해 함께 협력하거나 오히려 자원봉사를 할 수 있도록 일력이나 물질 등을 지원하는 것도 좋은 방법이 될 수 있다. 단, 경제적인 지원을 할 경우 지원하는 것으로 끝나면 안 된다. 반드시 교회가 돌아보고, 잘 운영되고 있는지를 항상 살펴 교회의 귀중한 재정이 불필요하게 사용되지 않도록 해야 한다.

(3) 지역사회 봉사의 실제

교회가 사회봉사를 하는 것은 지극히 당연한 일이지만 실제 그 일을 감당하기란 상당한 전문적인 지식과 제도, 협력할 인력, 구체적인 계획이 없이 단순히 재정지원이나 봉사자만 파송한다면 무의미하게 끝날 수 있다. 그러나 구체적으로 준비하고 계획하며 전문가(기관)의 도움을 받아 사회봉사를 한다면 효과적일 수 있다.

본 연구에서는 여러 분야의 사회봉사를 다룰 수 없으나 재정이 어려운 교회 중소교회 등이 할 수 있는 사회공공기관과 협력할 수 있는 일들을 실제로 살펴보도록 하겠다.

첫째, 지역사회 봉사를 위해 교회와 사회단체의 협력을 위해서는 먼저 교회에 전담부서가 조직되어야 한다.

둘째, 지역사회봉사를 위한 환경 조사가 있어야 한다. 이때 교회 내에 여론조사 등을 통해 구체적인 사회봉사 범위를 정하고 그에 따른 실태조사를 실시한다.

셋째, 봉사 분야에 따른 전문가나 기관, 특히 시, 군, 구청 공무원들의 도움을 받아 실재지원 및 사회봉사를 위한 사업의 진행과정과 규모 등을 파악한다. 실무조사 결과를 분석하고 담당할 부서, 담당할 자들을 선정한다.

넷째, 단기, 장기적인 사회봉사를 위한 구체적인 계획과 함께 주변 전문기관이나 다른 사회단체 다른 교회들과 연대할 수 있는 방안을 살핀다.

다섯째, 다른 기관과 협력할 수 있는 방법을 설정한 후 구체적인 진행 계획을 세우고, 관계기관에 사회봉사활동을 알린다.(신고하여 활동하고 있음을 밝힌다. 이것은 추후 재정지원을 받을 수 있을 뿐만 아니라. 이중 봉사활동 등으로 인해 재정, 인력 등의 행정적인 낭비를 최소화할 수 있다.)

여섯째 실시를 위해 교회 전체 교인들에게 알리고 도움을 청하며 관심과 협력을 이끌어 내도록 한다.

일곱째, 지속적인 사회봉사활동이 되도록 하기 위한 목회자의 구체적인 대안을 세워 교육을 하면 더 효과적이며, 사회전문가들을 정기적으로 초청하여 교육하는 것도 좋을 것이다.

3. 교회 공간 개방

(1) 교회 공간 개방 이해

교회를 성경은 하나님의 성전(고전3:16 딤전3:15), 성령 안에서 하나님의 거하실 처소(엡2:22 요14:23), 진리의 기둥과 터(딤전3:15), 하나님의 교회(살전2:14) 등 다양하게 묘사하고 있다.

본 연구에서 교회를 하나님의 양떼(벧전5:2), 하나님의 백성(갈3:28, 29 엡2:14), 그리스도의 몸(마26:26 엡1:22; 5:23), 성령의 전(고전6:19) 등에서의 교회에 대한 표현보다는 실제 예배실(당)을 교회의 본질 기능에 맞게 개방하여 효과적인 교육목회를 하기를 원한다.

교회가 복음을 전파하고 교인들을 교육하며 변화된 그리스도인으로의 삶을 살아갈 수 있도록 가르치며 말씀을 지켜갈 수 있도록 성경만 가르쳐서는 안 되며 이들에게 필요한 현대적 문제들을 해결해 가며 감당해 갈 수 있을 때 복음전파의 효과는 크게 나타날 것이다. 과거 한국교회가 선교 초기에 복음이 들어오면서 선교적 측면에서 사회사업을 실시하고 고아원사업, 양로원, 보육원, 사회 계몽운동, 사회 개혁운동 등을 실시하면서 시민의식을 고취시켰다. 세속화되지 않은 유치원, 중고등학교 대학교 등을 세워 교육을 통해 복음을 전파하였다.111)

그 결과 지금의 한국사회와 나라의 성장에 일익을 담당하였다. 하지만 오늘날의 한국교회는 성장제일 중심의 교회 목회로 인해 교회 내 교육(성경공부) 외에는 일반 사회 시민들을 위한 교육은 전무하며 교육을 한다 하여도 교회 필요에 의해 간헐적인 교육에 거침으로

---

111) 박영호, 「기독교와 사회사업」(서울: 기독교문서선교회, 1989), p.32.

인해 교회와 사회가 멀어져 가고 있다. 과거에 비해 교회에 대한 관심과 참여할 일들이 거의 없다. 이것은 앞으로 한국교회 성장과 전도를 위한 기회를 가질 수 없는 결과를 가져올 것으로 예상되며, 교회가 사회에 대한 섬김과 봉사의 활동이 현저히 적어짐으로 인해 교회에 대한 이해와 이미지 개선은 점점 더 어려울 수 있다.

한국교회는 개교회중심의 교회 공간 활용을 과감하게 세상을 향에 문을 열고, 다른 교회 교인이나 세상 사람들에게 교회 공간을 활용할 길을 열어 주어야 한다. 교회의 주인의식을 가지고 금지된 구역을 만들어 패쇄적인 목회를 할 것이 아니라 개 교회 교인뿐만 아니라 세상 사람들도 교회에 와서 교육을 받을 수 있는 길을 열어주고,112) 교회에 와서 도움을 받을 수 있도록 교회 공간을 개방하여야 한다. 실제 교회(예배당) 주인은 하나님이시며, 모든 사람이 하나님 앞으로 나올 수 있도록 하나님은 허락하셨다.(히10:19)

어느 누구도 하나님의 교회가 자신의 것이라고 주장할 수 있는 권한은 성경 어느 곳에도 없다.(벧전4:10, 11)

단지 교회를 맡은 목회자 교회를 책임자로 장로 권사 집사들과 연합하여 교회를 돌아보며, 관리하고, 교회 공간을 효율적으로 사용할 방안을 찾아 개방하며, 복음전파와 성경적 삶을 살아갈 수 있도록 교인들을 가르치고,113) 지역주민들이 복음을 접할 수 있는 기회

---

112) Härro Hopfl, *The Christian polity of John Calvin*(Cambridge: Cambridge University Press, 1982), p.203.

113) John. Calvin, *Institutes of the Christian Religion. op. cit.*, Ⅳ.1.4. "Calvin 은 교회의 중요한 임무 중에 하나는 가르치며, 평생 배울 수 있도록 해야 한다. 그것은 교회가 모든 사람들이 평생 배우는 자로서 우리의

를 많이 제공해 주며, 삶의 문제를 해결 받을 수 있도록 해야 할 것
이다.(사56:7 마20:19~20 막11:17)

(2) 교회 공간 활용 방안

교회공간을 개방하고 활용하기 위해서는 몇 가지 중요한 문제가
있다. 아무나 요구한다고 개방할 수 없다. 장사를 하기 위해 교회를
개방하라고 하면 그곳은 더 이상의 교회가 아니다.(막11:17) 또 교회
를 개방하여 정치 연설장으로 만드는 것 역시 교회의 기능이 아니
다. 그뿐인가 교인들이라고 교회를 무조건 자기 편리(자기 이익-수
입)를 위해 사용하는 것도 옳은 일은 아니다. 단지 교회는 하나님의
복음을 전파하며 성도가 함께 기도하며 교제하고 하나님의 영광을
위해 하나님을 기쁘시게 하는 장소로 개방하여야 한다.

교회 개방을 위해서 반드시 고려할 점은 첫째, 복음전파의 기회를
만들기 위함인가? 둘째, 누구를 위해 개방하는 것인가? 셋째, 교회교
육목회, 섬김과 봉사를 위한 것인가? 넷째, 성경적인가 생각해야 한다.
다섯째, 교인들의 불편으로 인해 심각한 신앙생활에 지장을 주는 것인
가를 살펴보아야 한다. 그렇다면 어떻게 교회를 개방할 수 있는가? 예
를 들면 교회주차장은 평일 사용할 수 있도록 하는 일, 주민교육(문화
교실)을 위해 예배실 사용하는 문제, 긴급한 도움을 위해 교회장소를
사용해야 하는 경우 지역도서관 운영, 건전한 사랑방모임, 상담소운영,

전 삶을 보내야 하기 때문에 학교(교회)를 떠날 수 없는 것이다."라고
주장하였다.

사회봉사 도움 터, 보육시설, 공부방운영, 의료봉사 도움 터, 교회시설
이 확보되는 교회들은 문화센터, 스포츠센터, 취미활동교실 등을 통해
교회와 직역사회가 밀접한 관계를 맺으며, 교회규모와 구성원들의 이
해가 협의하에 구체적인 교회개방을 실시할 수 있을 것이다.

그러나 이보다 더 중요한 것은 교회의 실제적인 도움과 장기적인
도움을 주며, 교회에 지속적으로 찾아올 수 있도록 하기 위해서는
교육목회적인 측면에서 교육을 하길 원한다. 이것은 규모가 작은 교
회나 재정이 어려운 교회도 사회봉사를 할 수 있는 것을 제안하고자
한다. 이유는 최근 한국사회에 문제가 되는 학생들의 과외문제, 비행
청소년문제, 성폭행 등으로 인해 상당한 사회적 문제가 되고 있다.
그러나 실제 이런 문제들을 해결할 방법이나 대책이 없다. 뿐만 아
니라 대부분의 교회들은 이런 문제에 대한 인식조차 부족하다.

실제로 과거 한국교회는 초기 한국교회 역사에 보면 선교정책 측
면에서 가톨릭(Catholic)의 선교정책과 달리 개신교 선교정책은 한국
사회의 문제를 해결하면서 복음전파를 목적으로 교육사업과 사회복
지 사회 계몽운동 등을 통해 추진한 좋은 선례[114]를 중심으로 오늘
날의 사회문제에 대한 실제 극복할 수 있는 효과적인 방안을 소개하
도록 하겠다.

---

114) 박영호, *Ibid.*, pp.22－48.

(3) 교회 공간 활용 실제

국가 시책으로도 해결하기 어려운 과외문제와 아동 청소년 보호시책을 위해 최근 방과후학교에 대한 계획이 솟아져 나오고 있고 대통령도 국체를 발행해서라도 아동 청소년 교육문제를 해결해야 한다고 주장하고 있다.[115] 그러나 실제 이런 일들을 추진하기란 매우 복잡하고 어려운 문제들이 많이 있다.

하지만 한국교회는 과거 아동 청소년들을 위한 교육 사업을 통한 선교활동이 활발하였고 1980~90년 말까지는 어린이선교원이 한국 보육사역과 함께 지역봉사선교활동에 상당한 기여를 하였으나 최근 전문기관(유치원, 유아원)들의 설립운영과 국가정책에 따라 상당한 교회들이 선교원 문을 닫았다.

최근에 5년이 지나지 않은 상태에서 2000년대 한국사회는 아동보육과 어린이, 청소년 학업 등의 문제들이 사회 큰 문제로 대두되면서 또다시 교회들이 이 문제를 책임지고 가야 할 문제가 발생하였다.

제도적 환경적 문제가 심상찮게 야기되고 있다. 국가 정책과 시책 이전에 한국교회 어린이 청소년의 수가 급격히 줄어가는 이 시점에서 새로운 전도환경을 만들 수 있고 지역사회 봉사 측면에서도 상당한 이미지 개선이 될 것으로 본다.

본 연구에서 이런 점에 실제적으로 시행할 수 있는 방안을 소개

---

115) 교육인적자원부(http://www.moe.go.kr/news/nw_02_list.jsp?pageSize=10&cp=1) 2006년 5월 4일 대통령 국정 보고에서 밝힌 내용.

하면 다음과 같다. 교회에서 교육목회 측면에서 어린이들이나 청소년들을 교회가 담당한다는 것은 두 가지 큰 효과, 즉 교회 미래 교인확보와 미래 지도자를 만드는 일이다. 그 외에도 이들을 통해 교회 학교 학생들이 증가하는 결과를 가져온다.

교회가 방과후학교를 운영하려면 다음과 같은 준비가 필요하다. 첫째, 목회자의 교육에 대한 이해와 비전이 있어야 한다. 둘째, 전문지도자가 필요하다.(교회 내 평신도들을 활용하거나 대학생자원봉사자들의 도움을 받으면 효과적이다) 셋째, 교회 내에 교육장(예배실)에서 교육할 경우, 다른 신앙 활동에 지장이 없도록 한다. 넷째, 주변학원과 교육 관련자와의 이해와 민원을 야기하지 않도록 하기 위해 교육청에 담당교사를 등록한다.(과외신고, 방과후학교-공부방 운영) 다섯째, 적절한 운영계획과 조건을 잘 살펴 시행하여야 한다. 여섯째, 학교, 관청 등의 협조를 얻어 홍보하고, 학생들의 신상을 파악하여 구체적으로 도울 방법과 사항을 파악하여야 한다. 일곱째, 운영계획(장·단기계획)을 세워야 한다.

이 외에 주말학교, 매주토요일학교, 방학동안 하는 여름 겨울 성경학교나 수련회 등 과거 성경공부만을 위한 교회학교교육을 교회개방을 통해 전인적인 교육과 체험학습 등을 통해 교회가 삶의 터전이요 교육의 장이요 꿈을 키워가는 곳으로 만들어가며 건전한 사회문화를 만들어가는 장소로 변화하며 지역주민들의 정서, 교육, 문화의 공간으로 삶의 여가를 교회공간에서 함께 나누게 된다면 기독교문화의 새로운 모습을 통해 교회성장의 기틀을 마련하게 될 것이다.

4. 공교육과 연계한 교재개발

(1) 공교육과 성경공부의 연계와 이해

국내에는 각종 성경공부 책들이 있으며 각 교단에서 발행하는 공과교재가 있다. 그러나 실제 이들의 책들은 일반 대중들이 사용하기 쉽지 않으며 학습을 위한 책은 아닌 순수 신앙교육 책이라고 볼 수 있다. 윤상갑 목사의 성경공부에 대한 정의를 보면116) "성경공부란 하나님께서 계시로 주신 구별된 생명의 책을 성도들이 잘 배우고 익혀서 우리가 신앙생활을 하는 데 유익한 가르침을 잘 습득하는 것이라"고 정의하고 있다.

또 바울 베스(Paul Vieth)의 성경공부의 목적을 보면117) 첫째, 하나님을 아는 자아의식과 영적으로 교재하는 것, 둘째, 그리스도가 누구신지를 이해시키는 일, 셋째, 그리스도의 인격으로 성장하게 하는 것, 넷째, 교회와 정상적인 관계를 맺는 것이라고 말하고 있다.

제임스 스마트(James D. Smart) 역시 성경공부는 우리가 어린이 젊은이 어른들 모두를 가르쳐서 하나님의 은총 안에서 그들이 교회에서 신앙을 성장할 수 있으며 선교에 참여함으로 그들의 삶을 완성할 수 있도록 해야 한다118)고 말하였다.

---

116) 윤상갑, *op. cit.*, p.9.
117) Paul H. Vieth, *The objection of christian Education*(New York: Harper and Brothers, 1968), pp.80~88.
118) James D. Smart, *The Teaching Ministry of the church, op. cit.*, p.107.

　루이스 세릴(Lewis J. Sherrill)도 교회가 성도들에게 성경을 가르치는 것은 그들이 그리스도의 몸 된 지체로서 제자의 수행을 깨닫고 잘 감당하도록 함에 있다[119]고 말했다.

　성경공부를 통해 그리스도를 알아가고 닮아가며 그리스도인으로의 삶을 살아가도록 하자는 데 그 의의가 있다. 그래서 교회들은 성경공부를 중심으로 신앙교육을 활성화하고 있다. 그러나 실제로 성경공부는 교회 밖에서도 많이 시도되고 있으며(대학생선교회, Navigators, 기독학생회, 대학생성경읽기선교회, 조이선교회 등), 이로 인한 교회 내외에 상당한 영향을 주었다.[120] 이는 성경공부가 교회성장에 얼마나 많은 영향을 주는지를 말해 주고 있는 내용이다.

　그래서 본 연구에서 성경공부의 활성화를 위한 새로운 시도로 교회 내의 교인들뿐만 아니라 교회 밖의 전도대상자들 모두 성경을 읽고, 쉽게 이해하고, 좀 더 많은 사람들이 접할 수 있는 기회를 가지며 학업 중에도 성경공부와 병행하여 쉽게 접할 수 있도록 하면 좀 더 효과적인 성경연구가 이루어질 것이며 학습방법 또한 색다르게 전개될 것이다.

　현대 한국교회 미래의 중심은 어린이와 청소년 그리고 새로 등록한 교인들이 하나님의 말씀을 얼마나 쉽게 이해하며, 말씀대로 살아

---

119) Lewis J. Sherrill, *The Rise of Christian Education*(Grandrapids, Zondervan publishing co, 1967), p.105.
120) 윤상갑, *op. cit.*, pp.53～65.

가도록 도울 수 있는가 하는 점이다. 지금까지의 성경공부는 그동안 많은 사람들의 사랑을 받아왔다. 그러나 성경본문에 대한 깊은 이해가 필요하다. 목사님들의 설교나 가르치는 교사의 설명만으로는 성경을 쉽게 이해할 수 없다. 스스로 성경을 쉽게 찾을 수 있고 읽을 수 있으며, 이해할 수 있도록 하기 위한 학습방법이 새롭게 도입될 필요가 있다. 성경을 읽고, 스스로 이해할 수 있도록 하기 위한 단어분석이나 신학적 설명이 쉽게 되어 있는 교재가 필요하다.

지금까지 시중에 나와 있는 성경공부는 주로 삶의 적용이나 함께 연구 토론하는 방식의 교재가 주류를 이루고 있다. 그러나 실제 초신자(새신자)들이나 어린이 청소년들이 이해하며 스스로 공부하고 싶은 교재가 부족하다. 그리고 학업생활에 필요하다고 생각되지 못함으로 인해 일주일 한 번 교회 오면 성경공부를 통해 배우는 단순한 학습교재가 아니라 매일 스스로 공부할 수 있는 성경 참고서 같은 교재가 나와서 누구나 읽고 쉽게 이해하며 학업에 도움이 될 수 있도록 하는 성경공부교재도 나오면 좋을 것이다. 그러나 현실적으로 성경의 어려운 용어나 문장 이해는 교회 출석해야 알 수 있는, 즉 교회에서 교사나 목사에게 배우지 않으면 이해하기 어려운 문제들이 많다. 따라서 스스로 찾고 이해할 수 있도록 하기 위한 성경공부 책이 나와야 할 것이다. 그러면 더 효과적인 성경이해와 지식의 습득으로 인해 개인성장과 교회성장에 큰 영향을 줄 수 있을 것이다.

(2) 공교육과 연계방안

　오늘날의 한국교회 교회학교 학생들의 대부분은 대학입시 학교 성적에 상당한 영향을 받고 있다. 심지어 주일에 학교에 가는 학생들도 있고 학원 도서관에 가는 학생들도 있다. 이런 심각한 문제는 어제 오늘의 이야기가 아닌 앞으로도 예상되는 심각한 문제다. 그렇다고 신앙을 위해 결단하여 교회로 찾아오게 할 특별한 이유나 방법이 없이 단지 믿음으로 강제적으로 참여하게 하지만 별로 자신과 교회에 도움이 되지 못하는 실정이다. 이런 문제들을 해결하기 위한 근본적인 대책이 없이는 불가능하다.

　물론 정치, 사회, 행정, 제도, 여러 여건과 조건들이 해결되어야 하지만 진작 필요한 것은 학생들의 학과목에 성적을 얼마나 올릴 수 있는가 문제다. 이런 문제를 해결해 주고 도와줄 수 있다면 교회를 관심을 가질 수 있을까? 근본적인 해결은 되지 못하겠지만 실제적인 문제는 학습능력향상에 있음으로 교회는 학생들의 다양한 학습능력을 키워줄 필요가 있다. 또한 이것은 성경공부를 하는 방식에도 상당한 영향을 줄 것이다.

　집단, 소그룹 공부도 필요하고 개인학습공부도 다 필요하다. 방법이 문제가 아니라 내용이 문제인데 지금까지의 성경공부는 개개인의 생활(학업생활)의 연장선상에서 성경공부 할 기회가 없었다. 그리고 성경을 이해하는 만큼 생활화하거나 적용하기가 오히려 어려웠을 것이다.

학업생활과 연장선상에서 이해도를 높이고 교회 다니는 학생들의 신앙심도 높이면서 학업에 영향을 줄 수 있는 성경공부 학습방법에는 어떤 것들이 있을 수 있겠는가? 예를 들면 대학진학에 당락을 결정하는 면접, 논술, 그리고 학과 과목에서 사용하는 한국어, 영어, 일어, 역사, 세계사, 과학 등 다양한 학문 분야를 성경과 접목할 필요가 있다.

그렇다면 학업생활에 얼마나 도움이 될 것이며 성경공부에 얼마나 도움이 될 것인가?[121] 첫째, 이해도를 높일 수 있다. 둘째, 스스로 성경을 읽고 관심을 가질 수 있다. 셋째, 주변에 믿지 않는 사람들에게 성경공부를 통해 성경지식을 전달할 수 있다. 넷째, 필요에 따라 친구들을 교회로 초청하여 목회자의 도움을 받을 수 있다. 다섯째, 성경공부와 연계한 학교공부에도 흥미를 가질 수 있다. 그러므로 앞으로의 성경공부교재들은 다양한 학습방법을 적용할 수 있는 교재 연구가 되어야 할 것이며, 학습과 이해, 적용을 위한 체계적인 연구가 필요하다.

실제로 존 칼빈(John Calvin)도 초기에는 이야기 들려주기, 암송, 강의 토론과 같은 교육방법을 사용하였다.[122] 그러나 그의 열정적인 교육 연구는 이후 찬송가 부르기, 매일주기도문과 신앙고백 그리고

---

121) 이 질문에 대해 본 연구자는 실제 학생들에게 교재를 만들어 실시하여 보았다. 결과적으로 학습효과뿐만 아니라 성경을 쉽게 이해할 수 있었다는 평가를 얻게 되었다.
122) Frederick Edy, "*Early Protestant Educations*"(New York: McGraw–Hill Book Co., 1937), p.254.

십계명을 불어로 암송하기 등을 통해 신앙을 정진시키는 교육을 하였다.[123]

(3) 공교육과 성경공부의 연계 실제

학교 공교육과 연계한 다양한 학문의 영역을 어떻게 성경과 연계하여 볼 수 있는지 몇 가지 예를 들어 살펴보도록 하겠다.

1) 논술학습

논술학습을 하기 위해서는 어릴 때부터 독서의 습관을 키워야 한다. 책을 읽는 법, 책을 읽고 독서 감상문을 쓰는 것(형식에 따라 보통형식, 편지형식, 일기형식 등), 독서카드 만들기, 책을 읽고 난 후 이해, 느낌, 의견들을 정확하게 기술하는 법을 가르친다. 특히 교회에서 성경공부방법을 논술형식으로 하기 위해서는 어릴 때부터 성경을 보고 읽고 느낀 점을 기록하는 습관을 가르쳐야 한다.

특별히 어린이에게 좋은 영향을 주는 성경인물, 시편, 잠언 등의 글을 읽게 하며 그에 따른 이해를 기록에 남기도록 가르치는 방법은 또 하나의 좋은 예가 될 수 있다. 초등학교 고학년 이상의 학생들에게는 좀 더 깊이 있고 논리가 있는 원칙, 즉 6하 원칙(누가, 언제, 어디서, 무엇을, 어떻게, 왜), 삼단논법(서론, 본론, 결론) 등의 법칙을 따라 글을 읽고 쓰면서 성경에 대한 내용들을 정리해 보도록 하고 성경에 등장하는 인물 사건 내용별로 분류하고 분석, 그림으로 표현

---

123) *Ibid.*, pp.267~268.

하기 자기의 이야기로 바꿔보기 등의 학습방법을 통해 학습의욕도 높이고 성경을 보는 눈도 높일 수 있다.

또한 성경 시편의 글들을 자신의 말로 바꿔 만들어 본다든지 작가나 인물들에게 편지의 글을 쓰게 하면 좋을 것이다. 특히 논술 지도는 목사님들의 설교원고작성과 비슷하기 때문에 지도하기 제일 좋다.

2) 본문단어 문법이해

본문 문법학습은 본문을 정하고 그 본문의 단어 이해, 신학적 이해, 배경적 이해를 돕기 위한 성경분석을 공부하게 한다. 그리고 스스로 이해한 부분의 내용을 요약 정리해 본다.

내용 본문: 시편 1편 1절

저자: 작자미상 분류: 지혜시. 본문구조: 대조법으로 구성됨. 형식: 산문시.

1절) 복 있는 사람은   악인의   꾀를 좇지 아니하며   죄인의 길에
　　행복(번영, 성공)　　반, 의인　(충고, 모략)　　　과인(비)　방법, 수단, 행동

서지 아니하며　　오만한 자의　　자리에　　　앉지 아니하고
같이 하다.　　건방지고 거만함(조롱함)　한 장소에 머물다.　자리를 정하다.(반)

* 복 있는 사람, 의인과 (반대말) 악인, 죄인, 오만한자(오만한자는 악인, 죄인보다 더 교만하고 자만하여 스스로 조롱하는 자)

* 복 있는 사람은 악인, 죄인, 오만한 사람과 같이 동행, 함께, 하지 않는다.

3) 한자학습

복(福): 훈음: 복 복, 부수: 示 반대어: 화(禍), 획순대로 쓰기: 福

4) 영어학습

Blessed is the man who does not walk in the counsel of the wicked
(blésid iz ðə mǽn   hú dəz nát wɔk in ðə kàunsəl ʌv ðə wíkid)
행복한(축복받은) 사람   걷지 않는다.   나쁜 사람과 논의(상담, 협의)

or stand in the way of sinners or sit in the seat of mockers.
(ər sǽnd in ðə wéi ʌv sínərs ər sit in ðə sí: t of mákərs)
  서지 않는다   죄인의 길   앉지 않는다.   자리에 거만한 사람의

5) 일어학습

詩篇 1편 [新改譯]   성경읽기

幸いなことよ. 惡者の　はかりごとに 步まず, 罪人の 道に 立たず,
사이와이나고도요.   와루모노노 하카리고도니 아유마즈, 자이닌노 미치니 타다즈
행복한 것이다. 악인의 꾀에 나아가지 않고, 죄인의 길에 서지 않고,

あざける　者の　座に　着かなかった,　その 人.
   아자케루　모노노　세키니　츠카나캇타.　　소노 히도.
조소(오만)하는 자의 자리에 앉지 않았다, 그 사람.

6) 토론학습

* 복 있는 사람은 무엇을 즐거워하나? * 죄인의 길과 의인의 길은?

이 외에도 다양한 학습 방법을 통해 공(학교)교육과 연계한 방법으로 학생들의 학업과 성경공부를 연계한 교육을 할 수 있을 것이다. 이처럼 성경공부를 학습할 수 있도록 함으로써 성경을 좀 더 쉽게 이해하고 접근할 수 있도록 하고, 성경을 이해하며, 생각해 볼 수 있도록 할 뿐만 아니라 학업에도 도움이 되도록 가르치고 교육하

면 많은 사람들에게 많은 흥미를 불러일으킬 것이다.

앞에서 밝힌 다양한 성경공부 학습방법은 이제 새로운 국문에서 연구되고, 발전되기를 바란다. 단순한 성경이해와 적용에만 국한하지 않고 다양한 학습방법과 다양한 교인들의 이해와 쉽게 인식할 수 있는 성경공부방법을 각 교단이나 신학교 그리고 전문 연구기관에서 지속적으로 연구 개발되어 더욱더 다양한 학습효과와 함께 성경의 이해를 높여 생활과 성경이 일치될 수 있는 다양한 노력들이 병행되기를 기대한다.

지금까지는 3장에서 제시한 목회 패러다임을 교육목회 패러다임으로 전환하여 실제 교회현장에서 교육목회 프로그램을 통해 교회성장을 위한 교육목회 프로그램을 살펴보고 적용방법을 찾아보았다. 다음 장에서는 교육목회를 실제 실시하고 있는 교회들의 성장 사례를 살펴보고 구체적으로 적용결과를 살펴보도록 하겠다.

교육목회 적용사례와 결과

　　본 장에서는 목회 패러다임을 교육목회 패러다임으로 전환하여 교육목회를 실시하고 있는 교회들의 성장 사례들을 중심으로 살펴보고, 교육목회 프로그램의 실제 적용 결과를 통해 교회성장방안을 찾아보도록 하겠다.

제1절 교육목회 사례

본 교육목회를 통해 성공적으로 교회성장을 이루고 있는 교회들을 살펴보고자 한다. 본 연구에서 제시하고 있는 4가지, 즉 매일교육목회, 교육대상의 확대, 전인교육목회, 공공기관과의 연계 프로그램 중에 특정연령층을 중심으로 시작하여 교육대상의 확대와 다양한 교육목회를 실시함으로 교회를 성장시키고 있는 교회들을 중심으로 살펴보도록 하겠다.

본 연구에서 교육목회로 성장하는 교회들을 사례로 선택한 기준은 첫째, 지상보도, 인터넷 등을 통해 교회공식적인 전문 분야로 소개된 교회(어린이, 청년, 장년, 노년 교육목회를 실제로 중점을 두고 있는지 살펴본 후 선정하였다.), 둘째, 특정연령층을 중심으로 교육목회를 하되 전략적으로 전 연령층으로 확대하는 교육목회 프로그램, 셋째, 교회와 지역사회(공공기관, 공교육)와 연계한 교육목회 프로그램, 넷째, 지속적인 목회 패러다임의 전환, 다섯째, 무엇보다 목회 패러다임을 전환을 평가한 다음 선정하였다.

첫째, 어린이교육목회를 사례로 소개하는 교회는 꽃동산교회인데 꽃동산교회를 소개하게 된 이유는 어린이를 중심으로 목회하면 결국

가족단위, 현대 성인들은 어린이를 중요하게 생각하는 점을 목회에 접목하여 어린이전도는 결국 성인전도라는 개념으로 시작하여 실제로 어린이와 성인들이 함께 고루 성장하는 교회로서 모델이 될 것으로 판단하여 소개하였다.

둘째, 청소년교육목회 사례로 안산동산교회를 사례로 소개한 것은 안산 지역이 산업공단이 형성되고 있어 교회가 이들의 지역을 위해 성장할 수 있도록 하였으며, 전도 중심의 목회 패러다임을 교육목회로 목회 패러다임을 성공적으로 전환하여 성장하고 있는 대표적인 사례가 될 것으로 판단하였는데 특히 안산동산교회는 안산 지역에 동산고등학교를 설립하고 그 고등학교를 중심으로 안산공간과 시민을 위한 청소년교육, 시민을 위한 문화센터 등을 통해 미래를 전부하는 교육이 되도록 하였으며, 청소년교육, 즉 안산동산고등학교를 설립하여 통해 지역이나 주변에 모델로서 모범적인 학교로 성장할 뿐만 아니라 학교를 중심으로 청소년전도로 교회가 성장하고 그 결과 지역주민들에게 큰 호응을 얻었기 때문에 성공사례로 소개하였다.

셋째, 청년교육목회의 성공 사례로 소개하는 삼일교회는 전통적인 교회에 부임하여 청년목회를 중심으로 교육목회를 지속한 결과 현재와 미래에 튼튼한 성장계획을 지속적으로 추진하고, 목회의 특별한 프로그램을 가지고 있지는 않지만 예배, 교육, 선교(전도)라는 프로그램을 집중적으로 교육하며, 교회시설이 부족하지만 지역 학교 강단, 학원시설 등을 이용하여 교회의 장소, 경제적 문제를 잘 극복하여 효과적으로 운영하며, 성장하고 있음으로 사례로 소개하였다.

넷째, 장년부교육목회의 성공 사례로 소개하는 사랑의 교회는 제자훈련으로 성공적으로 목회가 이루어진 교회인데 특별히 제자훈련을 장년뿐만 아니라 전 연령층을 확대하여 교육목회를 실시하여 건강하게 목회사역을 이루어 가고 있는 교회임으로 소개하였다.

다섯째, 노년 교육목회의 성공 사례로 소개하는 활천제일교회는 노년 목회를 통해 교회성장을 이루며, 전 연령층이 협력하여 사역에 동참하도록 하였고, 가족전도에도 상당한 효과를 나타내고 있음으로 노년목회의 성공적인 사례로 소개하였다.

1. 꽃동산교회의 어린이 교육목회

(1) 개 요

꽃동산 교회[1]는 '어린이 선교를 통한 세계 복음화'의 비전을 가지고 1988년 4월 30일 상계동 현 위치에 설립하였는데, 짧은 기간에 크게 성장하여 대지 700평에 지하 3층, 지상 11층, 연건평 3,300평의 큰 성전을 지어 입당하였고 청소년 선교를 위해 위례정보산업고등학교를 인수하여 학원 복음화에도 박차를 가하고 있으며 기독대안기숙학교인 쉐마기독학교를 설립하여 차세대리더들을 양육하고 있다. 그뿐 아니라 세계복음화를 실현하기 위해 필리핀, 태국, 인도, 콩고, 케냐, 우간다 등의 국가에 교회, 초등학교, 유치원, 병원, 재봉학교,

---

1) http://www.flowergardentv.com/

고아원 등을 설립하여 운영하고 있다.

전체 재적 성도는 18,000여 명으로 매 주일 10,000명의 성도가 출석하여 예배를 드리고 있으며, 교역자 70명, 장로 35명, 안수집사 218명, 권사 381명, 집사 2,806명 등 많은 직분자들이 열심히 봉사하고 있으며, 23개 남전도회와 53개 여전도회가 구성하여 사회봉사와 친교를 나누고 있다. 또 430여 개의 지역별로 구역이 편성되어 있으며, 소그룹 모임을 활성화하고 있다.

꽃동산교회는 소외된 이웃과 지역사회 봉사활동의 일환으로 사랑부를 운영하고 있으며 무의탁 노인과 소년·소녀 가장, 고아원, 장애자 시설 등을 돌보고 있고 생활이 어려운 1,500여 가정에게 화요일마다 무료로 쌀과 생필품을 나눠주고 있으며, 지역사회 주민들을 위하여 문화교실을 열어 교육하고 있으며 어려운 학생들을 위한 방과후 프로그램을 갖고 봉사하는 교회로 성장하고 있다.

특히 꽃동산교회 주력 교육목회 분야는 미래의 주인공인 어린이와 청소년 교육을 전문으로 하는 교회이다. 태아부로부터 청년대학부에 이르기까지 연령별, 학년별로 담당 교역자들을 두어 체계적인 신앙 교육을 실시하고 있으며, 그리고 모든 성도들의 신앙 성장을 위하여 다양한 신앙 교육 프로그램과 훈련으로 교육목회를 시행하고 있다.

(2) 교육목회 패러다임

담임목사인 김종준 목사의 교육목회 패러다임은 어린이 선교를 통한 세계복음화[2]이다. 그는 실제로 그의 책[3]에서 밝히고 있는 교육목회 패러다임은 첫째, 교회사역의 구심점을 재검해야 한다는 것이다. 즉 교회학교 교육이야말로 의례적인 교회 사역 가운데 하나가 아니라 목회의 주축이 되어야 한다는 말이다.

둘째, 어린이 전도로 장년성도의 그물을 엮으라. 어린이가 응당 신자로 취급받지도 못하는 한국교회의 상황이지만 어린이 수의 성장이 멈추면 어른 수의 성장도 멈춘다. 교회 부흥은 어린이 부흥에 달려 있으며, 어른보다 어린이 전도가 훨씬 더 알차고 쉽다. 따라서 김종준 목사는 어린이 전도를 통해 장년부흥의 기틀을 마련하는 전략을 세워 실행해 옮기고 있다.

셋째, 어린이 선교를 목회의 본질로 삼으라. 교회학교가 교회의 기초이다. 장년층에 치중하는 목회는 2세 교인을 놓쳐 교회부흥의 수명을 단축시킨다.

넷째, 어린이 사역으로 청소년, 장년 문제를 예방하라. 성인 전도는 영혼을 구원하나 어린이 전도는 영혼과 그 이후의 삶 전체를 구원한다. 어린 시절에 들어간 복음의 씨앗은 반드시 싹을 틔우고 종

---

2) http://www.flowergardentv.com/
3) 김종준, 「나는 유년주일학교에 생명을 걸었다」(서울: 규장문화사, 2000). pp.15~236.

내에는 큰 나무로 자란다는 목회 패러다임을 가지고 있다.

그의 교육목회 패러다임을 정리하면 첫째, 어린이 선교에 중점을 두고 어린이로 통한 세계복음화를 꿈꾸고 있다.

둘째, 열매를 거주기 위해서는 씨앗을 뿌리지 않고 절대 열매를 거둘 수 없다는 철저한 목회 패러다임을 가지고 있다.

셋째, 철저한 개혁주의 신학을 바탕으로 하고 있다. 성도들에게 하나님 중심의 삶, 하나님께 영광 돌리는 삶을 살아가도록 가르치고 있다.

넷째, 선교중심의 목회를 하고 있다. 현재 국내 60여 선교기관과 농어촌교회를 지원하고 있으며, 필리핀, 인도, 케냐, 콩고, 우간다, 이집트, 태국, 남아프리카, 중앙아시아 등에 학교와 유치원, 교회를 세워 복음을 전파하는 선교교회로 나아가고 있다.

다섯째, 영성을 강조하는 목회를 하고 있다. 철저한 주일성구, 성경읽기, 매일새벽기도회, 매주금요기도회(산상집회), 연속기도회, 매주 수요일 토요일 집중전도를 실시 등을 강조하고 있다.[4]

---

4) 안재은, 「교회성장 모델 연구 제2권」(서울: 총신대학교 선교대학원 강의안, 2000), pp.37~40.

(3) 교회성장요인

꽃동산 교회가 성장할 수 있도록 하기 위한 교육목회 원리[5]에 따라 교육목회를 실시하고 있는 김종준 목사의 사역을 보면 첫째, 평신도나 어린이가 잘 이해할 수 있도록 설교를 쉽고 논리정련하게 하고 있으며, 말씀을 철저히 가르치며, 말씀 중심의 삶을 살아가도록 가르치고 있다.

둘째, 어린이들의 호기심과 관심을 끌기 위한 칼라만화주보를 만들어 사용하였다.

셋째, 꽃동산 캠프를 통해 영어교육을 실시하였다.(방학 동안 영어캠프 실시)

넷째, 한국어린이교육선교회를 설립하여 철저한 교사훈련을 실시하였고, 교재도 개발하여 보급하였으며 어린이교육월간잡지도 발행하여 사용하고 있다. 교육목회 비전을 제시하며 기도와 열정으로 사역하도록 훈련시키고 있다.

다섯째, 열정적인 전도를 강조하고 있다. 특이 이들은 교사와 교

---

5) 김종준, *op. cit.*, pp.208-236 "유년주일학교 배가 부흥의 열 가지 원리 ① 어린이 눈높이에 맞춰라. ② 어린이가 주체가 되게 하라. ③ 주제가 있는 예배가 되게 하라. ④ 예배에 대한 기대감을 갖게 하라. ⑤ 설교의 효과를 높이라. ⑥ 분반운영의 원리에 충실하라. ⑦ 공과공부에 목숨을 걸어라. ⑧ 가르침을 적용시키라. ⑨ 반드시 구원 상담을 하라. ⑩ 부장 집사 중심의 운영체계를 세우라"

역자를 현장에 투입시켜 운영하였고, 해당되는 구역과 연계하여 전도하며, 전도한 어린이는 철저하게 관리하였다. 그리고 사랑방을 운영하여 전도 행사에 초청하고, 학교 앞 전도와 현직교사와 연계하여 도움을 받으며, 무디식 교사 확보, 길거리 전도와 홍보, 어린이들이 좋아하는 연예인들과 프로그램을 집중적으로 개발하여 복음전도 축제, 성경캠프, 성경학교 등을 통해 교회성장의 프로그램을 가동하고 있다.6)

꽃동산교회의 다양한 교육프로그램7)으로는 첫째, 예배 프로그램(찬양예배, 전통예배, 드라마예배, 영상예배, 특강식 예배)을 다양화하였다. 둘째, 예배와 성경공부를 일치시켰다. 셋째, 하루에 한 장 성경을 읽게 하였다. 넷째, 실제적인 교사교육일 실시하였다. 다섯째, 특별반 운영하였다.(영어, 관현악, 축구, 찬양, 합창, 율동팀 등) 이렇듯 꽃동산 교회는 어린이들의 관심과 필요를 정확히 파악하여 흥미를 유발하고, 적절한 복음 교육을 통한 어린이들의 구원과 회심성장에 교회의 모든 관심을 집중시키고 있다.

꽃동산교회의 교육목회는 어린이를 통해 장년 성도의 부흥과 대형교회로의 성장을 이어갔으며, 어린이 한 영혼 한 영혼을 사랑하는 열정과 사명감이 어른들을 감동시킨 결과가 되었고 그들을 교회로 인도하게 된 것이다. 또한 교회교육목회를 효과적으로 하기 위해 각

---

6) 박찬수, "주일학교 부흥 당신도 할 수 있다", 「성장하는 14교회 아동부 부흥전략, 교회와 목회시리즈 17」(서울: 기독신문사, 2004), pp.34~51.
7) *Ibid.*, pp.58~71.

종 선교, 전도, 구제활동과 함께 유치원, 쉐마학교, 위례정보고등학교 등을 통해 매일교육을 실시하고 있으며, 모든 교인들을 대상으로 성경공부와 문화교실을 열고 대 사회와 연계하여 구제, 봉사활동도 하고 있는 전형적인 교육목회의 한 장면을 보여주고 있다.

2. 안산동산교회의 청소년 교육목회

(1) 개 요

안산동산교회[8]는 1979년 6월 10일 김인중 목사를 중심으로 7인이 첫 예배를 드리기 시작하여 25년이 지난 지금은 장년 9,000여 명, 주일학생 5,000여 명이 모여 예배드리는 교회로 성장하였다. 동산교회는 "하나님을 경험하는 교회, 세상을 축복하는 교회, 미래를 준비하는 교회"라는 3대 비전을 걸고 우선 하나님을 경험하는 교회가 되기 위하여 동산양육과정, 제자훈련, 베델 성서, 새 신자교육, 다락방 소그룹예배 및 하나님의 사랑을 체험할 수 있는 <생수의 강> 수양회, 내적 치유수양회 등과 더불어 유아부에서 청년부까지의 주일학교 교육에 최선을 다하고 있다.

또한 동산교회는 세상을 축복하는 교회가 되고자 1995년 3월 동산고등학교를 개교하여 21세기의 지역과 한국사회 그리고 세계를 이끌어 갈 일꾼을 양성하고 있으며 앞으로도 지역의 복음화와 지역사

---

8) http://www.d21.org/information/ch_pastor_01.htm

회의 소외된 이웃을 위하여 대형 예배당, 교육시설, 극장시설, 실내체육관 및 사회복지시설을 갖춘 안산동산교회 복지문화센터를 안산시 고잔동 신도시에 건축 중에 있으며, 미래를 준비하려는 동산교회는 혼자서 큰 나무 한 그루가 되기보다는 앞으로 안산 지역 및 대한민국에 수많은 지역교회들이 골고루 건강하게 부흥하여 큰 숲을 이루고자 하는 "큰 숲 운동"을 전개하고 있으며 또한 선교를 위해 캐나다 원주민과 태국 고산지대에 본 교회 출신 선교사들을 파송했으며 그 외 해외선교사 98명, 국내 147개 미자립 교회 및 45개 기관을 후원하고 있고 현재 10개 위원회와 8개국, 19개의 직능별봉사대가 조직되어 있고, 85개의 부서, 72개의 소그룹이 활동하고 있다.

(2) 교육목회 패러다임

김인중 목사의 교육목회 패러다임은 다음과 같다.[9] 첫째, 말씀과 기도가 생활화되는 교회가 되도록 하였다. 제자훈련, 베델성경연구, 크로스웨이 등을 통해 말씀을 익힐 수 있도록 교육하고, 기도 팀 운영과 새벽기도회를 강조하며 항상 주일학교와 동산고등학교의 학생들을 위해 말씀을 가르치며 주일학교 교육에 중요성을 강조하였다.

둘째, 전도가 생활화되는 교회가 되도록 하였다. 전도특공대와 순장들을 동원하여 전도하고 동산고등학교의 강단을 통해 불신자들이나 청소년들이 쉽게 접근하도록 하며 찬양사역으로 학교와 공단의 전도를 할 수 있도록 하였다.

---

9) 김인중, 「나는 행복한 전도자」(서울: 규장문화사, 1997), pp.132~152.

셋째, 동산고등학교를 개방하여 안산 지역에 학생 전도와 사회봉사활동, 시민공동체 센터, 이웃돌보기, 청소년, 청년 인성교육 등 문화센터를 운영하여 지역사회의 구심점을 이루었다.

넷째, 국내외 선교를 주력하는데, 농어촌, 도시 개척교회 지원 등 액 99개 교회들과 각종 선교단체 23군데를 지원하며, 약 300여 명의 선교사를 후원함으로 선교활동을 이끌어가도록 하였다.

특히 안산동산교회는 전형적인 개척교회로서 담임목사인 김인중 목사의 목회 패러다임을 두 번씩이나 성공적으로 전환시켰는데[10] 교회조직 활성화를 위해 제자훈련을 도입하였고, 시스템을 구축하기 위해 셀(Cell)사역으로 전환하였다. 그는 또 산업공단에 들어서기 위해 특별히 교인들의 힘으로 공산고등학교를 설립하였는데 이 동산고등학교를 통해 안산 지역에 있는 청소년 교육과 선교, 청소년전도와 안산시민을 돕겠다는 꿈을 교회의 비전으로 제시하고[11] 교인들의 헌금으로 학교부지와 건축 드리고 개교까지 전교인들이 합심하여 40일 특별새벽기도회 등을 통해 독려하여 학교를 설립하고 학교를 통해 안산 지역주민들의 문화센터, 전도의 터전으로 발판을 삼는 전략을 통해 교회성장을 이룰 수 있다는 교육목회 패러다임을 정하고 전적인 힘과 노력을 기울였다.

---

10) 김인중, "미래목회 패러다임전환이 우선이다", 「목회와신학 2005년 6월호」(서울: 두란노, 2005), p.157.
11) 김인중, 「나는 행복한 전도자」, *op. cit.*, p.161.

또한 그는 청소년을 위한 특별한 교육목회 패러다임을 강조하고 있는데[12] 첫째, 사람다운 사람을 만드는 교육을 한다. 둘째, 세계화 추세 속에서 세계적인 안목이 있는 일꾼들을 길러야 한다. 셋째, 각자의 실력과 재능을 따라 어디 가서도 적응할 수 있는 건전한 시민, 뛰어난 지도자를 양성한다. 넷째, 전인교육의 모델, 기독교교육의 모델이 되도록 한다. 다섯째, 서로 도우며 서로를 인정해 줄 수 있는 공동체 의식을 지닌 학생으로 교육할 수 있도록 재단과 교회는 지속적으로 기도하며 학교를 후원하는 것을 강조하며 전적인 청소년 사역에 심혈을 기울였다. 그의 이런 노력은 비단 청소년뿐만 아니라 전략적으로 안산시민을 위한 문화공간, 청소년 교육과 청소년 비전을 위한 인성 영성교육 그리고 기독교 명사들을 초청하여 학생들의 꿈을 심어 주는 특별한 교육목회를 통해 청소년들의 전도하는 전략을 세웠다.

그 전략[13]은 양적 성장을 질적 성장으로 전환하였고 공과교육에서 전인교육으로 전환하였으며, 주일교육에서 평일교육으로 전환하고, 제자훈련의 무개중심에서 반(Class) 무게중심으로 전환하였다. 또한 학생들의 자발적인 참여를 독려하고 은혜로운 예배는 부흥의 원천이라는 생각 아래 은혜로운 예배가 되도록 하였으며, 초청행사를 통해 전도의 기회를 만들었다. 그리고 방학 중에 신앙의 보충 수업시간을 만들어 운영하였고 특별활동을 통해 학생들의 활동을 하도록 배려하였

---

12) Ibid., 166～173.
13) 조상용, "교육 패러다임의 전환이 필요하다", 「성장하는 14교회 중고등 부부흥전략」(서울: 기독교신문사, 2004), pp.173～184.

다. 이런 전략적인 방법을 통해 교육목회의 활성화의 결과는 안산동산고등학교 개교 시 1995년 안산동산교회 청소년부예배는 210명이었는데 1999년 약 5년 만에 550명으로 성장하였고[14] 지금은 주일학교 학생이 5,000명, 장년부가 9,000명에 이르게 되었다.[15]

(3) 교회성장요인

이런 안산동산교회의 성장은 안산시 공단 지역에 작은 건물 지하실에서 단 한 명으로 교회를 시작한 이래 지금의 교회로 성장한 것은 전도의 열심 있는 목회 활동을 한 것도 있지만 공단 지역을 전략적으로 교육목회 패러다임으로 전환하여 기독교 학교 설립을 통한 지역 청소년 선교[16]에 앞장선 김인중 목사는 지금의 교회로 성장하게 되었다.

이런 그의 주요인 외에도 교회성장 요인[17]은 첫째, 산업공단의 특성을 잘 살려 목회에 적용한 것이다. 둘째, 목회 패러다임을 전환하여 제자훈련과 셀(Cell) 조직을 이용한 조직 강화이다. 셋째, 안산동산고등학교를 설립하여 안산시뿐만 아니라 경기도 전역과 전국에서 기독교학교로서 또한 명문 고등학교로서 성장한 결과[18] 교회의 이미

---

14) *Ibid.*, p.171. 당시는 안산동산교회 고등부학생들의 약 70%가 동산고등학교 학생들이었다.

15) http://www.d21.org/information/ch_pastor_01.htm

16) 임영효, *op. cit.*, p.88.

17) http://www.d21.org/information/ch_pastor_04.asp?action=read&page=4&seq=3

18) 안산동산고등학교는 2006년 9월 각종 일간지에 한국일보 9월 9일자, 경인일보 9월 7일, 중앙일보 9월 7일 등에 서울대 최대 입학 일반계인문

지가 상당히 상승한 결과이다. 넷째, 각종 전도활동 및 전도 집회, 다섯째, 지역사회봉사활동 등의 요인이었다.

안산동산교회에서 주력하는 교육목회 프로그램으로는 첫째, 안산동산고등학교를 통한 제2의 상록수 운동을 통한 안산 지역 청소년들을 미래의 주인공으로 미래와 세계적인 시민으로 의식 함양을 위한 시민교육을 병행하고 있고, 둘째, 지역봉사활동과 지역시민을 위한 학교강단과 시설을 개방하여 시민 문화센터를 운영하고 있는데 특히 문화센터를 이용하는 시민 중 약 70%가 비기독교인이다.[19] 이 외에 장애 재활센터 노인복지센터 등을 운영하고 있다. 셋째, 큰 숲 운동을 통해 대형교회와 중소교회들의 연합 운동[20]하여 지역 복음화에 앞장서고 있다. 넷째 무엇보다 미래 목회를 위해 주일학교 학생들을 위한 교육에 주력하였다.(전인교육, 평일 신앙교육 강화, 특별활동 등을 통한 학생활동 강화)

안산동산교회는 전형적인 개척교회에서 성장하여 대형교회로 나아가는데 담임목사인 김인중 목사는 교회가 지속적으로 성장하기 위해 목회 패러다임을 전환하였고, 그는 개척 첫해부터 학교설립을 위해 꿈을 심어갔으며 개척 후 16년 만에 안산동산고등학교를 설립하여 본격적인 교육목회를 실시하였다.

고 2위 등의 결과를 통해 명문고로 성장하였는데, 그 바탕은 기독교 세계관에 입각한 학교 운영과 전략적인 신앙지도의 결과이다.

19) http://www.d21.org/information/ch_pastor_04.asp?action=read&page=1&seq=33
20) 김인중, 「미래목회 패러다임전환이 우선이다」, *op. cit.*, pp.158~159.

그 결과 교회성장은 더욱더 가속화되었고, 대형교회의 독자적인 성장을 추진하지 않고 지역사회 복음화를 위해 중소교회와 연합하는 운동, 그리고 지역사회 봉사, 특히 청소년들을 위한 학교교육을 통해 안산 지역시민을 위한 문화센터 운영 등과 지역봉사활동 등을 통해 주일학교뿐만 아니라 장년에 이르기까지 모든 연령층이 성장할 수 있도록 결단과 교육목회로의 패러다임전환을 성공적으로 이룬 모델이 되고 있다.

3. 삼일교회의 청년 교육목회

(1) 개 요

삼일교회는[21] 기존 전통교회로 전병욱 목사가 부임하시기 전 성도들이 약 80명이었다.[22] 부임 후 지금은 12,000명~15,200명 정도가 출석하고 있다. 이 중 약 90%가 청년들인데 장년부가 약 1,500여 명, 주일학교학생들이 약 700~800명 출석하고 있으며 전체 약 20,000여 명의 교세를 확보하고 있다. 교역자는 담임 목사를 포함하여 진장[23] 12명의 부교역자, 교육전도사 8명, 7명의 간사(전문 분야)

---

21) http://www.samilchurch.com/
22) 전병욱, 「기적이 상식이 되는 교회」(서울: 규장문화사, 2004), p.28. 표지 소개 내용발췌, 전임간사인터뷰내용으로는 교회건축설립년도가 1948년 임으로 약 50년 만에 부임한 것으로 본다. 당시 80년의 교인이 담임 목사 부임을 위해 2차례나 특별기도회를 하고 있었는데, 전 목사님이 오셨다는 것이다.

와 시설관리 3명, 진장을 보조하는 간사들이 200여 명 등 총 300여 명이 활동하고 있다. 삼일교회는 행정의 결정적인 권한은 당회보다 간사들에게 세부적인 결정 운영에 관한 권한을 위임하여 운영하도록 하고 있으며, 특히 간사들이나 전문 사역자들도 자비량봉사를 하도록 교육을 하고 있는 것이 특징이다. 물론 국내외 선교나 봉사활동을 실시할 때도 자비량으로 해결하도록 하여 교회 재정이나 불필요한 지출을 절약하게 함으로 목회의 효율성을 높이고 있다.

삼일교회의 정신은 R.E.M[24]라는 목회 패러다임을 제시하고 있는데, 즉 Revival(부흥), Education(교육), Mission(선교 / 사명)의 사명을 가지고 성령께서 불로서 우리 마음에 임하시면 우리가 바람같이 새로운 피조물로 거듭나서 주님을 위해 복음을 위해 헌신하며, 달려가는 인생, 그 새로운 사람이 주님을 경배하며 기도하기 위해 엎드리는 모습이 삼일성도의 모습이라고 강조하면서 예배, 교육, 선교에 중점을 두고 교육목회를 실시하고 있다. 그리고 삼일교회는 협소하고 노후한 교회건물 재정적인 문제를 극복하기 위해 숙명여대의 강단과 선린정보학원(선린중학교)을 이용하여 예배, 교육, 교제 등을 실시하고 있다. 전병욱 목사는 교회 건물을 소유하지 않고도 5,000명이 모여 예배드릴 수 있다는 강조하고 있는데,[25] 그의 강조의 방법은 사

---

23) 진장이란? 이스라엘 12지파를 모델로 하여 만든 조직으로서 진장-팀(목장)-조로 구성되어 있다. 따라서 삼일교회전체 조직은 진이라는 명칭으로 조직을 구성하고 그 외 9개의 주일학교 기관과 8개의 특별 봉사부서가 있다.

24) http://www.samilchurch.com/

25) 전병욱, *op. cit.*, p.67.

회공공기관을 활용하여 목회하는 것이었다.

삼일교회가 중요시 여기는 예배는 주일만 전체 10여 차례 교육기관이 각각 두세 차례 드려지고 있고 전체 예배가 1시간 30분 진행되는 중 설교가 1시간을 넘길 때도 있다고 한다. 주로 예배 진행은 찬양중심으로 예배의 감동과 말씀의 은혜를 강조하고 있다. 특히 새벽기도회와 금요철야예배를 강조하고 있는데 새벽기도회는 평일 약 1,500명이 모이고 특별새벽기도회는 약 3,000여 명이 모이고 있으며 철야기도회도 약 1,700명이 모이고 있다. 전체 예배 교육은 평신도 초신자들을 중심으로 실시하고 있기 때문에 설교가 쉽고 교육이 기초적인 신앙교육을 강화하고 있다. 특히 리더자들을 양육하는 교육이 토요일에 진행되는데 이때 기도회, 목회사역방향, 예배 준비사항 점검, 행사 등에 대한 계획을 논의하고 나머지 중요한 부분들은 전적으로 간사들에게 위임하여 운영되고 있다.

또 한 가지 중요한 것은 연중 2회의 국내외 단기선교와 예람제(전도집회)를 중점적으로 시행하고 있는데, 모두 자비량으로 봉사하도록 하고 있으며, 특히 사역자들의 대부분이 기본적으로 모든 사역은 자비량으로 하도록 가르치고 있다. 그럼에도 불구하고 전병욱 목사가 부임한 1994년 2월 청년 20명이 1994년 11월 100명, 1998년 9월 582명, 1999년 9월 1187명, 2000년 11월 2019명, 2001년 10월 2875명, 2002년 1월 3034명, 올해 2006년 8월 9,000여 명으로 성장하게 되었다.

(2) 교육목회 패러다임

삼일교회가 계속적으로 성장하고 있는 이유가 있다면 강력한 리더십을 발휘하는 전병욱 목사의 목회 패러다임이 중요한 요인일 것이다. 전병욱 목사의 목회 패러다임을 보면 부임 초기부터 기도에 중점을 두었다. 부임을 위한 기도 중에 삼일교회에 부임하였고, 기도하든 중 숙명여대 선교회와 연결되어 학교 강단을 사용하게 되었고[26] 새벽기도 마치고 오전 내 교회부흥을 위해 기도하였다. 그는 기도를 통해 영감을 얻었고 말씀에 불이 붙었으며, 긍정적인 믿음을 가지게 되었고 기도로 통해 전도 집회가 성공적으로 마쳤다는 신앙경험을 강조하고 있다.[27]

그는 앞에서 살핀 대로 교육목회 패러다임을 부흥, 교육, 선교에 두고, 예배에 중점을 두면서 동시에 교회 안에 2세나 초신자들을 견양한 교육에 초점을 맞추었다. 또한 그는 미래 지도자를 양성하기 위해 초점을 맞추었고 현장교육을 중심으로 실시하기 위해 단기선교 등으로 사역자들을 훈련시켰고, 그 사역자들을 간사로 봉사한 후 전임교역자로 지속적으로 사역을 위한 인재 양육을 실시하였는데 삼일교회 대부분의 부목사, 전도사들은 삼일교회 간사들 출신이다. 전 목사님이 없어도 사역이 될 수 있도록 하기 위한 목회의 전반적인 사역을 부교역자나 간사들이 충분히 이해할 수 있도록 하여 특별히 목회 행정을 수정할 때도 신속하게 변화와 적응을 할 수 있도록 공유

---

26) 전병욱, *op. cit.*, p.28.
27) *Ibid.*, pp.41~45.

하고 있다.[28]

  삼일교회 교육목회를 통한 부흥전략을 세우고 시행하고 있는데 이 부흥전략은 첫째, 90%가 청년들인데 이들이 결혼하면 3년 내에 아이를 출산하면 자동으로 주일학교 부흥이 이루어질 것으로 예상하여 철저한 청년교육과 주일학교 교육의 비전을 연결시켜 두었다. 그 결과 현재는 700명~800명 수준이지만 이후 지금 주축을 이루는 청년들이 40대가 되는 또한 교회주축을 이룰 것으로 볼 때 곧 몇 년 후에 폭발적인 성장을 이룰 것으로 예상할 수 있었다. 즉 지금의 청년그룹을 지속적으로 관리하겠다는 뜻으로 분석된다.

  둘째, 철저한 온고이지신(溫故而知新)사역을 실시하고 있는데 전통과 젊음이 결합된 사역을 시도하고 있다. 즉 새벽기도회, 철야기도회, 금식기도회, 선교여행, 노방전도, 예배를 통한 하나님의 임재 체험, 성경봉독 등을 강조하고 있다.[29]

  셋째, 기도와 선교 사역을 통한 체험적인 신앙을 강조하고 있다.

  넷째, 강력한 영성훈련과 꿈을 키우는 교육, 모험정신을 심어주는 사역의 열정을 강조하였다.

  다섯째, 분명한 목회방향제시와 과감한 행정권한 이행, 투명한 운

---

28) 황은우, 「삼일교회 청년부흥보고서」(서울: 규장문화사, 2003), pp.21－34.
29) 전병욱, *op. cit.*, pp.183－184.

영, 함께 뛰는 사역, 인터넷 사역도 담임목사가 함께 동참하고, 단기
선교도 함께 활동함으로 몸으로 사역의 본을 보여주고 있다.

전병욱 목사의 목회사역 전략은 그의 교육목회 패러다임에서 알
수 있는데 그의 교육목회 패러다임[30]은 첫째, 인격적인 접근을 통한
교육목회 사역을 강조하고 있다. 청년들을 인격적으로 접근하여 그
들을 이해시키고 설득하고 감동을 주고 의지적인 결단을 촉구하도록
하여 비전을 키워가게 하며 목회자와의 마음을 열게 하고 그들의 꿈
을 이루어 가도록 가르치고 있다.

둘째, 그의 설득력은 이성에 호소할 줄 아는 설득력을 강조하고
있다. 특히 그는 설교를 통해 청년들에게 설득시키며 설교의 선포를
통해 한 걸음 더 나아가도록 강력한 촉구하고 결단을 이끌어 내고
있는데 이런 설득력이 청년들의 마음을 움직인다.

셋째, 사람을 변화시키기 위한 감동과 움직임을 위한 실천을 이끌
기 위해 강력한 리더십을 발휘하며 청년들의 삶의 방향 사역의 방향
을 이끌어 가는 지도력을 발휘하고 있다.

넷째, 무엇보다 청년들의 눈높이에 맞는 언어사용으로 교육목회
대상의 필요를 전달하는 데 용이하게 사용하고 있다. 이를 위해 전
목사는 수많은 책들을 읽으며 청년목회의 실질적인 자료와 적용을

---

30) 전병욱, "청년목회의 장점을 가지고 일하게 하는 것이다", 「목회발전소
2」(서울: 한국강해설교출판부, 2002), pp.87~106.

위한 대안, 즉 설교 시 언어 사용까지도 점검하며 적용하고 있다.

(3) 교회성장요인

삼일교회의 성장 요인은 첫째, 무엇보다 청년목회에 집중하고 있다는 것이다. 그 이유는 청년 목회의 결국은 10여 년 후면 자연스럽게 주일학교 부흥과 장년부흥이 이루어지기 때문이다.[31]

둘째, 청년 사역을 중심으로 간사제도를 도입하여 인재양성과 자비량 사역을 이끌어 가고 있으며 특히 간사들에게 적절한 권한을 위임하여 사역토록 하고 목사님의 사역에 대한 이해를 모든 부교역자와 간사들이 공유함으로 제2의 목회자로서의 사명을 부여하고 있다.[32]

셋째, 설교에 목숨을 걸고 열정적인 설교를 통한 감동과 비전을 심어주며 사역에 대한 이해와 목회에 대한 적응을 강조하고 있다. 그는 설교를 위해 수많은 책들을 읽으며 청년들의 언어, 눈높이에 맞춘 설교와 교육을 하도록 가르치고 있다.[33]

넷째, 뜨거운 기도의 열정을 강조하고 있는데 전통적인 새벽기도회, 특별새벽기도회, 금요철야기도회, 금식기도회 등 다양한 기도회를 참여하도록 강조하고 있으며 매주 토요일 리더자를 위한 모임에

---

31) 전병욱, 「기적이 상식이 되는 교회」, *op. cit.*, p.181.
32) *Ibid.*, pp.80－82.
33) *Ibid.*, pp.281－305.

서도 상당한 시간 동안 기도회를 인도한다. 특히 금요철야기도회는 밤 11시부터 새벽 4시 30분까지 지속적으로 기도회를 인도한다.[34] 기도회 참여는 평균 1,000명~1,500명(특별한 경우 5,000명 이상이 참여하기도 한다.)

다섯째, 연중 2회의 전도 집회와 단기선교를 통해 교회성장을 이루고 있다.

여섯째, 청년목회를 위해 시스템의 최적화를 위해 정기적인 변화를 주고, 청년들의 의견을 적극 수렴하며, 사역자와 인재 양육을 위한 신뢰, 영성, 교육 훈련, 교회사역 활동 체험 등을 통해 청년들에게 사역에 모범을 보이고, 강력한 리더십을 통해 청년들을 이끌어 주고 있다.

일곱째, 이런 삼일교회의 청년목회는 전병욱 목사의 강력한 리더십이 교회성장의 중요한 요인으로 분석되었다. 그 이유는 목회 시스템에 대한 이해를 간사들에게 충분히 숙지시키며 항상 변화에 대한 신속한 적응을 보이는 것은 삼일교회의 특징 중에 하나다.

삼일교회는 전병욱 목사의 부임 이후 청년부흥이 곧 전체 교회의 성장으로 이어지고, 예배, 교육, 선교 등 특별한 성장 프로그램은 없지만 교육목회 패러다임을 최대한 적용하여 인재 양육과 미래 성장

---

34) *Ibid.*, pp.202-209.

을 위한 강력한 지도력으로 성장을 이루어 가고 있으며, 환경적 요인이 매우 열악하지만(낡고 오래된 교회이지만) 사회공공기관(숙명여대, 선린중학교) 등을 이용하여 교회활동이 활발하게 이루어질 수 있도록 하는 목회적 전략이 적절히 잘 조화를 이룬 것이 오늘날 삼일교회가 성장하게 된 것이다.

4. 사랑의 교회의 장년 교육목회

사랑의 교회는 현재 오정현 목사가 담임으로 시무하고 있다.[35] 그러나 본 연구에서는 사랑의 교회 처음 개척부터 시무한 옥한흠 목사의 시무 시기인 2003년 12월까지의 자료만을 중심으로 장년중심으로 한 교육목회를 통해 성장한 사례들을 소개하도록 하겠다.

(1) 개 요

사랑의 교회는 1978년 7월 23일 개척하여 첫 예배드릴 때 12명으로 시작하여 오늘날 2003년 12월 11일 현재 37,000명으로 성장하였고[36] 지금도 계속 성장하고 있다. 1986년 3월 첫 제자훈련 세미나를 실시[37] 이후 2003년 제자훈련 세미나 참여 15,00명이 교육을 받았으

---

35) 옥한흠 목사와 오정현 목사의 이임예배가 2003년 12월에 있었고, 오정현 목사의 위임 예배가 2004년 1월에 있었다.
36) 국민일보, 2003년 11월 26일 p.34. "사랑의 교회 창립 25주년 기념행사 기사"
37) 안재은, 「교회성장연구모델1권」(서울: 총신대학교 선교대학원 강의안, 1999),

며, 약 60%의 교회들이 제자훈련을 실시하고 있다. 2004년 12월 현재 순장 2,000명, 주일학교 교사 1,400명, 대학, 청년 리더4,200명, 약 8,370명의 제직들이 봉사하고 있다.[38]

사랑의 교회 사역활동으로는[39] 전파사역(전도사역, 지역사회선교, 전문인 선교, 세계선교 등)과 가르치는 사역(새가족부, 훈련부, 예배부, 찬양부, 주말교회, 공동체사역, 시니어사역, 교육위원회, 주일학교, 대학부, 청년부)과 치료사역(목양, 상담, 경조, 호스피스, 영성개발, 중보기도, 이웃사랑, 장애인사역)과 목회지원 사역, 부설기관(복지재단, 수양관, 국제제자훈련원, 방송실, 정보시스템, 디지털, 편집디자인)을 통해 사역을 하고 있다.

사랑의 교회는 하나님의 백성으로서 세상으로 보냄 받은 그리스도의 제자로서, 하나님을 기쁘시게 하기 위해 찬양하는 예배자로서, 복음의 증인으로서 한 몸 된 공동체로서 사랑을 실천하고, 배움을 통해 성숙한 성도가 되어 하나님을 영화롭게 하는 성령 충만한 생명의 공동체가 되도록 강조하고 있는데 현재 사랑의 교회는 평신도 동역자 세우기, 지역사회를 책임지는 교회로, 다음 세대를 준비하는 교회로, 끊임없이 갱신하는 교회로 성장하는 비전을 가지고 있다.

이는 옥한흠 목사의 제자훈련을 통해 교회의 본질과 소명을 일깨

---

    p.145.
38) 사랑의 교회 안내책자(e-book), p.15.
39) http://www.sarang.org/index_church.asp

우고 그리스도를 닮아가도록 가르치는 교육목회 패러다임에 기인하고 있다. 사랑의 교회의 짧은 기간에 급성장한 핵심적인 요인이 바로 제자훈련을 통한 교육목회였다고 볼 수 있다.

(2) 교육목회 패러다임

옥한흠 목사의 목회 패러다임[40]은 평신도를 깨워서 주님의 제자로 세우는 것이다. 그의 이 같은 주장은 전형적인 교육목회 패러다임을 강조하고 있는데 구체적으로 그의 교육목회 패러다임을 살펴보면, 첫째, 평신도를 훈련시켜 그 인격을 예수님을 닮도록 하는 것이었다. 즉 초대교회 성도들이 '작은 그리스도(그리스도인; 행 11:26, 26:28)'라는 별명을 들었던 것처럼 평신도들은 예수화(化) 되어야 한다고 주장하였는데 이는 예수 그리스도를 닮아가는 것으로서 제자훈련은 무엇보다도 사람을 바꾸어 놓는 작업이며, 말씀과 성령의 감화를 가지고 평신도 한 사람 한 사람을 온전한 사람이 되게 하고 온전한 삶을 살도록 하는 것이다.(딤후3:17)

둘째, 그는 평신도를 훈련시켜 예수님의 사역을 계승하는 소명자로 만드는 것이다. 즉 예수님은 세상에서 가르치고 전파하시고 치료하셨는데(마4:23), 이 일을 위해서 자기 삶을 철저하게 진리의 증거자, 사랑의 종으로 헌신하신 것처럼 제자훈련을 통해 평신도를 복음의 전파자로, 지리의 교사로, 사랑의 치료자로 헌신하게 하는 과정이다. 이 과정을 통해 예수님의 비전을 자기의 것으로 받아들이게 하

---

40) http://johnoak.sarang.org/frame_index.asp

고, 자기의 직업이 무엇이든 간에, 자기가 사는 환경이 어떠하든 간
에 자기가 머무르는 그곳에서 하나님의 이름이 거룩히 여김을 받을
수 있고, 하나님의 뜻이 이루어질 수 있도록 최선을 다하는 소명자
로 만드는 것이라고 말하고 있다. 이는 전형적으로 목회자 중심의
목회를 하는 교회에서는 개혁적인 일이며, 평신도를 사역자로 훈련
시키고 사역을 감당케 하는 것은 또 다른 교회성장의 길을 만드는
것으로 평가받고 있다.[41]

(3) 교회성장요인

사랑의 교회 성장요인 중 제일 큰 영향을 주는 것은 무엇보다 첫
째, 평신도 제자훈련과 사역훈련이다. 이 평신도훈련을 통해 평신도
에 대한 개념의 전환, 목회중심에서 평신도 중심의 사역 전환, 평신
도훈련을 통한 전략적 가치를 상승시킴으로 교회성장의 기틀을 마련
하였다.

둘째, 사랑의 제자훈련은 장년부를 중심으로 훈련이 되었지만 아
동부, 중고등부, 청년부에 이르기까지 전 연령층[42]을 제자화 하는
교육을 실시하고 있다.

---

41) 윤희구, "잠자는 평신도를 깨우는 제자훈련", 「교회와 교육2005년 가을
호」(서울: 총회교육원, 2005), pp.6~17.
42) 최윤식, "주일학교도 이제는 변화되어야 한다", 「성장하는 14개 교회 아
동부 부흥전략」(서울: 기독교신문사, 2004), pp.175~193. 어린이 눈높이
교육(예배)과 자체 개발한 제자훈련교재를 사용하여 교육하고 있다.

셋째, 제자훈련을 비롯하여 새가족모임, 성경대학, 사역훈련, 전도
폭발훈련, 순장반 교육, 포에버평생교육원, 교사훈련원을 통해 제자
화와 사역화 그리고 평생교육차원에서 전인교육을 실시하고 있다.[43]

넷째, 예배를 통한 새로운 전환, 즉 평신도 중심의 예배, 전통적인
예배 흐름에서 평신도의 영적 체험과 쉽고, 편하게 적응할 수 있도
록 배려하고 있다.[44]

다섯째, 뚜렷한 목회비전과 철학에 따라 단순화한 제자훈련을 바탕
으로 전교인이 그리스도의 제자로 평신도 사역자로 훈련시키고 있다.[45]

여섯째, 지역사회에 인정받고, 지역사회를 책임지는 목회를 위해 평
일 주차장 개방, 사회봉사를 위한 재정투입, 교회이미지 갱신을 위해
노력하고 있다.[46]

일곱째, 지금까지의 옥한흠 목사의 목회철학에 따라 교회관의 새로
운 정립과 사도직의 재발견, 만인제사장직 회복을 주창하며 교회목회
갱신을 주도하였다.

오늘날의 대형교회로 성장하게 된 사랑의 교회는 옥한흠 목사의

---

43) http://forever.sarang.org/frameindex.asp
44) 안재은, 「지역교회성장전략」(서울: 총신대학교 선교대학원 강의안, 2000),
    p.145.
45) 안재은, 「제자훈련과 교회성장」, *op. cit.*, p.193.
46) *Ibid.*, p.194.

30년 인생의 목회 활동 중에 강조된 제자훈련을 통한 평신도를 사역자로 양성이었으며, 무엇보다 제자로서의 삶, 즉 그리스도인으로서의 삶을 살아갈 수 있도록 하는 전인교육이 장년교육을 중심으로 어린이 중고등부 청년 그리고 노년에 이르기까지 제자훈련이 이어지며, 목회 패러다임이 뚜렷하게 전달됨으로 전교인이 제자화, 사역화, 그리스도의 삶의 기쁨을 찾을 수 있도록 노력한 교육목회의 결과가 오늘날의 사랑의 교회로 성장하게 된 것이며 무엇보다, 후임 오정현 목사로 이어지는 목회 패러다임이 지속적으로 제자훈련, 즉 평신도 훈련을 통한 교회성장을 후임목사가 계속 이어가며 전통성을 살려가는 모습은 한국교회의 전임목회자와 후임목회자의 목회 패러다임을 같이 공유하는 교육목회가 좋은 대안으로 제시될 수 있을 것으로 확신한다.

5. 활천제일교회의 노년 교육목회

(1) 개 요

활천제일교회[47]는 경남 김해시 삼방동에 소재하고 있으며 1984년 1월에 8명의 성도가 김세중 목사의 사택에서 8명이 모여 첫 예배를 드림으로 시작되었고 하나님의 은혜로 꾸준히 성장하고 있다. 활천제일교회의 비전은 사랑과 섬김으로 계속하여 전진하기를 소망하고, 이웃 사랑을 실천하는 교회, 온 가족이 함께 하나님을 섬기는 가족이 복음화된 교회, 신앙생활이 멈춰 있는 것이 아니라 성장하며, 업

---

47) http://wjc.or.kr/info/

그레이드되는 교회, 한 사람이 한 영혼을 구원하는 교회비전을 가지고 성장하고 있다.

특히, 활천제일교회는 노인대학을 통해 한국교회의 새로운 전도전략과 노인문제 해결을 대안으로 제시하고 노인교육목회를 중심으로 교회목회 패러다임을 정하여 목회가 이루어지고 있다. 또, 노인복지신문, 인터넷 방송을 통한 전도에 주력하고 있고, 노인대학을 중심으로 전 교회 교인이 자원봉사, 섬김을 통해 지역복음화 전략과 전도폭발훈련, 영적 성장을 위한 기도학교와 영성훈련, 말씀교육 등을 통한 교육목회를 지향하고 있다.

현재 활천제일교회는 출석교인 3,200명인데 노인대학이 1997년 12월에 활천제일 노인대학을 설립하여 2000년 5월 현재[48] 재적 1,200여 명에 이르고 그중 600명이 활천교회 교인으로 등록하였고, 재적인원 5,600명 중에 노인교인이 3,200명이고[49] 매주 출석하는 노인교인이 1,000명(이들 중 90%가 불교신자)에 이른다. 주일학교교육기관을 비롯하여 성경대학, 전도대학을 통한 신앙교육과 선교(국내 8곳, 해외 2곳 지원) 그리고 지역사회 봉사(동원아파트 노인정 외 50여 곳 자원봉사,[50] 재정지원, 교육을 통한 봉사활동)에 주력하고 있는데 그중에 특히 노인대학을 통한 지역사회 문제와 전도전략적 측면에서

---

48) http://wjc.or.kr/silver/
49) 김세중, "노인목회로 새롭게 거듭난 활천제일교회", 「교회와 교육 2004년 여름호」(서울: 총회교육위원회, 2004), p.75.
50) 50여 개 노인정을 17개 부서에서 봉사 활동 및 노인관리, 지원사역을 하고 있다.

노인교육에 앞장서고 있다.

(2) 교육목회 패러다임

김세중 목사의 교육목회 패러다임은 노인목회를 통한 노인문제 해결[51]과 한국교회성장은 노인목회를 통해 이루어질 수 있다는 확신을 가지고 있다.[52] 실제 노인대학을 운영하여 약 1,200명 중 600명 정도가 새신자가 되었다. 이는 당시 김세중 목사는 현재 목회 활동으로는 교회가 성장할 수 없다는 심각한 고민과 함께 전도전략방법 전환과 성경말씀 실천을 위한 지역사회의 문제를 분석한 결과 노인문제를 살펴보고 노인교육목회를 위해 교육목회로 패러다임을 전환하여 노인 교육목회를 통해서만이 21세기 현대목회에 성장 전략이라고 인식하고 실천에 옮긴 결과이다.

이런 그의 성공적인 교육목회 패러다임은 노인목회뿐만 아니라 청소년 복지에도 관심을 가지고 청소년의 대중문화, 외설에 대비한 건전한 놀이문화시설을 마련해 주면서 구체적인 지역사회 봉사를 통한 점점 더 확대되는 교육목회를 실시하게 되는데 그 외에도 경남 산청의 한 폐교를 활용하여 수련활동을 실시할 수 있도록 하였으며, 김해 공단 지역의 특수성을 활용한 목회 패러다임을 지속적으로 개발하고 있다.[53]

---

51) http://wjc.or.kr/info/pastor.html
52) 김세중, *op. cit.*, p.75.
53) http://news.naver.com/news/read.php?mode=LSD&office_id=005&article_id=0000033580§ion_id=111&menu_id=111(국민일보 2000년 11월 29일자)

일상적인 목회 패러다임으로는 더 이상 교회성장이 어렵다고 생각한 김세중 목사는 말씀실천을 위한 지역사회 봉사를 실천하며, 한국사회의 문제를 인식하고 적극적인 대책을 세우며 전도전략을 과감하게 변화시키고, 목회의 모든 역량을 노인교육목회로 전환한 것이 활천제일교회의 성장비결이자 김세중 목사의 목회 패러다임이다.

(3) 교회성장요인

활천제일교회의 성장요인은 노인대학이다. 노인대학을 중심으로 전 교회가 함께 봉사하며 섬김을 위한 목회에 전력하고 있다. 노인대학 설립 초기부터 노인대학을 위한 공방기도, 전도대학을 통한 노인정 방문전도, 지역사회 주민과의 유대관계를 원활하게 함으로 노인대학을 준비하였다. 노인대학을 운영하면서 노인에 대한 상담, 무료진료, 무료 이·미용봉사, 법률상담 등 다양한 필요를 도와주며 노인대학을 섬기도록 하였으며, 이 일을 위해 주변의 전문기관(김해복음병원, 김해시청, 김해전역의 노인정, 지역복지 센터)과의 협력을 통해 교회목회와 노인대학을 동시에 성장하게 하였다.

또한 재정확보 역시 교회가 선교비를 지원하지만 김해시의 지원 등을 통해 효과적으로 운영하고 있고, 교인들, 즉 각 기관을 동원하여 봉사활동도 실시하지만 주변의 자원 봉사자들과의 협력을 통해 더 효과적인 운영을 이루어 가고 있다.[54]

이와 같이 활천제일교회는 교회와 지역사회가 함께 노인문제를 해결하고 함께 풀어가면서 선교전략(전도전략)을 세워가며 말씀을 실

---

54) 김세중, op. cit., 73~86.

천하고 있다. 이런 효과적인 성장은 담임목사의 목회 패러다임을 노인교육목회로 전환한 결과이며 교회와 지역사회가 함께 연계함으로 함께 사회문제를 풀어가는 방안은 한국교회성장의 또 다른 대안으로 제시되고 있다.

지금까지 살펴본 교회들은 대부분 목회 패러다임을 교육목회 패러다임으로 전환하여 교육목회를 실시함으로 교회가 지속적으로 성장하는 대안을 찾아가고 있다. 이것은 교육목회를 통해 지속적이고 건강한 교회성장의 대안이며 새로운 방안으로 좋은 사례가 되었다.

제2절 교육목회 프로그램 적용결과

본 절에서는 앞의 3장 3절에서 제시한 목회 패러다임을 교육목회로 전환할 수 있는 실제적인 대안을 통해 4장에서 살펴본 교육목회 프로그램을 중심으로 실제 적용 방안(매일교육목회, 교육대상확대, 전인교육, 공공기관과의 연계)을 찾아보았고, 앞 절에서는 현재 각 연령층을 중심으로 교육목회를 실시하여 성공적으로 교회성장을 이루어 가고 있는 교회들의 사례들도 살펴보았다. 따라서 본 절에서는 지금까지 살펴본 방안과 성공사례들을 중심으로 오늘날의 현대 한국교회의 실천 가능한 교육목회 방안을 제시하도록 하겠다.

1. 매일교육목회

매일 교육목회를 실시하는 것은 한국교회 본질을 회복하고 교회가 교회 되게 하기 위한 절실한 방안이다. 그동안에 대부분의 한국교회 주일학교 교육시간만을 보아도 수업이 일주일에 약 30분에서 1시간 정도이지만 실제 15분도 교육하지 못하는 교회들이 적지 않다.[55] 그리고 한국사회의 구조에 따른 신앙 활동의 환경적 요인이 열악하며

---

[55] 오병세, 「교회, 교육, 신학」(서울: 개혁주의신행협회, 2001), p.121. "우리의 주일학교 교육 시간적인 면에서 볼 때, 30분이면 1년 52주 약 25시간밖에 되지 않는다. 이것은 카톨릭 교회가 연간 300시간, 유대교의 305시간과 차이가 너무 심하다"

주 5일근무제도 이후 한국교회는 사회적, 시대적 변화에 대한 대책이 시급한 이 시점[56])에 본 절에서 매일교육목회를 실시해야 한다고 주장한 것은 교육 기회를 확보하고 교회성장의 전략을 새롭게 세워야 하며 패러다임의 전환이 현실적으로 절실히 요구되기 때문이다.

즉 오늘날의 한국교회 현실은 교회 성장의 둔화뿐만 아니라 한국교회의 신앙교육의 근본적인 문제가 해결되어야 한다. 그중에 교육의 기회가 주일하루, 그것도 한 시간도 못되는 신앙교육활동으로 어떻게 온 생의 삶을 그리스도인으로 살 수 있겠는가?

과거 초대교회 성도들은 사도들의 가르침을 받아 날마다 모이기에 힘쓰며 전혀 기도에 힘쓰는 일[57])들이 오늘날의 교회성장의 모델이 된 것처럼 초대교회에서 사도들의 매일의 가르침은 매일 교육목회의 모델이다.[58])

매일 교육목회는 주일중심의 목회 패러다임을 매일 교육목회로 전환하여 실시하자는 것인데, 실제로 매일교육목회로서 성공적으로 그 결실을 얻고 있는 교회들이 있다. 한 기획보도의 의하면[59]) 초기 감리교 선교사들은 교육선교를 위해 초등교육기관을 각 교회에 설립하여 매일학교를 운영하여 그 당시에는 상당한 환영을 받았으며, 장로

---

56) 신원하, *op. cit.*, pp.46－56,
57) 임영효, *op. cit.*, p.150.
58) Michael. Green, *Evangelism in the early church*, *op. cit.*, p.160.
59) 교사의 벗, 주 5일 시대, "주간학교를 운영하라", 「교사의 벗 2005년 9월호」(서울: 늘빛출판사, 2005), pp.44～48.

교 교회들도 주간학교를 설립하여 성경공부, 그림그리기, 음악공부, 친교활동 등을 통해 신앙과 지식교육을 받았다.

오늘날의 화란개혁교회나 미국교회에서 실시하는 신앙교육 프로그램들은 오늘날 한국교회도 적용 가능하다는 것이며, 본 연구에서도 이런 점에 따라서 실제 매일 교육목회 프로그램들로 적용 가능한 방안들을 살펴보았다. 그렇다면 실제로 각 교회들이 적용하고 있는 사례들을 구체적으로 정리하면 다음과 같다.

첫째, 수원성교회와 광양대광교회는 매일교육을 통하여 단기간에 교회성장의 효과나 가타나고 있다.[60] 이들 교회들은 주중 교육을 통해 주일교육에서 하지 못하는 교육의 효과를 나타내고 있는데, 수원성교회는 주중에 임산부교실, 아기학교, 잉글리시 어와나, 연극교실, 축구교실, 독서교실 등으로 다양한 전문 강사를 초청하여 교육하고 있다. 특히 아기학교에는 30%가 불신자였는데, 매일교육에 참여하면서 9가정이나 교회에 등록하게 되었다.

광양대광교회는 엄마랑 아기학교, 임산부학교, 선교원, 초등학생을 위한 무지개교실 등의 운영을 통해 교회에 불신자들이 자연스럽게 접근하도록 유도하였다. 즉 주일교육에서 해결하지 못하는 전도의 효과, 불신자들이 자연스럽게 방문할 수 있는 길을 열어 두게 된 것은 큰 장점이 아닐 수 없다.

---

60) 배태훈, *op. cit.*, pp.74~79.

둘째, 경기도 의왕시의 함께 걷는 교회와 부산은천교회, 그리고 구미 신일교회는 매일교육을 통해 주일에 할 수 없는 신앙교육을 할 수 있게 되었다.[61] 특히 교육 열의는 높으나 교육받을 기회가 부족한 학생들에게 매일교육을 통해 주일 하루만의 교육을 매일교육으로 전환하여 매일 신앙지도를 할 수 있게 하게 되었으며, 이를 통하여 교회활동이 더욱 활발하게 활성화됨으로써 이로 인해 건강한 교회 인재를 양성하는 일에 좋은 대안이 되고 있다. 무엇보다도 매일교육 목회를 통하여 교회성장이 자연히 이루어지고 있는데 매년 20~90여 명의 가정이 교회 교인으로 등록하고 주일예배에 참여하게 되었다는 것이다.

셋째, 경기도 양평의 국수교회는 매일 가정학교를 통해 부모와 함께 가정예배를 드리며, 신앙교육을 함으로써 자녀들뿐만 아니라 교회도 질적 양적으로 성장하고 있으며,[62] 부산은천교회는 매일 철야기도회를 통해 가족전도와 장기 결석하는 교인들이 돌아오는 결실을 경험하고 있다. 이런 역사들은 전 세계에 대부분 교회들이 실시하지 못하는 새벽기도운동을 통해 명성교회를 비롯한 대부분의 한국교회가 성장하는 체험을 한 것과 같은 결과들이 지금도 나타나고 있는 것들이다. 하지만 아직도 대부분 교회들이 새벽기도회를 제외하면

---

61) 2006년 9월 20일 경기도 의왕시는 담임 조동제 목사, 직접 인터뷰하였고, 부산은천교회는 본 연구자가 1991년부터 3년간 실시한 경험을 바탕으로 소개하였으며, 구미 신일교회 손권식 목사님과 2006년 9월 25일 인터뷰 결과를 소개한다.
62) 교사의 벗. "어린이 신앙성숙 위한 맞춤 교육", 「교사의 벗, 2005년9월호」(서울: 늘빛출판사, 2005), p.49~51..

매일교육목회를 실시하지 못하고 있다.

과거 초기의 한국교회는 교육목회사역을 통해 한국교회가 성장하였다는 것은 역사적인 사건도 경험하였고, 1970년 이후 한국교회 어린이 선교원을 통한 교회성장도 체험하였다. 그러나 현재 한국교회는 교육목회를 위한 뚜렷한 그 어떤 대안을 아직까지는 찾지 못하고 있는 실정이다.

그 원인은 어디에 있는 것인가를 살펴보면 다음과 같다. 첫째, 아직도 한국교회 목회 패러다임이 변하지 못하고 있고, 둘째, 매일교육목회에 대한 이해부족과 교육목회 프로그램의 부재이다. 셋째, 매일교육목회를 실시하기 위한 경험이나 구체적인 대안이 없기 때문이다. 따라서 이런 문제들을 해결하기 위해, 본 연구에서 제시한 여러 가지 교육목회 프로그램을 기초로 하여 매일교육목회를 실시할 수 있는 방안을 찾아 적용함으로써 교회성장을 이룰 수 있는 방안을 찾아보도록 하겠다.

매일교육목회 프로그램을 실시하기 위해서는 첫째, 교회특성에 맞는 프로그램을 찾아 교회 특성에 맞게 재구성(교육목회계획)되어야 하고 구체적인 접근을 위한 단계적인 계획수립이 우선되어야 한다.

둘째, 매일교육하기 위해서는 먼저 단계적으로 모임을 늘여가는 것이 좋다. 우선 초기에는 주중에 1~2회 정도 교육을 실시하거나 모임을 실시하도록 한다.(주말을 이용하여 토요학교나 금요철야기도회를 확대하여 주말학교를 운영함으로 교회학교학생들과 전교인들이 공동체 활동을 할 수 있도록 하는 대책이 세워져야 한다) 그 이유는 매일교육 실시를 갑자기 하게 함으로써 오는 부작용과 교회 구성원들의 반발을 불러올 수 있기 때문이다.

셋째, 교회가 실시하고자 하는 교육을 하나하나 단계적으로 실시한다.

넷째, 교육목회는 평신도 사역자들의 자원봉사를 통해 협력하도록 한다.(목회자 혼자서 매일교육목회를 실시하는 것은 비효율적이다. 그러므로 평신도들의 협력과 봉사로 효과적인 운영이 가능하다)

다섯째, 전 교회 교인들의 이해와 동의를 구하며, 필요에 따라 동참하도록 독려한다.

여섯째, 매일교육을 실시하면서 반드시 필요에 따라서 일정한 휴식 기간을 두는 것이 효과적이다.(휴식 기간이 너무 길면 매일교육의 효과가 떨어진다)

일곱째, 교육단계를 발전시켜갈 수 있도록 목회자는 끊임없이 노력한다.

여덟째, 교회와 교회성장의 본질, 그리고 교육목회의 본래 뜻이 퇴색되지 않도록 하여야 한다.

2. 교육목회 대상 확대

앞 절에서 교육목회를 통한 교회성장의 사례를 살펴보았다. 실제
로 특정 연령층을 집중적으로 교육목회를 실시하여도 교회성장은 이
루어질 수도 있다. 그러나 지속적인 성장을 위해서는 전 연령층을
대상으로 하는 교육목회의 관심의 확대의 결국은 지속적이고 건강한
교회성장이 가속된다는 것을 앞에서 살펴보았다.63) 따라서 오늘날의
교회성장은 교육목회의 대상인 전 연령층으로의 확대는 교회성장의
지속적인 성장의 결과를 가져온다는 것을 알 수 있다.

앞에서 살펴본 어린이교육목회를 통해 성장하는 꽃동산교회의 경
우 어린이전도와 교육을 중심으로 하여 성인전도의 전략을 세우고
적용하였으며, 그 결과 10,000여 명의 장년들이 모이는 교회로 성장
하였다.64) 또한 쉐마기독학교와 위례정보산업고등학교를 통한 청소
년 교육과 함께 대내외 선교 지역봉사활동 등의 교육목회를 확대하

---

63) 앞글의 5장 1절의 사례를 살펴보았을 때, 꽃동산교회도 주일학교 중심
　　으로 하여 장년부 성장을 이루었고, 안산동산교회도 동산고등학교를 중
　　심으로 하여 지역 문화센터 등을 통해 다양한 사람들이 교회 올 수 있
　　도록 하였고, 삼일교회도 청년들을 중심으로 주일학교 봉사 등 지속적
　　인 목회를 통해 부흥전략을 세우고 있고, 사랑의 교회 역시 제자훈련을
　　전 연령층으로 확대하고 있으며, 활천제일교회 역시 노년중심으로 성장
　　하고 있지만 지역 청소년들을 위한 공간 등을 통해 교육목회를 확대하
　　고 있다.
64) 현재는 전체 교인의 수에 주일학교 학생 50%(약 5,000명)과 장년부 예
　　배에 50% 참여(약 5,000명) 출석.(담임목사 소개란 참고,
　　http://www.flowergardentv.com/)

여 성공적으로 교회성장을 이루어 가고 있다.

청소년교육목회의 사례를 통해 살펴본 안산동산교회는 안산동산고
등학교를 통해 청소년교육과 안산 지역 주민들과 공단의 직장인들을
위한 학교 강단과 시설을 개방하여 지역시민교육, 문화센터 운영, 지
역사회봉사 등을 통해 전 연령층으로 확대하는 제2의 상록수 운동
등을 통해 교회가 지속적인 성장을 이룰 수 있도록 하였으며, 특히
지역기관과 중소교회가 연합[65]하여 지역복음화 전략을 세워가는 것
은 오늘날의 교회가 지향할 좋은 사례가 되고 있다.

청년목회를 중심으로 하여 미래 주일학교의 성장과 동시에 젊은교
회의 이미지를 강조하는 삼일교회의 사례를 통해 구체적인 성장관련
요인들을 살펴보았다. 특별히 삼일교회는 현재 약 12,000여 명의 교
인 중 청년이 9,000여 명이고 주일학교 학생들이 700~800여 명인
데, 다음과 같은 두 가지 특징이 있다. 그중에 하나가 5~10년 이후
삼일교회는 주일학교가 자연 증가할 것으로 예상하고 있다. 그 이유
는 젊은 청년들이 결혼을 하고 가정을 이루면서 자녀들이 함께 출석
하게 되는 시기에 자연스럽게 주일학교가 성장할 것으로 기대하고
있다.

---

65) 김인중, "미래목회, 패러다임 전환이 우선입니다" op. cit., pp.156-159
　　"청소년목회를 중심으로 시민사회 교육과 문화센터를 겸한 목회 패러
　　다임을 내부적으로 두 번이나 전환에 성공하며 성장을 이지속적으로
　　이루어 가고 있다"

또 한 가지는 열악한 환경이지만 환경적인 요인을 극복하고 지속적으로 성장할 수 있도록 하기 위해 숙명여대강단과 선린정보학원 등을 통해 교육관으로 활용하고 있다는 것이다. 물론 예배 시작 전과 후에 예배준비를 위한 상당한 시간이 소요되지만 환경적인 요인을 잘 극복함으로 인해 교회성장을 이루어 가는 좋은 사례가 되고 있다. 또한 자연스럽게 청년들이 찾아오고, 중고등학생들이 관련 학원이나 학교 등을 통하여 교회의 인식 전환이 이루어지고, 이들로 하여금 교회에 참여케 하는 목회적인 전략이 돋보인다.

장년교육목회를 중심으로 성장하는 사랑의 교회는 장년을 위한 제자훈련 사역 훈련을 통한 지속적인 교육목회를 통해 교회가 성장하고 있다. 특히 훈련된 일꾼들이 각 기관 각 영역에서 헌신 봉사하며 사역함을 통해 목회의 활력을 새롭게 높여 가고 있으며 특히 제자훈련을 청년, 청소년, 어린이 등으로 확대하고, 노년을 위한 포에버 평생교육 등을 통해 교육목회의 확대는 전 연령층을 교육함으로써 사역자로서의 재능 있는 교인 양육과 헌신을 겸하는 제자훈련은 한국의 대표적인 사례로 소개되고 있다. 특히 최근에 오정현 목사로 이어지는 후임목회자의 목회 패러다임 역시 교육목회로 이어지는 것은 매우 특별한 성공사례가 되어가고 있음을 보여주고 있다.

노년교육목회를 지향하는 활천제일교회는 노년 교육목회를 통해 성장하고 있는데 앞의 사례에서 밝힌 대로 활천제일교회는 주변의 노인정과 사회공공기관과 협력하여 노인목회에 전력하고 있다. 그 결과 3여 년 만에 600여 명이 등록하였다. 이는 노년교육목회를 통해 성장할 수 있는 전략을 보여주는 것인데, 특히 김세중 목사는 노년 목회를 통해 도시 주변산업공단을 중심한 사회문제를 분석하여 노년 목회를 중심으로 청소년 복지 등으로 확대하며, 교육목회를 통해 건강하게 지역사회에 중심적인 역할을 감당하며, 교회성장을 이루어가고 있다.

이런 전 연령층을 대상으로 한 교육목회는 교회의 성장에 균형을 잡아주며, 골고루 성장할 수 있도록 하는 목회적인 효과이다. 물론 특정연령층만으로도 상당한 성장을 이룰 수 있지만 전 연령층을 대상으로 교육목회를 한다는 것이 더욱 효과적인 성장을 이룰 수 있을 것임이 더욱 분명한 일이다. 따라서 전 연령층 교육목회를 통해 지금의 교회성장 기회와 미래 지속적인 성장의 기대를 가능케 하는 것이 된다.

전 연령층을 교육목회하기 위한 방안으로서는 첫째, 목회 패러다임이 전 연령층 교육목회로의 패러다임의 전환이 필요하다. 즉 전 연령층의 교육목회를 위한 구체적인 목회 계획이 세워져야 하며 균형잡힌 교육목회를 위한 세부적인 방안을 모색해야 한다.

둘째, 각 연령층에 대한 바른 이해와 효과적인 목회를 위해 대상을 분명히 분석하고 그에 적절한 목회가 이루어질 수 있도록 하기 위한 방안을 찾아야 한다.

셋째, 각 연령층의 교육목회에 대한 이해가 전제되었다면 적절한 교육과 성장을 위한 비전을 찾아 제시하고, 목회적 역량을 분석하여 적용할 수 있는 방안을 찾는다.

넷째, 적용방안을 찾았다면 구체적인 접근을 위해 교회 구성원들에게 협력을 요청하며 목회 비전을 제시하여 협력을 요청한다. 이 요청에 적절하게 응하는 협력자와 구체적인 협력방안을 찾아 전담케 한다.

다섯째, 전담하는 사역자들과 항상 목회 패러다임을 공유하며, 교육목회의 본질을 지속적으로 제시하여 준다. 특히, 사역자들뿐만 아니라 교육목회 대상자들 역시 목회자의 교육목회 패러다임을 잘 이해할 수 있도록 교회 전체에 공유케 한다.

전 연령층교육목회에 주의해야 할 것은 교육목회 대상자 중에는 장기적인 교육목회를 지속적으로 받아야 하는 경우의 연령층이 있고, 교육목회를 받으면서 협력할 연령층이 있다. 예를 들면 어린이나 청소년들은 장기적인 교육목회 대상으로서 배우며, 훈련되는 연령층으로서 교육 수요자로서의 전적 교육목회가 이루어져야 하는 대상이라면 청년층이나 장년층의 경우는 교육목회의 대상자이자 협력자(봉사자)가 될 수 있음으로 교육목회를 적절하게 하면 좋을 것이다. 즉 교육목회와 함께 협력자로도 봉사케 하는 교육목회의 역량이 필요하다. 그러므로 적절한 연령층에 맞는 교육목회가 필요하다.

전반적인 교육목회의 계획에 따른 목회 패러다임의 집중이 적절하게 단계와 순차를 정하여 진행하면 효과적인데, 실제로 적용하기 위해서는 개별연령층 교육목회, 통합연령층 교육목회 등의 다양한 방법을 연구하여 교육목회를 실시하는 것이 효과적이다.

그러나 목회자의 교육목회 프로그램과 교육목회 전략이 없다면 효과적인 목회활동이 제안될 수 있다.

교육목회 대상, 환경적 요건, 교인 분포도에 따라 적절하게 교육목회 비중을 조절하는 것도 효과적인데, 이때 다른 연령층을 위한 교육목회 배려도 항상 염두에 두는 것이 중요하다.

3. 전인교육

지금까지의 교회교육은 성경공부를 중심으로 한 교육이 거의 대부분이다. 간혹 삶의 적용이나 제직훈련 외 특별성경공부(인물, 교리 등)교육을 위한 제자훈련 등이 현대 한국교회 중심적인 교육목회로 자리잡고 있다. 그러나 실제로 교육목회의 영역은 상당히 확대되어야 할 필요가 있다. 즉 교인들의 전 생애 삶에 대한 교육목회가 이루어져야 한다. 초대교회의 교육목회는 예수를 믿기로 고백하고 세례 받으며, 함께 초대교회의 삶을 살아가는 이들은 사도들의 가르침에 감동받으며, 실제 삶으로 이어가는 역사(행2:41~47)들은 오늘날의 한국교회가 지향해야 할 목회임을 살펴보았다.

그뿐만 아니라 일주일에 한 번의 신앙 교육목회는 전 생애의 삶에 매우 중요한 시간이다. 하지만 실제로 우리의 전 생애 삶에 지표가 되는 성경과 함께 전 생애 삶의 변화와 성숙을 위해서는 날마다 말씀을 상고하며, 삶의 바른 지표를 밝히 보여주며, 인도할 교육목회는 단순한 성경공부만으로는 부족하다. 현대인들의 삶의 가치와 여가활용이 다양한 분야에서 이루어지는 반면에 오늘날의 교회는 성경공부나 설교에 국한된 목회를 이제는 전 연령층으로 확대해야 한다.

본 연구에서 제시한 전인교육목회는 성경공부뿐만 아니라 전 생애 삶에 필요한 교육[66]이다. 즉 성경적인 교육목회를 통해 교인들의 삶을 바르게 인도하며 가르치며, 복된 삶을 누릴 수 있도록 하는 교육목회를 통해 삶의 가치를 되찾으며, 즐겁고 행복한 복된 삶을 누릴 수 있도록 하기 위한 대안이다.[67] 실제로 일부 교회들은 소그룹 공동체 활동으로 활발하게 성장하고 있고,[68] 평신도 사역자들을 훈련시켜 교회봉사뿐만 아니라 목회에 협력자로 나아가 교회 선교봉사에 적극적인 활동을 통해 새로운 삶의 즐거움을 누리는 일들,[69] 교회교육봉사 활동을 통해 교회 내외 섬김과 봉사를 통한 교회 전체 이미

---

66) James D. Smart, *The Teaching Ministry of the Church, op. cit.*, pp.150-180.
67) 안재은, 「훈련받는 제자 일하는 제자」(서울: 예루살렘, 2005), 뒷표지면. 안재은 교수는 성도를 제자로 삼아 하나님 나라의 사역자로 세우는 일은 "교회의 사역 중에서 가장 중심 되는 사명에 속한 일이다. 지식전달이나 전도인 양성은 오히려 부차적인 일에 속한 일이며 제자훈련의 진정한 목적은 믿는 자가 인격적인 예수를 닮아 가는 성숙한 그리스도인이 되어 예수의 증인으로 일하는 사역자가 되며 그리스도의 몸을 세워 이 땅에 하나님의 나라를 완성하는 것이다."라고 말하고 있다.
68) 여의도순복음교회, 지구촌교회, 사랑의 교회, 온누리교회, 호산나교회 등 국내 많은 교회들이 소그룹을 통한 교회성장을 이루어 가고 있다.
69) 사랑의 교회, 향상교회, 영락교회, 제자교회, 할렐루야교회 등이 있다.

지 개선에도 상당한 효과를 발휘하게 될 것이며,[70] 기독교 문화 활동을 통해 세속화되고 퇴패한 사회문화를 건전하게 이끌어 가고 있는 효과적인 역할들을 감당하고 있는 교회[71]들이 다수 생겨나고 있는 것은 상당히 고무적인 일이다. 하지만 대부분의 중소교회는 예배, 심방, 성경공부 중심의 목회가 대부분이다.

또한 일부 교회에서 실시하는 전인교육들 중에는 실제로 전인교육 목회를 실시함에 있어서 의외로 신학적 검증이 없이, 무분별하게 도입함으로 인해 교회 기능적 문제와 신학적 문제, 그리고 적용에 대한 임상결과의 부족으로 오는 문제 등 교회가 일반 사회단체(모임)로, 학원으로, 극장으로, 사회놀이 센터로 전락해 버리거나 교회의 본래 기능과 본질이 퇴색되기도 한다.

이런 현상들이 간혹 발생하는 이유는 목회자들의 목회 패러다임이 분명하지 못하기 때문이며, 목회에 대한 바른 이해와 적용의 부족으로 인해 오는 문제들이다. 그렇다면 오늘날의 전인교육목회를 어떻게 한국교회에 적용될 수 있을까? 그 방안을 살펴보면 다음과 같다.

첫째, 소그룹 공동체 활성화와 교회성장을 위해서는 ① 전체 교회의 목표와 조화를 이루도록 해야 하며, 동시에 소그룹 구성원 개개인이 성장할 수 있도록 하기 위한 필요성을 살펴야 한다. ② 소그룹

---

70) 군포제일교회, 일산동안교회, 분당서광교회 등이 있다.
71) 창천교회, 새안산레포츠교회, 서울극장의 사랑의 초대, 예능교회의 거리 춤 전도, 평촌교회의 콘서트 뮤지컬 등이 있다.

의 모임에서 양육이 이루어져야 한다. ③ 소그룹모임에 반드시 예배가 있어야 한다. ④ 소그룹모임에 전도와 선교, 봉사가 병행되어야 한다. 매번 모임을 가지면서 이런 것들이 갖추어져야 하며, 소그룹모임이 유기적 활성화를 이룰 수 있도록 하면 효과적으로 활용할 수 있다.

이런 소그룹의 활동은 공동체 내에 활성화가 이루어진다면 동시에 전 교회에 영향을 미칠 수 있다. 이때 소그룹의 목적이 교회의 목적과 대치되면 상당한 문제를 야기할 수 있음으로 항상 교회 전체에 대한 긴밀한 협력이 필요하다. 따라서 목회자는 소그룹 지도자들을 정기적으로 불러 교육을 통해 목회에 대한 이해를 높여야 하며, 동시에 효과적인 운영을 위한 지도가 선행되어야 한다.

소그룹의 활성화를 위해[72] 연령별, 은사별, 활동별로 연차적으로 그룹의 모임을 구별하여 줄 필요가 있다. 특히 그룹 내에 문제가 야기되거나(리더자, 그룹 구성원, 환경적인 요인, 모임 성격 등) 일정한 기간이 경과한 경우에 정기적인 그룹운영의 분리, 새로운 그룹형성 등이 이루어져야 하는데, 그 주기는 약 1년~1년 6개월이 적당하다. 또한 그룹을 분리할 시는 그룹의 인원이 적정선(7명~12명 이내)이 넘으면, 분리할 필요가 있고, 그룹의 활성화가 미진하여 활동이 저조하면 적절한 시기에 그룹을 분리 또는 해체하여 새롭게 형성할 수 있도록 하는 것이 효과적이다.[73] 이렇게 함으로 교회 내 소그룹의

---

72) 안재은, 「소그룹과 교회성장」, *op. cit.*, pp.54~59. 64~74. 102~107.
73) Clyde Reid, *Groups Church Alive*, *op. cit.*, pp.44~54.

모임이 교회, 즉 대그룹과 적절한 조화를 이룰 수 있도록 한다면 교회성장에 좋은 결과를 가져올 것이다.

둘째, 평신도사역자 교육목회는 오늘날 한국교회의 중요한 과제이다. 대부분의 교회들이 평신도 사역자들로 통해 교회성장의 새로운 경험을 하고 있다. 실제로 목회전문가인 목회자가 사회 전반적인 영역, 예를 들면 정치, 경제, 사회, 문화, 의료, 환경, 경영, 미디어, 판매, 생산, 관리, 교육 등 다양한 분야에 대한 현대적인 전문지식이 부족하다. 그렇다고 교회 구성원들에 대한 목회적 소양을 다하지 못한다는 것은 아니지만 효과적인 목회가 이루어지지 못하고 있다. 예를 들면 목회자가 사회복지 전문가가 아니기 때문에 사회복지 관련하여 자격증을 따거나 이차적인 전문소양교육을 받지 않고서는 교회가 사회복지를 효과적으로 할 수 없다.

또한 상담 역시 목회자가 상담전문가가 되기 위해서는 상담에 대한 기본 지식과 자격을 갖추어야 한다. 이렇듯 과거에 비해 오늘날에 현대사회가 요구하는 전문지식이 날로 높아가고 있으며 교회구성원의 요구 또한 높아지고 있는 이 시점에서 목회자가 설교나 심방만으로도 모든 것이 해결된다는 초보적인 지식이나 목회 소양으로는 모든 것을 감당할 수 없다. 그러나 목회자가 평신도들을 통해 전문적인 분야의 목회적인 역할을 담당케 함으로 효과적인 목회가 이루어질 수 있다. 실제로 상당한 교회들은 평신도들을 작은 예수, 평신도 목회자, 목장, 순장 등의 명칭을 부여하고 있으며 심지어 어떤 교회는 목회자의 주 사역인 성찬과 세례, 설교 등 목회자들의 중요한 영역까지 평신도들에게 위임하여 소그룹을 운영하려고 시도하는 교회74)들이 나타나고 있다.

　평신도 사역자들을 활성화하여 교회성장을 이루기 위해서는 다음과 같은 부분의 주의가 필요하다. 그것은 ① 소그룹과 대그룹, 즉 교회 전체에 균형이 있어야 한다. 그러므로 소그룹지도자는 교회 전체의 흐름을 잘 파악할 수 있도록 해야 한다. ② 성도 간에 건강한 관계를 조성해야 한다. ③ 주장하는 자세를 버리고 과정을 인도하는 인도자가 되도록 해야 한다. ④ 소그룹 활성화를 위해 그룹 내 문화와 성장에 대한 변화가 갑자기 일어나지 않도록 준비-계획-적용의 적절한 시기와 내용을 구성원에 맞추어 적용해야 한다. ⑤ 다른 소그룹, 즉 교회 내 구성된 조직과의 조화를 이룰 수 있도록 해야 한다. ⑥ 그룹 내 심각한 삼각관계에 휘말리지 않도록 한다. ⑦ 정기적인 훈련 등을 통해 지도력과 소양을 갖출 수 있도록 해야 한다. ⑧ 무엇보다 목회자가 평신도 사역자를 훈련시켜 목회 사역에 협력자로 사역을 세우기 위한다면 어떤 사람이 목회 사역에 도움이 되는지 누구를 세워야 할지를 고려해야 한다.75) 만약 인격과 재능과 은사가 부족한 사람이 세워졌을 경우 오히려 교회문제를 야기하는 경우가

---

74) 이 부분의 연구자의 개인적인 의견임을 밝히며, 실제로 소그룹 운동으로 활발하게 활동하고 성장하는 일부 교회들의 담임목회자들과 인터뷰한 내용의 일부분이며, 상당한 교회들 중에는 이런 견해를 가진 목회자들이 있다. 인터뷰한 교회 30개 교회 중 7개 교회 담임 목회자의 의견이며, 현재는 매우 조심스럽게 접근하고 있다고 소견을 밝혔다. 특히, 이 부분은 개별 교회의 명칭과 담임 목회자의 신상을 공개하는 것이 적절하지 못하다는 생각에서 내용만 밝힌다.

75) 안재은, 「제자훈련과 교회성장」, *op. cit.*, pp.156~160.

발생할 수 있으며, 소그룹의 활동이 저해되거나, 심각한 오류에 빠질 수 있다.

셋째, 섬김과 봉사를 통한 전인교육목회는 진정한 교회성장의 기회를 제공해 준다. 그러므로 교회가 감당할 수 있다면 아니 개개인의 교인들이 할 수만 있다면 섬김과 봉사를 통해 그리스도인의 삶의 가치를 새롭게 누리게 하며, 그리스도의 사랑과 복음 전파를 위한 실천적인 헌신은 교회의 이미지를 새롭게 하게 된다.

지금까지의 한국교회가 대 사회적인 책임과 교회 내에 직분자로서의 사명을 감당하지 못함으로 인해 한국교회는 성장하지 못하는 결과를 가져왔다. 하지만 일부 깨어 있는 교회들은 이 사역을 통해 지역사회의 필요를 채워주고, 교회성장의 기회를 잡는 결과를 가져왔다. 예를 들면 사회복지활동(독거노인 돕기, 노숙자 쉼터, 청소년 상담, 어린이 공부방, 도시락 나눔 등), 지역 간의 조화(도시, 농촌, 농산물 장터, 바자회 등), 문화센터(축구교실, 음악교실, 수영장, 체육관 등)의 운영을 통해 교회가 활성화되고, 전도의 기회를 확보하고 있다. 이 같은 좋은 결과들이 생겨나고 있지만 일부에서는 오히려 부작용도 상당히 나타나고 있다.

교회가 사회복지기관으로 전락하거나 금전적 수입의 기대로 인해 교회가 사기업화되거나, 심지어 불법과 불의를 저질러 교회의 이미지를 흐리게 하며 사회문제로 나타나는 복지 시설(활동), 바자회 장터 등은 교회가 다시 한 번 점검해야 하는 중요한 문제들 중의 하나로 나타나고 있다. 그러므로 효과적인 섬김과 봉사가 이루어지기 위해서는 교회목회자나 교인들의 소양교육이 충분히 이루어져야 하며, 성경적, 신학적 판단과 이해의 바탕에 따라 시행하여야 한다.

또한 교회의 규모와 감당할 능력이 있는지 그리고 지역사회에 꼭 필요한 것인지 면밀히 분석하고 교회 내의 구성원 간의 협의에 의해 이루어져야 하며, 지나친 수입이나 이익을 앞세울 것이 아니라 복음 전파를 위한 토대가 기본적으로 세워져야 한다. 그리고 주변 이해 단체와 교회 등과 연계하여 활동하는 것이 효과적이며, 장, 단기적인 계획이 세워진 다음에 진행하는 것이 좋다. 무엇보다 목회자의 교육 목회 패러다임이 세워지지 않고 지속적으로 시행할 수 없다면 시작 하지 않는 것도 좋다. 즉 목회자가 철저한 이해과 적용을 위한 준비 가 우선적으로 이루어져야 가능하다.

넷째, 기독교문화 활성화 교육목회를 통한 교회성장은 매우 중요 한 사회적 트렌드(trend)가 되고 있다. 그러나 실제적으로는 사회에 영향을 미치지 못하는 것은 무엇 때문일까? 그것은 지금까지의 기독 교문화가 오히려 퇴보되는 경향을 보이고 있다. 이것은 오늘날의 문 화 경향이 물질중심, 인간중심, 세속주의 문화로 달려가고 있는데, 반하여 지금까지의 기독교문화는 이에 대한 해답을 주지 못하거나 발전하지 못함으로 오는 사회적 정체 현상일 것이다.

맹용길 교수는 기독교문화의 활성화를 위해서는 제일 먼저 기독교 생명문화로 신세대의 쾌락문화에 대해 도전해야 하며, 신세대의 편 리를 우선하는 생활문화에 대해 기독교 생명문화로 도전할 것과, 신세대의 자유로운 표현주의를 합리적이고 논리적인 근거에 대해 개방적인 태도를 취해야 한다.

또한 신세대의 일하지 않는 유혹 시간 악용의 새로운 덕에 대해 도전의식을 가지고 일하면서 즐거움을 찾는 방법을 제공해 주어야 하며, 신세대의 대안적 문화를 맹목적으로 비판하지 말고 건전한 판단을 위해 신세대에게 심령이 청결해야 하고, 의를 위해 핍박을 받으며, 굶주리고 목말라야 하며 평화를 만드는 자로서 새로운 세대가 되도록 가르쳐야 할 것이[76]라고 말하고 있다. 즉 심각한 사회문화에 대한 기독교문화의 주체적인 문화사역을 강조하고 있다.

그러므로 한국교회는 오늘날의 기독교문화에 대한 공간을 만들어야 하며, 사회문화를 정확히 이해하고, 교육목회적인 방법을 통한 새로운 대안을 찾아 지속적으로 기독교문화 활성화와 교회성장을 이루기 위해서는 먼저 대중문화에 대한 바른 이해가 필요하다. 이를 위해 대중문화를 활용한 교육목회가 시행되도록 해야 한다. 그리고 대중문화를 순환시킬 수 있도록 하기 위한 콘텐츠(Contents) 개발이 필요하며, 대중문화 검정과 비평적인 사고를 키우며 기독교 세계관의 관점을 심어 줌으로 사회에 대한 대중문화에 대한 이해와 적용이 잘 이루어질 수 있도록 가르쳐야 한다.

---

76) 맹용길, 「기독교윤리와 생활문화」(서울: 쿰란출판사, 1998), pp.284~289.

4. 공공기관과 교육목회 연계

교회가 공공기관과 연계하여 교회성장의 효과를 타나낼 수 있는 공공장소활용을 통한 교회성장, 교회와 공공기관의 연계를 통한 교회성장, 교회 공간 활용을 통한 교회성장, 교회교육과 학교교육의 연계를 통한 교회성장의 방안을 앞에서 살펴보았다.

그 결과에 대하여는, 첫째, 교회가 사회공공기관을 활용하여 성장하고 있는 교회로 삼일교회를 비롯하여 우리들교회, 높은뜻숭의교회, 나들목 사랑의 교회, 분당우리교회, 등은 교회의 공간 부족과 효과적인 교육목회를 위해 학교와 연계하여 목회가 이루어지고 있다. 이들 교회들은 대체적으로 학교 강단이나 교실 등을 활용하여 소그룹 교육이 활성화되고 있으며, 강단을 이용하여 더욱더 많은 대중들이 모여 예배에 참여할 수 있고, 편리함과 안정성, 주차장 확보 등의 용이함으로 인해 일반인들이나 교인들이 쉽게 찾아올 수 있었다. 그리고 각종 교회 행사와 학교 행사를 적절히 조율하여 활용함으로써 전도의 효율성과 교육적 효율성이 용이하였다. 그 외에 새길교회, 디딤돌교회, 온누리교회의 청년모임, 창천교회 등의 기독교 관련 장소나 공공기관, 회사 강당, 극장 등을 이용한 목회활동도 다양하게 나타나고 있는 것을 살펴보았다.

둘째, 교회가 사회 공공기관과 연계하여 교육, 문화 활동, 사회복지, 민원봉사, 푸드뱅크(Food Bank) 등 사회에 필요한 자원봉사 인력과 재정 등 필요한 일들을 도움으로 교회의 문턱이 낮아지고, 교인들이나 교인이 아니더라도 교회의 모든 활동에 참여하며, 연관을 통해 직접, 간접적인 교회성장의 효과가 나타나고 있음을 살펴보았다.

셋째, 교회가 교회공간을 활용하여 지역사회나 공공기관의 필요한 부분을 제공하고 있는데, 온천교회를 비롯하여 서울영동교회, 새중앙교회 등은 토요학교(주말학교) 그리고 수원성교회, 광양대광교회, 영도교회, 신일교회 등을 비롯하여 주중 교육, 그 외에 사회복지 시설과 기타 자원봉사를 비롯하여 교회가 교회공간을 개방하여 지역주민의 쉼터, 주민교실 등을 통해 교회와 지역공공기관과 연계함으로 교회성장을 이루어 가는 교회들이 있다.

넷째, 교회교육활성화를 위해 학교교육과 연계한 교회교육을 통해 교회학교의 활성화가 이루어지고, 색다른 성경공부를 통해 이해와 적용이 더 편리하며 효과적이고 성경공부의 새로운 방법이 되었고, 성경공부를 병행함으로 학교교육, 즉 학업성적에도 상당한 영향을 주었다.

이런 연계방안을 통해 교회가 지속적이고 건강한 교회로 성장하기 위해서는 다음과 같은 대안을 통해 교회성장방안을 찾을 수 있을 것이다. 첫째, 공공장소활용을 통한 교회성장을 위해서는, ① 교회 내의 교육목회의 패러다임을 전환하여 교회시설 외 다음 공공기관의 시설 활용에 대한 이해가 선행되고, 교회구성원들과의 충분한 이해를 바탕으로 하여 추진되어야 한다.

② 장소의 선정에 있어서 너무 세속적인 장소보다는 건전한 장소, 사람들이 편안하게 이용할 수 있는 장소를 택할 필요가 있으며, 교회와 멀지 않는 곳을 택하여 교회시설과 병행하는 것이 좋다.

③ 오늘날의 교회 밖의 시설 활용을 통한 교육목회 양향을 넓히기 위해 다양한 문화 활동, 즉 신앙체험학습(국내 신앙유적지 순례), 도시와 농촌 간의 연계, 각종 국공립 시설이용 등을 활용하며 정기적인 교회 밖 교육목회를 실시할 프로그램 활용이 필요하다. 본 연구에서 제시한 교육목회 실제 프로그램을 통해 주기적인 활동은 교회 구성원의 활력이 될 수 있으며, 효과적인 사회 교육이 병행될 수 있다.

④ 공공기관을 활용할 때 앞에서 밝힌 대로 대상 기관과의 협조가 필요하며, 무리한 요구나 서전 준비 없이 이행함으로 인해 오히려 교회 이미지에 손상이 될 수 있음으로 적절한 기본 지적을 갖추어 연계하면 좋을 것이다.

둘째, 공공기관과 연합하여 지역사회 봉사활동을 하기 위해서는 지역사회의 필요성을 살펴보고 교회가 감당할 수 있는 일을 감당하고자 할 때 반드시 지역사회단체, 주변 교회들과 연합하는 것이 효과적이다. 무리한 사회봉사활동은 오히려 교회의 신앙생활을 방해하는 일이 된다. 따라서 정기적인 시설방문, 사회 봉사활동이 이루어지게 하고, 동원하는 일력이 부족함을 보충할 수 있도록 항상 연대하는 것이 효과적이다. 이때도 교회는 교회가 감당할 수 있는 부분과 협력할 수 있는 부분을 선별하여 활동하는 것이 효과적이며, 또 교회행사나 주변 연합행사를 통해 지역복음화 전략을 세워 활동하는 것도 좋을 것이다.

셋째, 교회 공간 활용을 통해 공공기관과 연계하는 것은 매우 중요한 일이다. 특히 학교 행사나 지역 공공기관에서 모임을 요청하거나 특별한 교육을 위한 장소 사용을 요청할 때 지혜롭게 대처할 필요가 있다. 그런데 이때 중소 교회나 교육관이 따로 없는 교회는 장소 사용으로 인해 교회 구성원과의 적절한 이해가 없이 개방할 경우 일부교인들의 반발을 일으킬 수 있음으로 적절한 논의가 필요하다. 그리고 개방하여 사회 공공단체에 교회 공간을 사용하도록 할 때 반드시 상업적인지 공공성이 있는지 등을 살펴 절적한 대안 없이 무조건 개방하는 것도 적절치 않다.

특히 상업적인 이익을 위해 수요예배나 심지어 주일 예배에 광고 형태로 지역 홍보, 농수산물 홍보를 빌미로 교회를 사용하려는 몰지각한 사람들이 있음을 경계할 필요가 있다. 그리고 선교단체를 가장하여 교회 공간을 사용하는 부도덕한 경우가 있음으로 교회는 항상 살펴보고 교인들이나 교회에 피해가 없도록 적절히 교육할 필요가 있다.

넷째, 성경공부를 학교공부와 연계한 교육 프로그램은 단순한 학습 효과 외에 성경을 좀 더 쉽게 이해하며, 다양한 학습방법을 착안하게 되었는데 앞으로도 구체적인 연구와 교제개발이 개별 교회뿐만 아니라. 각 교단이 중심이 되어 지속적인 교제 연구와 함께 학습자의 입장과 사회적인 적용을 위한 연구가 지속적으로 선행되어야 한다. 그리고 다양한 학습방법을 동원하여 교회교육을 실시하려는 교회는 교육목회자가 항상 연구하며 꾸준히 교제를 개발하여야 하는데 반드시 성경적인 기초와 신학적인 점검이 병행되어야 한다.

그리고 대상에 따른 학습효과가 달리 나타날 수 있음으로 전공 분야에 관련하여 주변 목회자들과 연구모임을 통해 교제 연구 활동과 목회정보교환 등을 통한 교제가 병행되면 더욱더 효과적이다. 또한 단순한 적용, 단순한 학습만으로 본래 성경공부의 목적인 신앙성장은 이루어질 수 없음으로 항상 실천적인 신앙활동도 병행하여 시행하면 좋은 효과를 나타낼 수 있다.

그리고 어린이나 청소년들은 매일, 일정한 기간이나 정기모임 때 교회에서 교리교육을 비롯하여 성경 읽기, 쓰기, 성경의 의미 뜻을 파악하며, 성경에 대한 이해와 적용을 위한 작문학습 등을 꾸준히 해 주어야 할 필요성이 있다. 청년이나 성인 교육에서는 기초적인 지식학습 외에 적용과 실천을 할 수 있는 교육프로그램을 병행하는 것도 좋을 것이다.

지금까지 2장에서 교회성장과 교육목회에 대한 이해를 전제로 하여 3장에서 현대교회들의 목회 패러다임의 전환의 필요성과 원리를 살펴보고 실제 한국교회에 시급히 적용되어야 할 현대 교육목회 패러다임 실제를 살펴보고 4장에서 교육목회 프로그램의 실제적인 적용방안과 5장에서 교육목회를 실시하고 있는 교회들을 중심으로 교회성장 사례를 살펴보았고, 마지막으로 교육목회 프로그램을 실시한 결과를 토대로 앞으로 모든 한국교회가 교육목회를 실시함에 있어서 반드시 주의해야 할 것들을 간략하게 살펴보았다.

　　다음은 본 연구의 마지막 결론을 통해 목회 패러다임을 교육목회로 패러다임을 전환하여 교회성장을 이룰 수 있도록 하기 위한 본 연구에서 제시한 교육목회 프로그램을 중심으로 본 연구의 내용을 정리하도록 하겠다.

제 6 장

결 론

　　지금까지 교육목회로의 패러다임 전환을 위한 교회 성장을 교
회성장 방안에 대한 이론적 근거와 현재 한국교회에 시급히 적
용되어야 할 교육목회 프로그램의 실제 적용방법과 성공 세례를
중심으로 그 결과를 살펴보았다. 이제 본고를 요약하고 몇 가지
제안을 하고자 한다.

제1절 요　약

　교육목회를 통해 교회성장을 이루는 것은 지극히 당연한 일이며, 오늘날 한국교회가 지속적이고 건강한 교회성장을 기대한다면 반드시 지향해야 할 목회 패러다임이다. 그러나 지금까지의 한국교회는 교회 역사 속에 나타난 교회성장의 본래 목회 패러다임을 잃어버리고 담임 목회자 혼자만의 사역과 책임을 감당함으로 인해 목회에 무리한 일들이 발생하게 되었으며, 또한 현대교회의 개체교회 중심적인 목회 패러다임으로 인해 주변교회와의 연합으로 인한 건전한 교회성장을 이루지 못하고 양적 성장을 위한 개체교회 성장제일주의에 빠져 무리한 목회를 시행하게 되었다.

　그 결과 신학 검증이 없는 프로그램 도입으로 인한 교회 내에 신학 사상의 정체성과 혼란, 말씀의 실천이 빠진 이론적인 설교중심의 목회, 시대변화와 사회개혁에 대한 말씀의 제시보다 방어적 자세로 인한 현상유지를 위한 시대적 변화에 적응하지 못하는 단순한 목회 패러다임만의 고집으로 오늘날 한국교회는 더 이상의 성장을 기대할 수 없는 침체기를 맞이하게 된 것이다. 따라서 이러한 현상들을 극복하고 한국교회의 성장을 이루기 위한 방법으로 본 연구에서는 어떻게 하면 교육목회로의 패러다임 전환을 통한 교회 성장을 이룰 수 있는지에 대하여 그 연구 방안을 다루었다.

제1장 서론에서는 지금 한국교회에서의 교회 성장이 침체되어 있는 이유로 양적(수적) 감소현상과 성장둔화 현상을 지적하였는데 그 모든 근본적인 원인은 전인적(全人的)인 성장(엡4:13), 즉 지속적이고 건강한 교회성장을 위한 교육목회 패러다임의 전환을 도입하지 않았기 때문임을 지적하였다. 따라서 본 연구의 목적은 특별히 교육목회로의 패러다임전환을 통한 교회 성장방안을 위한 방안을 제시하는 것임을 밝힘과 동시에 본 연구의 연구 배경과 연구목적, 연구방법과 논문구성, 연구의 의의 및 제한점 그리고 연구의 자료 및 용어의 정의를 제시하였다.

제2장에서는 교회성장과 교육목회에 대해 교회성장과 교육목회에 대한 전체적인 이해 및 교회성장과 교육목회의 상관관계에 대하여 이론적, 신학적, 성경적 근거 및 역사적 근거를 중심으로 고찰해 보았다.

첫째로, 교회성장에 대한 이해로서 일반적, 성경적 개념이해 및 교회성장의 기본유형과 교회성장 학자들의 성장 원리를 살펴보았다.

둘째로, 교육목회에 대한 전제적 이해를 위해 교회본질적인 측면에서 교육목회를 살펴보고, 목회자의 역할로서의 교육목회에 대해 살펴보았으며, 교육목회에 대한 신학적, 성경적 의미를 살펴보았다. 그리고 교회성장과 교육목회의 상관관계를 역사적인 관점에서 살펴보았다.

　셋째로, 교회 성장과 교육목회의 상관관계로서 사도들의 교육목회와 종교개혁자들의 교육목회를 통한 종교개혁 및 주일학교운동과 한국교회의 교육목회를 통한 교회성장에 대하여 살펴보았다. 이런 전체적 이해를 통해 교회성장의 본질적인 회복과 지속적이고 건강한 성장과 교회의 양적, 질적, 영적 성장이 교육목회를 통해서만이 이룰 수 있음을 살펴보았다.

　제3장에서는 교육목회로의 패러다임 전환에 대하여 다음과 같은 세 가지를 제시하였다. 첫째로, 패러다임 전환의 필요성으로서, 한국사회의 패러다임의 변화와 한국교회의 패러다임의 문제 및 패러다임 전환의 시급한 요인들을 설명하고, 한국교회의 목회패러다임의 전환에 대하여 살펴보았다. 급속도로 변화하는 한국 사회에서 한국교회가 취할 것은 바로 목회 패러다임의 전환이 시급함을 확인하였고 대외적인 이미지 개선과 대 사회적인 책임, 말씀실천에 대한 이행 등 교회성장과 신앙성장을 위한 목회 패러다임의 지속적인 변화가 필요함을 살펴보았다.

　둘째로, 패러다임 전환의 원리로서, 먼저 전환 방법과 적용과정 및 패러다임의 구성요소 및 기본구조와 패러다임의 전환원칙을 설명하였다. 따라서 목회 패러다임을 교육목회 패러다임으로 실제로 전환할 수 있도록 하기 위해 패러다임 전환에 필요한 기본 원리를 제시하였고, 교육목회 패러다임의 구성 원리와 기본 구조를 바탕으로 하여 전환 시에 필요한 기본 원칙을 살펴보았다.

셋째로, 오늘날 한국교회에 교육목회 패러다임으로 제시할 방안을 초대교회를 모델로 하여 살펴보았다. ① 사도행전 2장 46절, 47절; 5장 42절의 말씀을 중심으로 주일중심의 목회 패러다임을 매일교육목회 패러다임으로 전환하는 방안

② 사도행전 5장 14절~16절 등의 말씀에서와 같이 특정 연령층 중심의 목회 패러다임을 전 연령층으로 교육대상 확대를 통한 교육목회로 전환하는 방안

③ 사도행전 2장 42절~47절; 3장 6절~8절; 5장 42절; 6장 1절~7절 등에서 볼 때에, 성경공부 중심의 목회 패러다임을 전인교육목회 패러다임으로 전환하는 방안

④ 사도행전 2장 이후 전장에서 사도들과 초대교회 집사들의 교육목회와 전도 역의 확대는 특정 지역에 한정되지 않았다. 따라서 오늘날 한국교회의 사회공공기관과 연계한 교육목회로의 패러다임전환 방안을 찾아보았다.

제4장에서는 초대교회를 모델로 제시된 교육목회 패러다임을 통해 현대 한국교회의 성장을 위해 제시한 교육목회 프로그램을 실제 적용 가능한 방법에 찾아보았다.

첫째로, 매일교육목회를 위해 매일 영적 성장예배(영어 예배, 일어 예배, 중국어 예배, 가정예배)와 영성회복 및 기도회(새벽기도회를 비롯하여 매일 저녁(철야) 기도회, 소그룹기도회, 개인기도(Q. T.포함), 전도 영역확장(기르는 전도방법, 모으는 전도방법, 전도 영역확

장 등) 및 매일 성경공부운동(성경대학 운영, 매일교회학교 운영, 대중매체를 통한 사이버교육)을 고찰해 보았다.

둘째, 교육목회 대상 확대에 관한 연구이다. 이를 위해서는 어린이 매일교회(Everyday Church)학교 운영과 청소년 비전(Vision)학교 운영 및 청장년 볼런티어(Volunteer)교육원 운영과 노년 평생교육원을 통한 교육목회 확대임을 다루어 보았다.

셋째로, 전인교육목회를 통한 목회의 적용이다. 전인교육목회를 통해 소그룹 공동체 운영을 통한 효과적인 성장 전략을 살펴보았고, 평신도들을 통해 목회의 협력자 전문 분야의 사역자로 양육훈련시켜 감당케 함으로 나타나는 전략적 효과, 전교인들에게 섬김과 봉사를 통한 교회실천 방안과 기독교문화 교육을 통한 활성화 전략을 살펴보았다.

넷째로, 사회공공기관과 연계하여 교육목회 할 수 있는 방안을 살펴보고 적용방법을 찾았는데, 사회공공기관 활용, 사회공공기관과 연계한 지역사회 봉사, 교회 공간 활용을 통한 지역사회 실천방안, 그리고 학교교육과 연계한 성경공부학습방법을 활성화하기 위해 학교공부와 연계한 교제 연구개발의 방안을 제시하였다.

제5장에서는 교육목회의 실제적인 적용사례와 결과에 대하여 첫째로, 교육목회의 사례로서 꽃동산교회의 어린이 교육목회, 안산동산교회의 청소년 교육목회, 삼일교회의 청장년 교육목회, 사랑의 교회의 장

년부 교육목회, 활천제일교회의 노년교육목회에 대하여 살펴보았다.

둘째로, 교육목회 프로그램 적용결과에 대하여 알아보았다. 즉 매일 교육목회, 전 연령층 교육목회, 전인교육목회, 공공기관과 연계한 교육목회에 대해 실제 프로그램 적용 결과를 중심으로 한국교회에서 4가지 방안을 중심으로 교육목회를 실시하기 위해서 선결되어야 할 것과 주의할 것 등을 살펴보았다.

제2절 제 언

지금까지 한국교회의 목회 패러다임의 위기에 대한 대각도의 논의가 진행되고 있지만 실제적으로 적용 가능한 목회패러다임이 절실히 요구되는바 본 연구에서는 교육목회로 패러다임 전환을 통해 교회성장 방안을 모색해 보았다. 전통적인 목회의 패러다임의 문제점을 보완하고 앞으로 지속적이고 건강한 교회성장을 위해서는 성경적, 신학적, 역사적 근거에 의한 전통적인 목회, 즉 교육목회를 통해 양적 성장만을 추구하는 목회 패러다임을 양적, 질적, 영적 성장을 위한 교육목회로 패러다임을 전환할 것을 강조하였다.

지금까지 순수한 기독교교육적인 측면에서 교육목회에 대한 연구가 활발히 진행되고 있지만 실제 교회성장과 연관하여 구체적인 교육목회의 연구가 절실히 필요한 시점에 본 연구에서 이에 관한 연구를 실시하였으며, 현대한국교회에 교육목회를 실시하기 위해 필요로 하고, 적용 가능한 교육목회 프로그램을 살펴보았다.

현재까지 살펴본 교육목회 프로그램은 앞으로도 계속적으로 평가되고 연구되어야 할 것이다. 특히, 주일중심의 교육목회를 매일교육목회로 전환하여 실시할 방안을 살펴보았지만 실제로 목회자의 패러다임만 전환해서는 아직 부족하며, 이와 관련하여 교회구조나 재정적인 지원 그리고 현대적용방법이 효과적으로 정착하기 위해서는 상당한 임상실험이 필요하며, 교육목회실시를 위한 지속적인 연구가 병행되어야 한다. 그리고 교육목회 대상을 확대하여 전 연령층으로 교육목회하기 위한 구체적인 실천과 감당할 수 있는 대안을 마련하여야 하는 과제도 있다. 또, 성경중심의 목회를 전인교육목회로 전환하기 위해서는 다양한 분야의 전문지식이 요구되는 인력도 충원되어야 한다.

마지막으로 공공기관과 연계한 교육목회 실시를 위해서도 상당한 교회의 이해가 없이는 불가능하다. 이런 실제적인 실천과제를 구체적으로 적용하기란 쉽지 않을 것으로 생각하고 포기하는 경우도 생길 수 있다. 그 이유는 구체적인 실례가 부족하기 때문이며 적용하기 위한 상당한 연구가 선행되어야 가능함을 알 수 있다. 그러므로 교육목회가 한국교회 정착되고 본 연구에서 제시한 4가지 방안(매일 교육목회, 교육목회 대상 확대, 전인교육목회, 공공기관과 연계한 교육목회)이 실천되기 위해서는 다음과 같은 몇 가지를 제언하고자 한다.

1. 성경적, 신학적 원리에 입각한 교육목회 패러다임이 세워져야 한다.

모든 목회는 성경과 개혁주의 신학에 바탕을 두어야 한다. 성장에 급급한 나머지 성경적인 목회를 한다고 하지만 실제 실천은 성경과 동떨어진 인간적인 목회, 경제 중심의 목회, 세속화된 목회로 인해 현대 한국교회가 심각한 성장 딜레마에 빠져 있다. 이것은 성경으로 돌아가자는 종교개혁자들의 말과 같이 근본적인 문제를 되새겨 보고, 우리의 문제를 성경적 신학적 입장에서 재정립해 봄으로써 바른 성경적 근거한 목회를 시행할 수 있는 것이다.

아무리 좋은 성장 프로그램이라도 성경에 근거하지 않고, 신학적으로 심각한 오류가 있는 것임에도 불구하고 무리하게 추진하면 그 결국은 성장하지 못하고, 오히려 교회의 대내외적인 문제와 사회적으로 비난받는 일이 생겨날 수 있다. 특히, 사회공공기관과 연계하는 프로그램이나 전인교육을 위한 프로그램 도입, 사회봉사활동 등을 시행할 때 목회자가 신학적인 분명한 지식이 부족하면 사회봉사 단체나 이익단체와 별반 다를 것이 없다.

어떤 목회자는 사회봉사를 많이 강조한 나머지 교회의 본래 기능은 무시하는 결과를 가져오며 선교적인 이해가 부족한 나머지 교회가 아닌 사회단체로 전락하는 경우가 종종발생하고 이익을 추구하기 위해 무리한 운영으로 사회적 지탄을 받는 경우가 발생하고 있다. 이런 경우들은 바로 성경적 신학적 바른 이해가 없이 시행한 결과일 것이다.

2. 지속적이고 건강한 교회성장을 위해서는 교육목회에 대한 이해와 연구가 지속적으로 이루어져야 한다.

교회가 성장할 수 있는 프로그램이 있다고 소문나기만 하면 무조건 도입하고 보자는 식의 목회 패러다임은 결코 좋은 패러다임이 될 수 없다. 그러나 지속적이고 건강한 교회성장을 위한 목회 패러다임이 정착되어야 하는데 그것이 바로 교육목회패러다임이다. 즉 교육목회 패러다임의 바른 이해와 지속적인 교육목회를 위한 연구가 선행되어야 가능하다는 뜻이다.

무분별한 프로그램 도입으로 상당수의 교회들이 내부 갈등을 겪고 있다. 이것은 단순한 교회자체의 문제가 아니다. 따라서 시일이 가더라도 반드시 극복해야 할 것은 지속적인 교육목회가 선행되어야 하는 것임을 볼 때에, 목회자는 반드시 교육목회에 대한 이해와 연구가 지속적으로 이루어지며 적용을 위한 목회 전략이 구체적으로 세워질 때 가능하게 된다. 그러기 위해서는 정기적으로 개인 연구, 그룹 연구, 연합모임 등을 통해 목회자의 재교육, 지속적인 연구(연구모임), 실천이 병행되어야 할 것이다.

3. 교회의 특성에 맞는 교육목회가 이루어져야 한다.

지금까지 교회성장을 위해 각종 성장 프로그램을 도입하여 실시하고 있는 교회들이 있다. 그러나 실제로 적용한 만큼 효과가 나타나지 않는 경우가 많이 발생하고 있다. 그것은 교회규모나 환경적인 요인, 구조적인 문제 등을 분석하지 않고, 목회자의 일방적인 추진으로 인해 나타나는 잘못된 현상이다. 따라서 교회성장을 위해 교회성장 프로그램을 도입하게 된다면 먼저, 교회환경적인 요인, 구조적인 문제, 재정적인 상황 등 입지조건을 잘 파악하고, 적용 가능한 구체적인 계획과 목회 패러다임에 따라 체계적인 교육목회가 시행되어야 한다.

4. 지속적이고 건강한 교회성장이 이루어지기 위해서는 교육목회 패러다임의 중장기적인 트렌드(trend)가 필요하다.

교회가 성장하기 위해서는 목회자는 교육목회 패러다임의 중장기적인 교회성장 트렌드가 개발되어야 하며 구체적으로 실천방안을 세워야 한다. 왜냐하면 중장기적인 교육목회 패러다임을 세우지 않으면 앞으로 어떻게 목회를 하는 것이 좋을지 방향을 잡을 수 없으며, 교회성장의 대안을 찾을 수 없고, 사회변화에 대한 대처능력의 부족으로 인해 교회는 더 이상 성장을 기대할 수 없기 때문이다. 그러므로 목회자는 지속적인 교회성장을 위한 중장기 교육목회 패러다임에 대한 트렌드를 개발하여야 한다.

본 연구에서는 교육목회의 현대적 입장에서 트렌드를 제시하였다면 앞으로는 구체적으로 실천할 수 있는 교육목회 트렌드가 개발되어야 한다. 예를 들면 선교 교육목회, 사회개혁 교육목회, 신앙체험 교육목회, 멀티커뮤니케이션 교육목회, 평생 교육목회 등 다양한 전문적인 교육목회가 시행될 수 있도록 구체적인 연구가 지속적으로 이루어져야 할 것이다.

5. 전적인 하나님의 역사를 기대하여야 한다.

아무리 좋은 교회성장 프로그램을 동원하고, 능력 있는 역사를 행한다고 해도 하나님의 전적인 도우심과 역사 없이는 불가능하다.(사도행전 2장 47절) 교육목회 역시 성경적인 원리와 개혁주의 신학을 바탕으로 하여 교회성장을 이룰 수 있는 프로그램을 제시하여 시행한다 할지라도 하나님의 능력과 함께하시는 역사가 없다면 무용지물일 것이다. 따라서 항상 목회자는 하나님을 전적으로 의지하며, 하나님께서 계시하신 말씀을 통해 비전을 찾고 성장할 수 있는 지혜를 얻어야 할 것이다.

교육목회 패러다임은 오늘날의 교회성장을 위한 목회 패러다임임에는 틀림없다. 그러나 교육목회가 하나님의 뜻하신바 성경적, 신학적 역사적 근거가 없이 일방적인 목회 패러다임으로 자인하고 시행한다면 오류에 빠질 수 있다. 그러므로 교회가 지속적이고 건강하게 성장하기 위해서는 성경적 신학적, 역사적인 근거에 따라 시행하는 것이 교육목회이다. 교육목회가 목회 전 영역에 총체적인 사역으로 볼 때, 진정한 교회성장, 즉 양적, 질적, 영적 성장인 전인(全人的)인 교회성장이 바로 교육목회로 통해 이루어질 수 있을 것이다.

교육목회는 전적으로 성경(에베소서 4장 13절)에 바탕을 두고, 성경적 목회를 지향하는 목회로서 앞으로 한국교회 목회의 본질을 회복하고, 교회의 기능을 바로 세우며, 교회가 지속적이고 건강하게 성장할 수 있도록 하는 데 매우 중요한 패러다임으로 자리잡을 것으로 확신한다.

참고문헌

〈국내서적〉

강용원, 「기독교교육의 과제와 전망」 서울: 도서출판 기독한교, 2004.

권성수·양창삼·이만열 공저, "3인의 석학이 풀어본 교회성장 이야기",
　　　「교회와 목회시리지 5권」 서울: 기독신문사, 1997.

권이종, 「청소년 심리학」 서울: 양서원, 1996.

김기원, 「기독교사회복지론」 서울: 대학출판사, 1998.

김남식, 「제자훈련을 통한 새신자 양육」 서울: 정음출판사, 1983.

김대인, 「숨겨진 한국교회사」 서울: 도서출판 한글, 1995.

김득룡, 「현대교회 행정학 신강」 서울: 총신대학 출판부, 1985.

김득룡, 「기독교교육원론」 서울: 총신대학교 출판부, 1983.

김병서, 「한국사회와 개신교」 서울: 한울사, 1995.

김양선, 「한국기독교사 연구」 서울: 기독교문사, 1971.

김인중, 「나는 행복한 전도자」 서울: 규장문화사, 1997.

김재은, 「교육목회」 서울: 성서연구사, 1998.

김종준, 「나는 유년주일학교에 생명을 걸었다」 서울: 규장문화사, 2000.

김태원, 「교회교육 커리큐럼」 서울: 종로서적, 1990.

김한옥, 「기독교 사회봉사의 역사와 신학」 서울: 신철신학연구소, 2004.

김희재, 「한국 사회변화와 세대별 문화코드」 부산: 신지서원, 2004.

맹용길, 「기독교윤리와 생활문화」 서울: 쿰란출판사, 1998.

명성훈, "교회성장과 소그룹 공동체", 「교회성장가이드」 서울: 교회성장
　　　연구소, 1998.

명성훈, 「소그룹 성장 마인드」 서울: 교회성장연구소, 2003.

민영순, 「발달심리학」 서울: 교육출판사, 1984.

박영호, 「기독교와 사회사업」 서울: 기독교문서선교회, 1989.

박용규, 「한국기독교회사1」 서울: 생명의말씀사, 2004.

박찬수, "주일학교 부흥 당신도 할 수 있다", 「성장하는 14교회 아동부 부흥전략, 교회와 목회시리즈 17」 서울: 기독신문사, 2004.

송정두, 「청소년 이론」 경북: 계명대학교 출판부, 1981.

송천호, 「교회를 살리는 목회 갱신」 서울: 쿰란출판사, 2003.

신상언, 「이제는 문화 패러다임입니다」 서울: 낮은 울타리, 1998.

신현광, 「교육목회와 교회성장」 서울: 민영사, 1997.

안재은, 「소그룹과 교회성장」 서울: 총신대학교목회신학전문대학원강의안, 2004.

안재은, 「제자훈련과 교회성장」 서울: 총신대학교목회신학전문대학원강의안, 2004.

안재은, 「한국교회의 교회성장과 선교론」 서울: 총신대학교선교대학원강의안, 2004.

안재은, 「훈련받는 제자 일하는 제자」 서울: 예루살렘, 2005.

안재은, 「교회성장 모델 연구 제2권」 서울: 총신대학교 선교대학원 강의안, 2000.

안재은, 「교회성장연구모델 1권」 서울: 총신대학교 선교대학원 강의안, 1999.

안재은, 「지역교회성장전략」 서울: 총신대학교 선교대학원 강의안, 2000.

안환균, 「르뽀, 기독문화가 위태롭다」 서울: 규장문화사, 1999.

오병세, 「교회, 교육, 신학」 서울: 개혁주의신행협회, 2001.

옥한흠 외 7인, 「제자훈련, 영적 부흥과 갱신의 길」 서울: 도서출판 국제제자훈련원, 1999.

옥한흠, 「다시 쓰는 평신도를 깨운다」 서울: 국제제자훈련, 2003.

옥한흠, 「이것이 목회의 본질이다」 서울: 국제제자훈련원, 2004.

옥한흠, 「평신도를 깨운다」 서울: 도서출판 두란노, 1991.

유네스코·한국평생교육기구 공편, 「평생교육의 기초와 체제」 서울: 법무사, 1985.

윤태림, 「한국인」 서울: 현암사, 1993.

은준관·황문찬 공저, 「주일학교란」 서울: 종로서적, 1992.

이성희, 「미래목회 대예언」 서울: 규장, 1998.

이원규, 「한국교회의 현실과 전망」 서울: 성서연구사, 1994.

이한롱, 「조직개발과 조직혁신」 대구: 도서출판 대명, 2004.

임영효, 「사도행전에서의 선교와 교회성장」 서울: 쿰란출판사, 2001.

임현진, 「21세기 한국사회의 안과 밖」 서울: 서울대학교출판부, 2001.

전병욱, "청년목회의 장점을 가지고 일하게 하는 것이다", 「목회발전소 2」 서울: 한국강해설교출판부, 2002.

전병욱, 「기적이 상식이 되는 교회」 서울: 규장문화사, 2004.

전택부, 「한국교회발전사」 서울: 대한기독교출판사, 1987.

정웅섭, 「다원현대교육목회의 전개」 서울: 한국신학연구소, 2001.

정일웅, 「교육목회학」 서울: 도서출판 그리심, 2003.

정훈택, 「복음을 따라서」 서울: 한국로고스연구원, 1996.

조상용, "교육 패러다임의 전환이 필요하다", 「성장하는 14교회 중고등부부흥전략」 서울: 기독교신문사, 2004.

조아미, "신체발달", 「한국청소년학회, 청소년학 총론」 서울: 양서원, 1999.

지원용, 「신앙고백서」 서울: 컨콜디아사, 1988.

차윤순, 「교회성장은 크리스챤이 방해한다」 서울: 예찬사, 1992.

최윤식, "주일학교도 이제는 변화되어야한다", 「성장하는 14개 교회 아동부 부흥전략」 서울: 기독교신문사, 2004.

최정성, 「청소년교육핸드북」 인천: 엘멘출판사, 1990.

한미라, 「개신교교회교육」 서울: 대한기독서회, 2005.

허순길, 「개혁교회의 목회와 생활」 서울: 총회교육부, 1994.

현용수, 「IQ는 아버지 EQ는 어머니 몫이다」 서울: 국민일보사, 1996.

황봉환, 「스코틀랜드 종교개혁과 존 낙스의 신학」 서울: 영컴뮤니케이션, 2001.

황성철, 「개혁주의 목회신학」 서울: 총신대학교 출판부, 2004.

황은우, 「삼일교회 청년부흥보고서」 서울: 규장문화사, 2003.

〈외국원서〉

Abraham, H. *Mativation and Personality*, New York; Harper and Row, 1970.

Anthony, M. J., *"Putting Ministry in Perspective"*, in Michael J. Anthony, ed., *Foundations of Ministry*: *An Introduction to Christian Education for a new Generation*, Wheation: A Bridge Point Book, 1992.

Avis, P. D. L., *The Church in the Theology of the Refomers*, London; Marshall, Morgan & Scott, 1981.

Bainton, R. H. *Here I Stand－A Life of Martin Luther*, New York: Abingdon－Cokesbury, Press, 1950.

Benson, C. H., *A Popular History of Christian Education*, Chicago: Moody Press, 1943.

Berkhof, Louis, *"Being Reformed in Our Attitude toward the Christian*; *in Foundations of Christian Education*: *Addresses to Christian teachers"* ed., by Dennis E. Johnson, Phillipsburg, N. J.: Presbyterian and Reformed Publishing Company, 1990.

Berkhof, Louis, *The Systematic Theology, New Combined Edition, Grand Rapids*, Michigan: Wm. B. Eerdmans Publishing Company, 1996.

Brown, P. Hume, *John Knok Vol, II*. London: Adam and Charles Black, 1895.

Buttrick, George A. ed., *The Interpreter's Dictionary of the Bible vol. III*. New York: Abingdon Press, 1962.

Calvin, John, "*Articles Concerning the Organization of the Church*", in *Calvin; Theological, trans*. K. K. S. Reid, Lcc; vol. XXII, Philadelphia: the Westminster Press, 1945.

Calvin, John., *Institutes of the Christian Religion*. ed. John T. Mcnell, tr. Ford Lewis Battles, Philadelphia: Westminster Pres, 1960.

Clebsch, W. A. and Jakee. C. R., *Pastoral Care in Historical Perspective*, New York: Harper & Row, 19670.

Costas, Orlando E., *The Integrity of Mission*, New York: Harper & Row, 1979.

Cully, Kendig B. ed. *Dictionary of Christian Education. The Westminster Press, Catechumenate, Catechism, Curriculm*, 1963.

Dickinson, W. C., ed., *John Knox's History of the Reformation in Scotland*, Edinburgh: Thomas Nelson and Sons Lt., Press 1949.

Dodd, C. H., *The Apostolic Preaching and Its Development*, London: Hodder & Stoughton Limited, 1950.

Doumergue, E., *Jean Calvin; Les Hommes et les Choses de son Jemps*, 1902.

Edy, Frederick, "*Early Protestant Educations*", New York: McGrawHill Book Co., 1937.

Erickson, Millard J., *Christian Theology, Unabridged, onvolume edition,*

Grand Rapids, Michigan: Baker Book House, 1985.

Fickett, Harold L. Jr., *Hope for Your Church*: *Ten Principles of Church Growth*, G / L Publications, 1972.

Fowler, James, *Weaving the Creation*: *Stages of Faith and the Public Church*, San Francisco: Harper SanFrancisco, 1991.

Gangel, Kenneth O., *"What Christian Education Is"* in R. E. Clark, L. Johnson, and A. K. Sloat, ed., *Christian Education*: *Foundations for the Future*, Chicago: Moody Press, 1991.

Geen, Michael, *Evangelism through the Local Church*: *A Compreehensive Guide to All Aspects of Evangelism*, Nashville, TN: OliverNelson Books, 1992.

Georgy, Peter, *A Theology of Church Growth*, Grand Rapids; Zondervan Pub, 1981.

Gifford, Daniel L., *EveryDay Life in Korea*: *A Collection of Studies and Stories*, Chicago: Fleming H. Revell Co., 1898.

Green, Michael, *Evangelism in the early church*, Grand Rapids: Eerdmans, 1970.

Haroutunian, *Joseph, Calvin*: *Commentraries*, Philadelphia: The Westminster Press, 1958.

Harper, Norman Edmond, *"A Comparative Study of the Educational Implication of the Thought of John Calvin and Soren Kierkegaard"*, Ph. D. dissertation, The University of Mississippi, 1966.

Harper, Norman Edmond, *Making Disciples*: *The Challenge of Christian Education at the End of the 20 Century*, Memphis; Christian studies Center, 1981.

Hennig, Peter., *"Altenarbeir"*, G. Adam / R. Lachmann(herg.), Gemeindepadägo −

gisches Kompendium; Göttingen, 1987.

Hoon, Paul, *The Integrity of Worship,* Nashville: Abingdon Press, 1971.

Hopfl, Härro, *The Christian polity of John Calvin,* Cambridge: Cambridge University Press, 1982.

Hopfl, Härro, *The Christian polity of John Calvin,* Cambridge: Cambridge University Press, 1982.

Humter, Mitcahell, *The Teaching of Calvin,* London: James Clarke & Co., Ltd., 1950.

Icenolge, Gareth W., *"Building Christian Community Through Small Groups",* F. T. S., 1996.

Jacob, Firet., *Dynamics in Pastoring, Grand Rapids,* W. B., Eerdmans Pub. Co., 1986.

Kidd, B. J., *Documents Illustrative of the Continental Reformation,* 1911.

Kraemer, H., *A Theology of the Laity,* Hulsean Lectures, 1963.

Kuiper, R. P., *God−Centered Evangelism: A Presentation of Scriptural Theology of Evangelism, Grand Rapids,* Mich.: Baker Book House, 1961.

Laing, D. ed., *John Knox, The Work of John Knox V. 1−6,* Edinbung: James Thin, 1846−64.

LeBar, Lois E., *Focus on People in Church Education,* Chicago: Moody Press, 1968.

Lindgren, Alvin J., *Foundatins for Purposeful Church Administratin,* Nashville: Abingdon Press, 1965.

Lynn, Robert W. & Elliott Wright, *The Big Little School: 200years of the Sunday School, Tennessee, Nashville,* Abingdon: Religious Education Press, 1980.

Martin Achard, Robert, *A Light to the Nation,* Edinburgh: Oliver and Boyd, 1962.

McGavran, Donald A. & Arn. W., *The Stepes for Church Growth,* Sanfrancisco: Harper & Row, 1977.

McGavran, Donald A. & Hunter Ⅲ. George G., Church Growth Strategies That Work, Nashville; Abingdon.

McGavran, Donald A., *Between Christanty and Cultures,* Psadena: William Carey Library 1979.

McGavran, Donald A., *How Church Growth,* London: Word DoMinion Press, 1965.

McGavran, Donald A., *Understanding Church Growth,* Grand Rapids,: Wm. B. Eerdmans Publishing Company, 1970.

McGavran, Donald A., *Bridges for God,* New York: Friendship Press, 1955.

Miller, R. C. *Christian Nurture and the Church,* New York: Charles Scribner's Sons, 1961.

Mitcahell, Humter, *The Teaching of Calvin,* London: James Clarke & Co., Ltd., 1950.

Monroe, Paul., *A Textbook in the History of Education,* New York: Macmillan Co., 1930.

Moran, Gabriel, *Interplay*: *A Theory of Religion and Education,* Winona, Minn.: St. Mary's Press, 1981.

Mott, Stephen C., *Biblical Ethics and Social Change.* Oxford University Press, 1982.

Osmer, Richard, *Teaching for Faith*: *A Guide for Teacher of Adult Classer,* Louisville: Westminster / John Knox Pres, 1992.

Panikulam, G., *Koinonia in the New Testament,* Rome: Biblical Institute Press, 1979.

Parker, T. H. L. *John Calvin: A Biography,* London: J. M. Dent& Sons, Ltd., 1975.

Rainer, Thom S., *Church growth and evangelism in the Book of Acts,* Criswell Theological Review 5(fall), 1990.

Rainer, Thom S., *The Book of Church Growth,* Nashville: Broadman Press, 1993.

Raybun, Rober G., "Worship in the Reformed Church", *Presbyterian Covenant Seminary Review,* 6, Spring and Fall, 1980.

Richands, L. O., *A Theology of Christian Education,* Michigan: The Zondervan Co., 1978.

Rodes, Harry A. ed., *History of the Korea Mission, Presbyterian Mission, U.S.A. Vol. I 1884 ~1934* Seoul: Chosen Mission Presbyterian Church, U. S. A., 1934.

Segler, Ftank, *Christian Worship,* Nashville: Broadmans Publishing Co., 1967.

Sherman, Williams, *"The Pastor and Christian Education",* Introduction *to Biblical Christian Education,* ed. by Werner C. Graendorf, Chicago: Mooy Press, 1993.

Sherrill, Lewis J. *The Rise of Christian Education,* New York: The Macmillan Co., 1944.

Sherrill, Lewis J., *The Rise of Christian Education,* Grandrapids, Zondervan publishing co, 1967.

Shinn, Roger., *"The Educational Ministry of the Church" in An Introduction to Christian Education,* ed., Marvin I. Tayer, Nashville, Abingdon

Press, 1966.

Sisemore, John T., *"The Challenge of Adult Christian Education"*, in *Adult Education in the Church*, ed., Roy B. Zuck and Gene A Getz, Chicago: Moody Press, 1980.

Smart, James D., *The Teaching Ministry of the church*, Philadelphia: Wesminster press, 1954.

Smith Leon and Edward D. Staples. *Family Ministry Through the Church*, The General Board of Education of The Methodist Church: n. d.

Stock, Harry Thomas, *The Sunday Church School*, Orientation in Religious Education by Lotz.

Thruneysen, Eduard, *Die Leher von der Seelsorg*, Zürich 1980.

Tippett, Alan R., *Church Growth and the Word of God*: *The Bible Basis of Church Grow Viewpoint*, *Grand Rapied*, Michgan: Wm. B. Eerdmans Publishing Co., 1970.

Vieth, Paul H. ed., *The Church and Cristian Education*, St. Louis: The Bethany Press, 1960.

Vieth, Paul H., *The objective of christian Education*, New York: Harper and Brothers, 1968.

Vollmer, Philip., *John Calvin*: *Theologian, Preacher, Educator, Stateman*, Philadelphia: The Heidelberg Press, 1909.

Westerhoff III, John H. and O. C. Edwards Jr. ed., *A Faithful Church*: *Issyes in the History of Catechesis*, Wilton: Morehuse−Barlow Co., Inc., 1981.

Wilds, Elmer Harrison, *The Foundations of Modern Education*, New. York: Rinehant & co., Inc., 1952.

Zyl, J. van., "*John Calvin the Pastor*", *in The Way Ahead. Papers read to the Carey Conference 1975*, Haywards Heath: Carey Publications, 1975.

〈번역서〉

Anderson, Leith, 「21세기를 위한 교회」 황성철 역, 서울: 도서출판 솔로몬, 1998.

Bavinck, Johannes, 「선교의 성경적 기초」 김명혁 역, 서울: 성광문화사, 1983.

Berkhof, Louis, 「조직신학」 김수경·이상원 역, 서울: 크리스챤다이제스트, 1993.

Bynum, Bill., 「청소년 이해와 교회교육」 서울: 나침반, 1991.

Clark, Robert E., 「미취학 아동 이해와 교회교육」 한상식 역, 서울: 나침반, 1991.

Colliness, Gray. R., 「크리스찬 카운슬링」 이혜련, 피현희 역, 서울: 두란노서원, 1984.

Comenius, Johann Amos, 「코메니우스의 범교육학」 정일웅 역 서울: 그리심, 2003.

Conn, Harvie M. ed., 「교회성장 신학」 김남식 역, 서울: 성광문화사, 1986.

Donahue, Bill. & RoBinson, Russ., 「소그룹 중심의 교회를 세우라」 오태균 역, 서울: 국제제자훈련원, 2005.

Eavey, C. B., 「기독교 교육사」 김근수·신청기 역, 서울: 한국기독교교육 연구원, 1986.

Elmer, Towns, 「주일학교백서」 신원삼 역, 서울: 국제문서선교회, 1980.

Gangel, Kenneth O. & Benson, Warren S., 「기독교 교육사」 유재덕 역, 서울: 기독교문서선교회, 1992.

Gangel, Kenneth. O.,「성공적인 경영자로서의 목회자」황성철 역, 서울: 한국로고서연구원, 1996.

Green, James B.,「웨스트민스터 표준문서 대조 해설」김남식 역, 서울: 성광문화사, 1981.

Hesselink, John,「개혁주의 전통」최덕성 역, 경기도: 본문과 현장 사이, 1995.

Hoekendijk, J. C.,「흩어지는 교회」이계준 역, 서울: 대한기독교서회, 1982.

Jenkins, David E.,「어린이 이해와 교회교육」한상식 역, 서울: 나침반, 1993.

Kane, J. Herbert,「선교의 성서적 기초」김명혁 역, 서울: 성광문화사, 1983.

Kincaid, Ron,「제자 삼는 교회」김진우 역, 서울: 생명의말씀사, 1993.

Kung, Hans,「교회란 무엇인가」이홍근 역, 왜관: 분도출판사, 1978.

Ledershift, Doug Murren,「목회자가 변해야 교회가 산다」김기영 역, 서울: 베다니출판사, 1998.

Lee, Francis Nigel.,「문화성장과정」최광석 역, 서울: 개혁주의신행협회, 1994.

Loth, Paul E.,「장년이해와 교회교육」한상식 역, 서울: 나침반, 1991.

Lucien E. Coleman, Jr.,「교육하는 교회」박영철 역, 서울: 요단출판사, 1986.

Ludwig, Glenn E.,「청소년목회론」박주익 역, 서울: 대한기독교출판사, 1992.

Lyon, David,「기독교와 사회」박영호 역, 서울: 예수교문서선교회, 1978.

MacArthur, John F.,「주님의 교회 개혁」최치남 역, 서울: 분도출판사, 1978.

McGavran, Donald A. & Hunter, George G.,「교회성장학」박은규 역, 서울: 대한기독교서회, 1982.

Miller, Donald E. & Seymour, Jack L., "기독교교육의 세계"「오늘의 기독교교육 연구」맹용길 외 3인 역, 서울: 대한예수교장로회총회출판부, 1989.

Nicholas, Ron. et. 「소그룹운동과 교회성장」 신재구 역, 서울: I. V. P, 2003.

Oden, Thomas C., 「목회신학」 오상춘 역, 서울: 대한예수교장로회 총회 교육부, 1987.

Rees, Tom, 「교회와 청소년 교육」 박영호 역, 서울: 기독교문서선교회, 1991.

Reid, Clyde., 「소그룹이 살면 교회가 산다」 전요섭 역, 서울: 쿰란출판사, 1996.

Russel, Letty M., 「기독교교육의 새로운 전망」 정웅섭 역, 서울: 대한기독교서회, 1972.

Sheaer, Roy E., 「한국교회성장사」 이승익 역, 서울: 대한 기독교서회, 1986.

Smith, Ebbie C., 「균형잡힌 교회성장」 이명희 역, 대전: 침례신학대학출판부, 1997.

Snyder, Howard A., 「21세기 교회의 전망」 김기찬·박이경 역, 서울: 아가페출판사, 1994.

Spitz, Lewis W., 「종교개혁사」 서영일 역, 서울: 기독교문서선교회, 1992.

Wagner, C. Peter., 「교회성장의 원리」 권달천 역, 서울: 생명의말씀사, 1983.

Warren, Rick, 「새들백교회 이야기」 김현희·박경범 역, 서울: 도서출판 디모데, 2004.

Westerhoff Ⅲ, John H., 「기독교교육 논총」 김재은 역, 서울: 대한기독교출판사, 1978.

Westerhoff Ⅲ, John H., 「교회의 신앙교육」 정웅섭 역, 서울: 대한기독교교육협회, 1992.

White, James F., 「기독교예배학 입문」 정장복 역, 서울: 도서출판 엠마오, 1993.

〈학술지, 연구논문〉

강보길, "청소년목회 패러다임전환을 통한 교회성장 방안연구", 「개혁주의교회성장학회지 창간호」 서울: 개혁주의교회성장학회, 2006.

강희천, "교육목회와 교육사 제도", 「연세대 연신원 목회자 하기 신학세
　　미나 강의집」 서울: 연세대연합신대학원, 1990.

고용수, "교회교육의 신학적 기초", 「기독교사상 통권 325호」 서울: 대
　　한기독교서회, 1985.

고용수, "청소년 이해와 교육적 과제", 「장신논단」 서울: 장로회신학대
　　학출판부, 1987.

김득룡, "예배와 목회", 「신학지남 제54권 제1집」 서울: 신학지남사, 1987.

김수현, "교회 청소년교육연구", 석사학위논문: 성경신학대학원대학교, 2004.

김영한, "한국교회의 성장에 관한 개혁 신학적 고찰", 「개혁주의 교회와
　　생활 제11집」 서울: 총회출판국, 1996.

김원동, "한국사회의 정치적 민주화", 「현대한국사회의 이해」 강원: 강
　　원대학교출판부, 2002.

김일배, "새벽기도를 통해 교회성장 연구", 박사학위논문: 아메리칸 크
　　리스찬대학 박사원, 2005.

김일순, "목적 관점에서 본 교회노인교육의 방향", 「이화교육논총, Vol.8」
　　서울: 이화여자대학교 교육대학원, 1997.

김청봉, "건강한 청소년교육을 위한 모델", 「신학과 현장 제11집 신학논
　　총 13호」 서울: 학술정보자료사, 2004.

김희자, "교육(목)사 제도의 역사적 형성과 한국적 적용", 「기독교교육
　　연구, 제1권, 제1집, 창간호」 서울: 총신대학교 부설 기독교교육
　　연구소, 1990.

김희자, "목사의 교육적 역할에 관한 연구", 「총신대논총, 19권」 서울:
　　총신대학교, 2000.

남상용, 「기독교성인교육개발연구, 기독교교육연구」 서울: 총신대학교기
　　독교연구소, 1992.

맹용길, "21세기와 교회개발", 「교회발전을 위한 교회개발」 서울: 쿰란
　　　출판사, 1996.

박근원, "목회신학의 과제", 「한국교회 100주년과 교회발전: 제1회 연신
　　　원 목회자 세미나 강의집」 연세대학교 신학대학 유니온학술자료
　　　원, 1989.

박상진, "한국교회학교의 성장추이분석", 「1996년을 위한교육정책세미나
　　　자료집」 서울: 장신대 기독교교육연구소, 1995.

배동진, "사회구조와 사회조직", 「현대한국사회의 이해」 강원: 강원대학
　　　교출판부, 2002.

신화철, "건강한 교회를 위한 평신도 사역자의 새신자 양육의 실제", 박
　　　사학위논문: 총신대학교 목회신학전문대학원, 2004.

안재은, "초기 한국교회의 복음 전도와 교회성장 전략", 「개혁주의교회
　　　성장」 서울: 개혁주의교회성장학회, 2006.

안창천, "평신도사역형교회로의 전환을 위한 효과적인 방안 연구", 박사
　　　학위논문: 총신대학교 목회신학전문대학원, 2004.

양병수, "교인의 윤리의식과 사회적 책임", 「기독교사상(1995년1월호)」
　　　서울: 대한기독서회, 1995.

윤상갑, "성경공부를 통한 교회성장 방향성 연구", 박사학위논문, 총신
　　　대학교 목회전문대학원 박사논문, 2005.

은준관, "새로운 교회론의 등장", 「신학사상 31집」 서울: 한국신학연구소,
　　　1980.

이강석, "노인복지목회 원리와 필요성에 관한 연구", 「개혁주의교회성장」
　　　서울: 개혁주의교회성장학회, 2006.

이광순, "한국교회의 성장과 저성장", 「장신논단 1999년12월」 서울: 장
　　　로교신학대학교 출판부, 1999.

이복수, "개혁주의 전통과 교회성장", 「개혁주의 교회와 생활 제11집」

서울: 총회출판국, 1996.

이지순, “경제의 패러다임 변화와 한국의 미래”, 「21세기 한국 메가트렌드 3」 서울: 민음사, 2005.

전용수, “사도행전에 나타난 교회성장에 관한 연구 초대교회를 중심으로”, 박사학위논문: 센프란시스코신학대학교, 1999.

정웅섭, “신앙공동체의 간세대교육”, 「현대교육목회의 전개」 서울: 한국신학연구소, 2001.

정일웅, “한국교회 성장방안 연구” 「한국교회 성장 및 활성화 방안연구 제9회 한국교회 심포지움 발표논문」 서울: 총신대학 부설 한국교회문제 연구소, 1994.

정주채, “교회가 지역사회의 필요를 감당해야 한다”, 「교회와 교육, 2001 가을」 서울: 총회출판국, 2003.

정진상, “1980년대 말의 한국 사회운동의 지형변화”, 「한국사회발전연구」 서울: 나남출판, 2003.

최덕성, “신앙교육과 교회성장”, 「개혁주의 전통과 교회성장 제11집」 부산: 총회출판국, 1996.

〈월간지, 잡지〉

강용원, “어린이 중심의 교육을 향하여”, 「교회와 교육 2002년 여름호」 서울: 총회교육위원회, 2002.

교사의 벗, “어린이 신앙성숙 위한 맞춤 교육”, 「교사의 벗, 2005년9월호」 서울: 늘빛출판사, 2005.

교사의 벗, “어린이 특별활동 열린교육방법”, 「교사의 벗 2005년9월호」 서울: 교사의 벗, 2005.

교사의 벗, 주 5일 시대, “주간학교를 운영하라”, 「교사의 벗 2005년 9월호」 서울: 늘빛출판사, 2005.

교회리서치연구소, "교회성장과 교회양육 연구", 「월간 프리칭」 서울:
　　월간 프리칭, 2005.

교회리서치연구소, "영감 있는 교회의 예배특성 연구", 「월간 프리칭」
　　서울: 월간 프리칭, 2005.

기독교대연감편찬위원회, 「기독교대연감」 서울: 기독교교문사, 1991

김성철, "인터넷과 교회, 인터넷과 교육목회", 「교회와 교육, 2001 가을」
　　서울: 총회출판국, 2001.

김세중, "노인목회로 새롭게 거듭난 활천제일교회", 「교회와 교육 2004
　　년 여름호」 서울: 총회교육위원회, 2004.

김인중, "미래목회 패러다임전환이 우선이다", 「목회와 신학 2005년 6월
　　호」 서울: 두란노, 2005.

나삼진, "한국교회의 갱신을 위하여", 「교회와 교육, 2003년 봄」 서울:
　　총회출판국, 2003.

박삼열, "한국개신교 신학생들의 신앙생활에 관한 의식조사", 「목회와
　　신학 2005년2월호」 서울: 두란노, 2005.

박연훈, "교회학교의 정체와 감소현장의 분명한 원인", 「교육목회 2003
　　년 여름호」 서울: 한국장로교출판사, 2003.

배태훈, "주중교육－필요를 채워주는 맞춤식 교육", 「목회와 신학, 2006
　　년7월호」 서울: 두란노, 2006.

신원하, "주5일 근무에 따른 사회현실과 목회적 준비", 「교회와 교육
　　2006년 봄호」 서울: 총회교육원, 2006.

안기석, "새벽기도 2만명 '기적의 명성교회' 성장 비결", 「신동아 2000
　　년5월호」 서울: 동아일보사, 2000.

윤희구, "잠자는 평신도를 깨우는 제자훈련", 「교회와 교육2005년 가을
　　호」 서울: 총회교육원, 2005.

이숙희, "맞춤전도로 장벽 뛰어넘기", 「빛과 소금 2005년 8월호」 서울:

두란노, 2005.

이원규, "한국교회 성장운동의 재평가", 「목회와 신학 8호」서울: 두란
　　　노서원, 1990.

임춘식, "노인, 그들은 누구인가?", 「목회와 신학 59호」서울: 두란노서
　　　원, 1994.

장희섭, "주중 특별활동의 어제와 오늘, 그리고 내일", 「교회와 교육, 2003
　　　년 봄」서울: 총회출판국, 2003.

정동석, "학교와 함께 win－win하는 교회가 늘고 있다.", 「빛과 소금
　　　2005년 12월호」서울: 도서출판 두란노, 2005.

홍전근, 한국교회의 교육환경실태조사, 「교육교회 1998년1월 제254호」
　　　서울: 장신대기독교교육연구원, 1998.

〈인터넷 자료 검색〉
교육인적자원부 사이트 http://www.moe.go.kr/
꽃동산교회 사이트 http://www.flowergardentv.com/
명성교회 사이트 http://www.msch.tv/
문화관광부 사이트 http://www.mct.go.kr/
사랑의 교회 사이트 http://www.sarang.org/
삼일교회 사이트 http://www.samilchurch.com/
안산동산교회 사이트 http://www.d21.org/
어린이전도협회 사이트 http://www.cefkorea.org/
옥한흠 목사 대인 사이트 http://johnoak.sarang.org/
통계청 사이트 http://kosis.nso.go.kr/
한국 기독교 목회자협의회 사이트 http://www.churchr.org/
한국유비쿼터스학회 사이트 http://www.kubia.org/
호산나교회 사이트 http://www.hosanna21.com/

활천제일교회 http://wjc.or.kr/info/

〈성경, 총회 헌법, 주석, 사전〉
Gerbard Kittel and Gerbard Friedricb, Theological dictionary of the New Testament, 「신약성서신학원어사전」 서울: 요단출판사, 1993.
New International Vision
Theological Wordbook of the Old Testament, Chicago: Moody Bible Institute, 1980.
개혁한글성경
기독교문사, 성경대백과사전, 서울: 기독교문사, 1994.
박윤선, A Commentary on the book of the ACTS, 서울: 영음사, 1977.
옥스퍼드원어성경대전, 「사도행전」 서울: 제자원, 2001.
이동규, 「청소년기, 동아세계백과사전 제26권」 서울: 동아출판사, 1991.
「총회 헌법」 서울: 대한예수교장로회 총회출판국, 2001.

박기윤   •약 력•

고려신학대학원 졸업
부산외국어대학교 교육대학원(교육학석사)
총신대학교 목회신학전문대학원(신학박사)
총신대학교 목회신학전문대학원(신학박사)
현, 고신교단 부산은천교회 담임목사
호원대학교 강사
개혁주의 실천목회학회 대표
개혁주의 교회성장학회 사무총장

•주요논저•

연구논문

「지속적이고 건강한 교회학교 만들기」
「교육목회와 교회성장의 상관관계 연구 -역사적 고찰 -」
「일반학교교육과 기독교교육의 비교연구」
「한국교회와 사회사업에 관한 연구」
「기독교교육이 민주시민 자질함양에 미치는 영향」
「현대한국교회 교리설교 적용방법에 관한 연구」

교육목회를 통한 교회성장의 이론과 실제

• 초판 인쇄   2008년 6월 25일
• 초판 발행   2008년 6월 25일

• 지 은 이   박기윤
• 펴 낸 이   채종준
• 펴 낸 곳   한국학술정보㈜
              경기도 파주시 교하읍 문발리 513-5
              파주출판문화정보산업단지
              전화   031) 908-3181(대표) · 팩스   031) 908-3189
              홈페이지   http://www.kstudy.com
              e-mail(출판사업부)   publish@kstudy.com
• 등   록
• 가   격   35,000원

ISBN   978-89-534-9625-5 93200 (Paper Book)
          978-89-534-9626-2 98200 (e-Book)